浙江省广播电视节目评议中心特约出版
浙江省媒体传播优化协同创新中心课题成果

吴生华 著

视听评议
机制、尺度和方法

中国广播影视出版社

图书在版编目（CIP）数据

视听评议：机制、尺度和方法 / 吴生华著. ——北京：中国广播影视出版社，2019.8
ISBN 978-7-5043-8328-0

Ⅰ.①视… Ⅱ.①吴… Ⅲ.①广播节目–评估–中国 ②电视节目–评估–中国 Ⅳ.①G229.2

中国版本图书馆CIP数据核字(2019)第175076号

视听评议：机制、尺度和方法
吴生华　著

责任编辑	王　佳
封面设计	文人雅士
责任校对	张　哲

出版发行	**中国广播影视出版社**
电　　话	010-86093580　010-86093583
社　　址	北京市西城区真武庙二条9号
邮　　编	100045
网　　址	www.crtp.com.cn
电子信箱	crtp8@sina.com

经　　销	全国各地新华书店
印　　刷	河北鑫兆源印刷有限公司
开　　本	710毫米×1000毫米　1/16
字　　数	211(千)字
印　　张	17
版　　次	2019年8月第1版　2019年8月第1次印刷
书　　号	ISBN 978-7-5043-8328-0
定　　价	78.00元

（版权所有　翻印必究·印装有误　负责调换）

内容提要

本书是一部专门探讨视听评议机制、尺度和方法的专著。从视听评议的起源、历史沿革和机制建设，队伍建设和职责任务，开展评议活动的尺度和标准，评议基本方法，视听评议的特点和类别以及写作要求六个部分进行了较为系统的阐述和分析。

因其直观形象性，近年来音视频越来越成为当代多种传播媒介的主流形态。另一方面，音视频内容也因其文本的非阅读性，造成监管上的种种困难。因此，专门针对广播电视以及互联网音视频内容的视听评议工作日渐受到行政管理部门和社会各方面的重视。专门针对音视频传播内容所开展的视听评议工作，也逐渐呈现出队伍专业化、内容时评化、平台网络化、监测技术化和监管使用数据库化等多方面的发展趋势。而随着专业评议机构的发展以及各级广播电视媒体和互联网视听传播机构自律机制的逐步确立，视听评议工作急需一本专业的著作给予指导。正是因为业务开展的需要，浙江省广播电视节目评议中心（原浙江省新闻出版广播影视审读评议中心）特约撰写、出版了这一专著。兼顾视听评议工作的实务性需求，本书评议基本方法和写作要求两章结合了较多的具体案例，对于专业评议机构和广播电视媒体和互联网视听传播机构的组织开展自律性的评议活动具有较为实用的参考价值。

目 录

第一章 视听评议的沿革和机制 …………………………………… 001
 第一节 视听评议概念界定和辨析 …………………………… 002
 第二节 视听评议的历史沿革 ………………………………… 011
 第三节 视听评议工作机制的基本类型 ……………………… 021
 第四节 视听评议的机制创新 ………………………………… 026

第二章 视听评议的队伍建设和职责任务 ………………………… 029
 第一节 视听评议的功能作用 ………………………………… 030
 第二节 视听评议的队伍建设 ………………………………… 031
 第三节 视听评议的职责任务 ………………………………… 035
 第四节 视听评议的内容要求 ………………………………… 038

第三章 视听评议的尺度和标准 …………………………………… 041
 第一节 视听评议的尺度 ……………………………………… 041
 第二节 视听评议的标准 ……………………………………… 055

第四章 视听评议的方法 …………………………………………… 059
 第一节 一般性评议方法 ……………………………………… 060

  第二节　系统性评议方法……………………………………… 075

第五章　视听评议的特点和类别……………………………… 146
  第一节　视听评议的特点……………………………………… 146
  第二节　主体对象性评议……………………………………… 150
  第三节　主题思辨性评议……………………………………… 193

第六章　视听评议的写作……………………………………… 238
  第一节　主题性观点提炼……………………………………… 238
  第二节　视听评议的文本结构………………………………… 242
  第三节　建设性思维的贯注…………………………………… 253

参考文献………………………………………………………… 259
后　记…………………………………………………………… 263

第一章　视听评议的沿革和机制

"视听评议"概念的出现,现可查考的,较早出现于原国家广播电视部于1985年10月编辑试刊的《视听评议》内刊。1985年3月13日,为了加强广播电视新闻的评议工作,活跃业务研究气氛,提高广播电视节目质量,以原国家广播电视部为主,由广播电视部总编室、政策研究室、地宣局,会同中宣部广播电视处、中央人民广播电台、中央电视台、国际广播电台、中国社科院新闻研究所、中国记协以及北京广播学院新闻研究所和中国人民大学、复旦大学新闻系等,成立广播电视评议委员会。评议委员会成立会议同时决定,设立常设办公室,编印《视听评议》周刊。1985年10月10日,《视听评议》试刊第一期出刊。但这一内刊仅试刊了5期即告停刊。1986年4月20日出刊的试刊第5期在《敬告读者》中说:"为了集中力量办好一个广播影视的期刊,部领导决定,将《中国广播影视》《广播电视战线》和《视听评议》合并。根据这个决定,《视听评议》自即日起停刊。"[1]由此可见,《视听评议》内刊可以看作是《中国广播电视学刊》的前身之一。之后创刊的《中国广播电视学刊》,在创刊号1987年第1期就开设有《节目评议》专栏,后又改名为《视听评议》专栏。《中国广播电视学刊》1990年第3期刊出白谦成《〈中国广播电视学〉导言》时所加编者按中,就提到该刊物开办有《视听评议》专栏。此编者按说,《中国广播

---

[1] 广播电视部《视听评议》编辑部:《视听评议》,1986年试刊5(总第5期),第1页。

电视学》一书即将出版发行，征得作者同意，其导言"《视听评议》栏特先期予以刊登"。原国家广播电影电视总局在2005年广播影视宣传工作要点中，也提到了"视听评议"的概念。在谈到"利用高新技术手段完善监管机制，进一步加强各项宣传管理工作"的要点时，此工作要点中写道："要健全体系，进一步完善题材规划、收听收看、视听评议、境外节目监看、播出机构监管、视听节目监控等宣传监管体系。"由此可见，在这一工作要点中，"视听评议"是作为完善宣传监管体系的重要一环和加强宣传管理工作的科学手段而提出来的。

◆第一节　视听评议概念界定和辨析

一、"视听评议"的定义讨论

"视听评议"概念的提出，是在20世纪80年代，较早地作为以新闻评议为主，旨在提升广播电视节目质量的业务研究活动。这也与当时管办一体的广播电视管理体制有关。1983年3月31日召开的第十一次全国广播电视工作会议提出了四级办广播电视的方针，除了中央和省级办广播电台、电视台以外，凡是具备条件的省辖市、县旗都可以根据当地的需要开办广播电台、电视台。市、县广播电台、电视台的任务主要是转播中央和省的广播电视节目，也可以播出自办节目，共同覆盖各市县，实现四级混合覆盖。这一政策大大调动了地方各级政府和社会各方面办广播电视的积极性，加快了广播电视的发展步伐。因此，在20世纪80年代的办台热潮中，进入广播电视系统的采编播人员，大多为非新闻、非广播电视新闻学或广

第一章 视听评议的沿革和机制

播电视编导类专业毕业的学生,因此,加强广播电视节目业务研究,成为从中央到地方四级广播电台、电视台的迫切需求。

但时间进入21世纪之后,随着广播电视业的蓬勃发展,广播电视媒体产业功能凸显,音视频传播的各种乱象开始显现,管办不分的弊端日益明显,对此,2004年国家正式部署实施文化体制改革,特别是在广播电视系统推出了"管办分离""广播电视总台制"的改革。"管办分离"是我国特有的提法,最初源于20世纪90年代工商行政部门与其所办市场的"管办分离"改革,其后延伸到新闻出版、广播电视等事业领域。广播电视业"管办分离"包括三层含义:一是监督管理与广播电视运营的分离,主要解决政府与事业单位关系问题,即以省、市、县文化广播电视新闻出版局为主的政府部门作为公共管理者,对平级以及下级的广播电视台作为事业单位进行宏观管理与监督;各级广播电视台作为公益事业生产者负责广播电视事业单位运营;二是广播电视公共管理职能与广播电视运营出资人职能的分离。主要解决从政府职能层面管办职能的分离,将政府对广播电视社会事业的公共管理职能与举办事业单位形成的出资人职能分离;三是管办机构分设。省、市、县原省广播电视厅、市县广播电视局的管理职能,从原来局台合一的体制中分离出来,全国大多合并到文化广播电视出版局之中(后又普遍更名为广播影视新闻出版局),而原来的广播电视办节目和广告等经营的职能,转变为事业性质的各级广播电视集团或广播电视台。广播电视管办机构的分设这一步全国大多在2005年完成。因此,从2005年起,"视听评议"作为加强广播电视宣传管理工作的科学监管手段,成为广播电视行政管理部门的重要工作要点。

"视听评议"的定义,李林较早提出:"视听评议是对广播电视的本质、现象和内容进行的价值判断与价值取向。"[1]金光华和章丹对此稍作补

---

① 李林:《视听评议的意义和方法》,《中国广播电视学刊》,2000年03期,第41-42页。

充:"视听评议是对广播电视的本质、现象、内容和表现形式进行的价值判断。"[1]欧颖峰和林黎明在引用金光华、章丹定义的基础上,认为:"在我国,广播电视节目视听评议属于新闻行业自律制度的一种,是指对广播电视的本质、现象、内容和表现形式进行的价值判断。"[2]2018年,郑宇在深入学习习近平总书记2·19讲话(即2016年2月19日上午,习近平总书记前往人民日报社、新华社、中央电视台实地调研。当天下午,习近平在人民大会堂主持召开党的新闻舆论工作座谈会并发表的重要讲话)之后,针对"视听评议工作"给予了一定的概念界定:"从职责分工上来看,广电媒体是从事宣传报道舆论引导的主体,行政管理部门是行使媒体监管职能的主体,而视听评议工作,则可被视为监管部门与广电媒体之间缓冲的地带、对话的平台、监督的方式和管理的手段,其出发点和落脚点都是服务于广电宣传管理。宣传、监督、评议,这三者有机地构成了宣传舆论引导工作体系,共同形成了推进党的新闻舆论工作的合力。"[3]

确实,在"视听评议"概念较早提出的20世纪80年代,国内许多人对互联网还闻所未闻。互联网虽然诞生于20世纪60年代末,但直到90年代以后才风靡全球。1994年,中国正式接入互联网。因此,在那个时候,作为作用于人类视听感官的音频、视频内容的传播载体,除了录音、录像制品之外就只有广播电视媒体了。因此,更多的时候,人们在谈论"视听媒体"的时候,基本上等同于广播电视媒体的意思。因此,人们提到"视听评议"的概念时,也基本上就是指针对广播电视播出节目的评议。而历史发展的神奇之处恰恰在于,随着时间的推移和历史的演进,之前提出的一

---

[1] 金光华、章丹:《视听评议工作的实践创新》,《视听纵横》,2010年04期,第115-116页。

[2] 欧颖峰、林黎明:《新闻业务评议内容及机制创新研究——以广播电视媒体视听评议为例》,《武夷学院学报》,2014年01期,第63-67页。

[3] 郑宇:《视听评议工作应注意处理好的几对关系》,《视听纵横》,2018年04期,第72-74页。

第一章 视听评议的沿革和机制

些概念,往往早已为今后的发展埋下了伏笔,预留下了内涵扩展的空间,"视听评议"的概念就是这样。当人们步履匆匆地迈入21世纪,互联网浪潮汹涌而至。而到21世纪的第二个十年,互联网早已成为视听内容传播的主场。2015年4月,就有报道称"现有网络流量中已经有70%是视频,将来会达到90%"。①2016年5月新华社报道诺基亚贝尔实验室下属贝尔实验室咨询部门(Bell Labs Consulting)当年发布的一份研究报告显示,"未来数年间,音视频数据流量将持续增长,在数据流量增量中占据最大占比,到2020年时这一数字将达到79%。"②随着互联网传播的网络视听内容的日渐增长,原国家广播电影电视总局及时将网络传播视听节目纳入了规范和监督管理的范围,经国家广播电影电视总局局务会议2004年6月15日通过,《互联网等信息网络传播视听节目管理办法》出台并于2004年10月11日起施行。因此,随着21世纪以来的视听传播发展,"视听评议"概念所包含的评议对象应当包括广播电视媒体、互联网等信息网络传播平台等播出、投放的所有视听产品(含音视频直播内容)。鉴于音视频传播产品的特殊性,其直观、形象的传播方式所起到的教化、教唆作用,对于未成年人具有非常直接的影响。同时,就目前的监测手段,除了结合人工的收听收看甄别,对于音视频数字化产品中的不良内容,也还没有完全有效的发现办法。正是考虑到了作用于视听感官的音频、视频传播监管的特殊性,在2018年3月中共中央实施的《深化党和国家机构改革方案》中,新组建了国家广播电视总局。同时指出:"为加强党对新闻舆论工作的集中统一领导,加强对重要宣传阵地的管理,牢牢掌握意识形态工作领导权,充分发挥广播电视媒体作为党的喉舌作用,在国家新闻出版广电总

---

① 秦姗:《华为指出目前网络流量中视频应用达到70%》,凤凰科技网2015年4月21日。
② 新华网:《2020年音视频数据流量将占新增流量的79%》,新华网2016年5月10日。

局广播电视管理职责的基础上组建国家广播电视总局,作为国务院直属机构。"而这里所指的"广播电视媒体",早已不再是传统媒体意义的广播电视概念。因为,早在2014年8月,中央全面深化改革领导小组第四次会议审议通过《关于推动传统媒体和新兴媒体融合发展的指导意见》,2016年7月,原国家新闻出版广电总局也印发《关于进一步加快广播电视媒体与新兴媒体融合发展的意见》。两个"意见"出台,明确了广电媒体与新媒体融合发展,构建新型主流媒体的目标。所以,这里所指的"广播电视媒体",当指与新兴媒体融合发展、占据互联网等信息网络传播视听节目主流的新型广播电视媒体。也正因为如此,作为"管办分离"之后,继续承担"对重要宣传阵地的管理"职能的国家广播电视总局,将进一步加强视听评议工作的开展力度,并朝着构建系统完备、科学规范、运行有效的宣传管理制度体系目标发展。在2018年1月召开的全国广播电视宣传管理工作会议上,原国家新闻出版广电总局副局长田进就"加强制度建设"指出,目前已经建立起的一系列广播电视宣传管理制度就包括有"问题节目公开批评制度、属地管理和收听收看制度、广播电视节目网络传播管理制度、广播电视节目和网络视听节目制作管理制度等"[①]。上述一系列提及的制度中,基本上都是指作为外部监管职能重要环节的视听评议工作的基本制度。

综上所述,在我国,视听评议是针对广播电视媒体播出内容和互联网等信息网络传播视听节目等开展的评议活动的总称。以一定的尺度标准,通过对以音视频形态传播的视听传媒产品本质、现象、内容和表现形式进行价值判断之后,所开展的批评活动。它的本质属性属于监管性质的他律机制,既包含广播电视行政管理部门以监管为目的、以收听收看为基础开

---

① 田进:《在2018年全国广播电视宣传管理工作会议上的讲话(2018年1月24日)》,广电独家微信公众号,2018年1月25日。

展的评议活动,也包含广播电视和互联网等信息网络传播等行业为提高节目(产品)质量而组织专家和社会监督人员开展的评议活动,以及社会各界人士对广播电视媒体播出内容和互联网等信息网络传播视听节目等提出的批评。

二、"视听评议"与"媒介批评""新闻阅评"概念的关系辨析

与"视听评议"有着较深渊源关系的概念主要有"媒介批评"和"新闻阅评"等。就学术属性上来进行界定,"视听评议"与"媒介批评"是一种从属关系,而与"新闻阅评"则属于交叉关系。"视听评议"是"媒介批评"的一种,主要针对广播电视媒体和互联网等信息网络传播视听节目开展的媒介批评活动。"新闻阅评"则是针对新闻内容和新闻传播活动的评议,虽然视听评议也是以广播电视和互联网音视频新闻传播评议为主,但也涵盖了广播电视媒体和互联网信息网络传播单位的广告经营活动等,因此仍然呈现为一种交叉的关系。

中国大陆的媒介批评研究,始于20世纪90年代中期。一种说法是媒体批评起源于西方,在20世纪90年代引入到中国大陆。刘建明则认为:"媒介批评并非起源于西方,更不是西方当代传媒发展的产物。新闻批评和新闻起源一起出现,媒介批评和媒介诞生同时面世。"同时认为,"我国是世界新闻批评活动开展最早的国家,因为我国是世界上报纸最悠远的故乡。"[1]但有一点毋庸置疑,虽然我国媒介批评实践历史悠久,但作为一个理论概念,"媒介批评"一词却是以"舶来品"身份出现在我国。袁军在《新闻媒介通论》一书中将"媒介批评"定义为:"媒介批评是大众传播活动过程中的一个重要环节,它按照一定社会和阶级的利益和思想,根据一定的批评标准,对大众传播媒介及其产品——大众文化的是非、善

---

[1] 刘建明:《媒介批评通论》,北京:中国人民大学出版社,2001年,第25页。

恶、美丑等问题所作的价值判断和理论鉴别。"①近年来国内学术界关于媒介批评的研究主要集中于互联网对中国媒介批评生态的影响和媒介批评理论的中国化建设两个方面,其中尤以"构建中国化的媒介批评理论"观点对中国特色新闻阅评和视听评议工作研究具有积极的指导意义。董天策等(2011)通过对中国大陆媒介批评论著的十年扫描,指出自2001年刘建明教授出版中国大陆第一本媒介批评理论著作《媒介批评通论》以来,到2010年,十年来中国大陆出版了33部媒介批评论著,理论研究与话语实践呈现出良好的发展态势,但媒介批评基本理论问题研究不够深入,规范性与创新性有待加强,媒介批评实践的热度、力度、高度、深度有待提升;②姚珺(2013)提出,网络媒介环境下,媒介批评已经发生了结构性变化,媒体批评已告别"精英式批评"时代,进入一种狂欢式的"大众式批评"时代;③刘晓伟(2013)认为,目前我国媒介批评缺乏系统深刻的理论根基,深化媒介批评建设,要坚持马克思主义新闻观的理论自信,着力构建中国化的媒介批评理论,开展媒介批评实践。④同时,锚定媒介批评的一支——电视批评理论化方向,学术界以欧阳宏生等为代表,致力于构建专门的电视批评理论体系。欧阳宏生等(2010)提出,媒介批评应用于广播电视宣传管理,要转变一种思维,应站在广播电视管理者的角度,明确指出问题并提出相关的、切实可行的整改建议,成为管理者的"智库",为广播电视管理者提供决策依据;⑤李弋(2013)认为,在数字技术的推

---

① 袁军:《新闻媒介通论》,北京:北京广播学院出版社,2000年,第41页。
② 董天策、胡丹:《中国内地媒介批评论著十年扫描》,《山西大学学报(哲学社会科学版)》,2011年02期,第71-75页。
③ 姚珺:《普通批评者的力量——"大众式批评"时代解析》,《青年记者》,2013年23期,第10-11页。
④ 刘晓伟:《理论自信与媒介批评的中国化建设》,《青年记者》,2013年第10Z期,第17-18页。
⑤ 欧阳宏生、姜海:《媒介批评与广播电视宣传管理》,《中国广播电视学刊》,2014年03期,第2-5页。

动下,电视批评的生态发生了巨大的变化,批评网络化后社会语境的变迁与话语秩序的重构,使得对新媒体的管理与规范,成为电视批评发展到数字时代一个迫切的问题。① 欧颖峰(2014)认为,英国的互联网观察基金(I-WF)、欧盟的国际举报热线联合会等成熟的新闻评议会制度,为我国的广播电视媒体视听评议内容及机制创新提供了可以借鉴的经验。② 上述种种说法,实际上都是把"视听评议"作为了"媒介批评"的分支,看作是在广播电视媒体领域中的具体媒体批评实践。由广播电视行政管理部门组织开展的视听评议活动,致力于广播电视媒体并延伸至互联网等信息网络传播视听节目等领域所开展的批评活动有深化,但又存在着实践性、实用性强,理论研究相对不足的特点。

"新闻阅评"作为与"视听评议"外延交叉较多的概念,就字面意义上来理解,起初更多的是针对报刊新闻所开展的阅读与评议,目前也扩展到了对于所有新闻作品和新闻传播现象的评议。尽管"有新闻工作就有新闻阅评",但新中国成立以后,作为一项自觉而又专门的活动,却是由国内报刊新闻媒体特别是党报开始的。国内党报大多在内部设置有新闻阅评机构,《人民日报》就设有第三方、内设部门和值班总编辑评报三个体系。1994年,中宣部成立新闻阅评小组,开展新闻阅评工作。目前,全国各省、市、自治区和大部分地市的党委宣传部都普遍建立了新闻阅评制度,各新闻单位也开展了形式多样的新闻阅评活动,新闻阅评已在各级管理部门和新闻媒体中形成了一个完整的体系。2010年3月,中国人民大学出版社出版了刘祖禹、胡文龙撰写的《新闻阅评学》,是我国第一部关于新闻阅评的专著,提出了新闻阅评的指导思想、基本原则及写作方法等。

---

① 李弋:《数字技术推动下电视批评的生态演变》,《西南民族大学学报(人文社会科学版)》,2013年05期,第161-164页。

② 欧颖峰:《新闻业务评议内容及机制创新研究——以广播电视媒体视听评议为例》,《武夷学院学报》,2014年02期,第63-67页。

根据《新闻阅评学》所下的定义，"新闻阅评指的是新闻报道发表后有关部门、媒体的相关人员包括广大受众对报道所进行的评议、评价或推介的一种科学机制和方法。它作为新闻报道的一种检验、反馈、服务和监督手段。"① 对于"新闻阅评"与"媒介批评"之间的关系，刘晓程认为，"我们常说的'新闻阅评''新闻审读'在本质上是党和政府对新闻媒介的管理行为，其实质是新闻管制。""新闻阅评的价值追求在于更好地完成党和政府对新闻事业的管理。其主要目的在于为党和政府的新闻管理服务。其社会功能表现为控制、管理和协调功能。而媒介批评则力求独立性，即实现一种基于客观价值判断的独立性——这也是困扰各国媒介批评组织建设的最大问题之一——它的价值追求在于实现社会公众对媒介的独立批评和全面监督，从而使得大众媒介更好地为广大社会公众服务。其批评的理论基础则是基于'新闻事业作为社会公器应为广大社会公众服务'的观点。因此，它的社会功能往往表现为批判、建设或鞭策的功能。"② 而熊燕舞（2007）认为"新闻阅评是特殊的媒介批评"；③ 郭光华（2010）认为，新闻阅评是"中国特色的媒介批评"。④ 尽管，"媒介批评"与"新闻阅评"批评主体有别，操作规程不同，表现形式有异，但很难说价值追求和社会功能有很大的差别，都是为了督促媒体事业更好地为人民服务。而媒体批评的实施本来就可以有多种的主体，因此，较为普遍能够被人接受的观点是，"新闻阅评"是我国由党委、政府为履行部门监管媒体职责而组织开展的一种"媒介批评"活动，是"媒体批评"的一种。"视听评议"较长时间以来被认为是"新闻阅评"向广播电视媒体的延伸，或者直

---

① 刘祖禹、胡文龙：《新闻阅评学》，北京：中国人民大学出版社，2010年，第5页。
② 刘晓程：《论"新闻阅评"之不同于"媒介批评"——兼谈媒介批评的内涵与本质》，《今传媒》，2005年04期，第18-20页。
③ 熊燕舞：《新闻阅评是特殊的媒介批评》，《今传媒》，2007年12期，第43-44页。
④ 郭光华：《建设中的中国式媒介批评制度——以湖南省新闻阅评工作为例》，《今传媒》，2008年06期，第34-35页。

接就是针对广播电视媒体而开展的一种新闻阅评。但事实上，由于所关注范围的差异和所侧重评议的媒体特点不同，只能说"视听评议"和"新闻阅评"是有着较大的外延交叉但各有不同特点的两个概念。

综上所述，以媒介批评作为"母树"学养供给，视听评议及广义的新闻阅评，仍然是一个极具中国特色的研究课题。媒介批评学以及它的中国化研究和新闻阅评学的研究，对视听评议的研究具有启发性，但管理部门针对广播电视节目、互联网视听传播内容所开展的视听评议实践，仍然缺乏较为系统的研究，面对传统广播电视和网络两大类的音视频节目生产和发布，对视听评议的机制、尺度和方法的研究有待于进一步的系统化完善。

◆第二节 视听评议的历史沿革

一、广播电视媒体自律性质的视听评议

作为广播电视媒体的自律行为，视听评议早期由各级人民广播电台和电视台自发组织开展，包括业务研究和听众听评、观众评议两个方面，目的是为了找出差错和不足、提高广播电视采编播和技术传输的业务水平。据《中央人民广播电台简史》，1953年12月，台里创办内部刊物《编播业务》，1987年改名为《广播业务》，1993年又在此基础上创办了中央人民广播电台对全国公开发行的广播专业刊物《中国广播》。长期以来，《编播业务》和后来的《广播业务》《中国广播》成为广播业界评议广播节目、研究广播业务的主要阵地，有相当一部分刊出内容为广播节目、广播

活动、广播媒体的评议文章。听众听广播、评广播方面，1953年，中央人民广播电台由听众服务组提出，组建了以"经常收听中央台广播评论，反映中央台广播效果"的积极听众队伍。之后除"文革"初期听众听广播、评广播基本处于停滞状态之外，"积极听众"工作一直延续了下来。1982年，成立专门的听众工作部，具体规定：凡在《编播日报》《编播业务》《听众来信汇编》《中国广播报》等中央台刊物及中央台节目中使用过的听众来信来稿的作者，均可发展为积极听众。1993年，中央人民广播电台首次将一批积极听众聘为听评员。1996年，又在北京、天津等地的工厂、机关、学校、部队、街道等建立了一批听评工作站。听评员从内容、形式、质量，到播音、播出效果等方面对中央人民广播电台的播出节目进行评议。另据国家广电总局根据《广电总局关于进一步加强收听收看工作的通知》（广发［2006］37号）精神，对2006年收听收看机构作出的评审表彰，授予10个机构为2006年度最佳收听收看机构、10种评议内刊为2006年度最佳收听收看刊物，中央电视台总编室观众联络处和中央人民广播电台总编室听众工作部名列最佳收听收看机构，中央电视台《收看反映》和中央人民广播电台《听评信息》名列最佳收听收看刊物。依托《收看反映》和《听评信息》，中央电视台和中央人民广播电台所开展的收听收看和听看评议工作，即是为了把握广播电视节目导向、发现和纠正广播电视节目差错、提高广播电视节目质量，而组织开展的具有自律性质的视听评议工作。

秉承中央人民广播电台听评广播的优良传统，我国各级人民广播电台和电视台大多建立有自律性质的监听监看和节目评议制度。特别是改革开放以后，与听众、观众联系工作和内部节目考核机制相结合，各级广播电视台纷纷聘请监听监看和节目评议人员，开展了形式多样的视听评议工作。省级台层面，比如2011年12月，山东广播电视台就曾经面向全省群众征集视听评议员对本台节目进行评议。2012年5月，又再次发出《山东广播电视台致全体视听评议员的一封信》，据这一公开信介绍："为了全面检验山东广播电视台广播电视节目的播出效果，及时了解不断变化的媒体市场，准确把握广大人民群众对广播电视节目的需求和期望，促进广播电视节目质量整体提升和品牌建设，我们在去年建立了视听评议网。经过去年年底至今年年初的征集活动，视听评议网已扩容至一千余名成员，人员结构在地域分布、年龄构成、教育程度、职业种类等方面都得到了调整完善，具备了一定的代表性。"市级广播电视台层面，如浙江省嘉兴广播电视集团2017年4月18日上午召开的2017年度社会监听监看会议透露，嘉兴广播电视集团建立的社会监听监看机制已运行5年，2016年度一年收到各类意见96条。又如江苏省常州广播电视台于2013年2月成立台视听评议小组，对本台广播电视节目开展收听收看评议工作。聘请媒体专家、高校新闻专业学者、本台已退休的资深采编人员和部分县区曾从事过宣传工作的人员等10人担任视听评议员，构建专家评议团，背对背进行视听评议。以国家广电总局汇编的《广播电视宣传管理手册》和本台制定的《广播电视节目监管细则》为标准，对广播电视节目的题材、导向、内容、形式、主持人、制作和编排等方面进行客观评议，重点监管广播电视新闻类节目的导向、过度娱乐化和低俗化等问题，从导向分析、质量分析等多个层面开展分析评议，每月编印两期内部刊物《CBS视听评议》。对《CBS视听评议》提出的问题，相应责任部门要在三个工作日内作出整改或解释性书面反馈。还如江苏省泰州广播电视台，充分发掘台内管理人员和宣传管理部门资深专业人员较为集中的人力资源，建立了两支监听监看队伍：第一是全体台领导，第二是台总编室全体人员。总编室承担着对全台广播电视节目的管理职能，因此台里对总编室提出了全员监听监看的职责要求，上述人员每周一提交上周监听监看意见，台总编室专职工作人员汇总后，编印专刊《泰州收听收看》，印发至节目部门逐条查实，并作出整改和情况反馈。据悉，泰州广播电视台对所属广播各频率、电视各频道和广播电视报、网站实行监听监看和视听评议，从编排到包装、导向到细节、节目到广告、记者到编辑和播音员主持人，从总结经验到发现差错等，实行全方位监听监看，做到监听监看和评议工作紧跟宣传报道中心。对重大会议报道、重要节目报道、重大主题报道等进行及时的评议，通过《泰州收听收看》，对节目部门起到监督批评和鼓励引导作用。县级台层面，如国内较早成立县级融媒体中心的浙江省常山县，2017年12月15日县新闻传媒集团揭牌成立，2018年8月即制定出台了《常山县新闻传媒集团广播电视节目视听评议（监督）工作办法（试行）》，面向全县招募、筛选、聘任10名视听评议（监督）员，每周编印一期内刊《视听评议监督》简报，刊登视听评议（监督）员在视听评议、监督工作中发现的情况和意见。并要求对《视听评议监督》提出的问题，相关媒体或责任部门最迟不超过三天作出整改或解释性书面反馈。

各级广播电视媒体自行组织开展的视听评议活动，目的是为了加强内部节目采编管理，提升节目质量。不少台将视听评议的结果，特别是批评性评议意见，直接应用于内部节目质量的考评。就一般情况而言，各级广播电视媒体面向全社会招募聘用的监听监看员或称视听评议员，所做的评议都比较浅显，直接地指出节目亮点或错误、不足之处，提出改进的意见和建议。而由台内专业人士或面向高校专业教师、媒体单位退休人员担任的视听评议人员，所撰写的评议文章专业性和成文性更好一些，对于一线采编播人员具有更强的指导意义。不管是何种情形，各级广播电视媒体自行组织开展的视听评议活动，都具有十分明确的自律性质，但仍然存在着某些领域监督不到位或评议盲区的情况，如某些地方存在的"重节目评议、轻广告监管"的弊端，因此，还需要进一步与广播电视行政管理部门以及各级党委宣传部门组织开展的视听评议、新闻阅评等他律性质的评议活动相结合。

二、广播电视行政管理部门他律性质的视听评议

我国广播电视行政管理部门他律性质的视听评议活动的开展，其历史沿革可以按照加强依法管理和以"政事分开、管办分离"为主要内容的广播电视系统文化体制改革两条线索去进行回溯。

1997年9月1日国务院颁布施行的《广播电视管理条例》从法律层面上界定了广播电视行政管理部门与包括广播电视台在内的广电业务开办主体之间的关系。为了充分发挥广播电视行政管理部门的监督职能，提高管理水平，根据《广播电视管理条例》规定，原国家广播电影电视总局于1999年3月印发《关于开展广播电视节目监听监看工作的意见》（广发编字[1999]135号），分两步开始了广播电视节目监听监看工作。第一步从1999年年初开始，重点监看中央电视台8套节目，同时有选择地收看省级电视台上星的电视节目；第二步从2000年开始，逐步开展监听监看中央人民广播电台、中央电视台全部节目和全国所有上星的广播电视节目的工作。国家广播电影电视总局于1999年年初成立收听收看中心，并抽调一批具备一定理论业务水平的同志组成监听监看小组。"监听监看小组的工作职责是，根据中央有关广播电视宣传的精神和《广播电视管理条例》《电影管理条例》《音像制品管理条例》的规定对广播电视节目进行监听监看。（一）对于好的广播电视节目、栏目予以肯定，并总结经验，进行定期定量分析，以指导实践，提高节目质量；（二）根据中央有关广播电视宣传的精神，注意节目有无舆论导向方面的问题和把握不当的问题；（三）监听监看广播电视节目是否有违反《广播电视条例》有关规定的内容，是否

出现禁止播放的内容（包括广告）；（四）注意节目中是否出现不符《电视剧审查标准》中规定的问题；（五）注意节目有无违反有关节目播出比例的规定；（六）注意节目有无播出事故；（七）监听监看人员每天要作出当天的监听监看报告，定期作出小结。"通知同时要求"各省级广播电视行政管理部门要加强对本省广播电视节目的监听监看工作"。随后，监听监看小组出刊的内刊《收听收看日报》即为国家广播电视行政管理部门推出的视听评议平台。2002年9月，原国家广电总局又发出《关于迅速建立健全广播电视宣传监督管理机制的通知》，要求"充分认识搞好广播电视宣传的收听收看工作的重要性、必要性和紧迫性，建立健全广播电视宣传监督管理机制，设立省级广播电视宣传收听收看机构。"在这一文件的推动下，全国广播电视系统陆续开始设立收听收看机构，开展监听监看和视听评议工作。

我国的广播电视行政管理部门与广播电视媒体单位的管办分离开始于21世纪之初。在我国，媒体事业单位和政府管理部门长期以来处于管办一体的状态，特别是广播电视行政管理部门和同级广播电台、电视台实行局台合一制度，广播电台和电视台都作为广电行政管理部门的直属事业单位，形成了新闻宣传、事业建设和行业管理"三位一体"的广播电视行政管理体制。2000年至2001年，原省级广播电视部门率先在以"政事分开、管办分离"为主要改革内容的机构改革中分设为广播电视局和广播电视集团。如根据《中共中央、国务院关于浙江省人民政府机构改革方案的通知》（中委［2000］38号），浙江省人民政府办公厅2000年6月发布《关于印发浙江省广播电视局职能配置、内设机构和人员编制规定的通知》（浙政办发［2000］87号）宣布："浙江省广播电视厅更名为浙江省广播电视局。省广播电视局是省政府主管广播电视宣传和广播电视事业的直属机构。"同时增加职能"通过信息网络向公众传播的视听节目的监督管理"。翌年，2001年11月，浙江广播电视集团宣告成立，由浙江电台、浙江电视台及相关企事业单位组建而成，为省委省政府直属新闻宣传单位。同样，2000年9月，江苏省政府办公厅发布《关于印发江苏省广播电视局职能配置内设机构和人员编制规定的通知》（苏发［2000］16号）宣布："省广播电视厅更名为省广播电视局，为省政府主管广播电视宣传和广播电视事业的直属机构。"并新增职能"管理监督全省信息网络（包括广播电视传输覆盖网、通讯网、计算机网、闭路电视系统等）上的广播电视节目、广播电视类节目播出前端和经营广播电视节目传送业务"。翌年2001年6月，江苏省广播电视总台（集团）宣告成立。而市县级广播电视管理体制改革起始于2003年的文化体制改革试点工作。2003年6月，全国文化体制改革试点工作会议确定北京、上海、广东、浙江等9个省市和35个新闻媒体、出版发行、文艺院团等文化单位进行体制改革试点。2004年7月召开的全国广播影视局长座谈会要求，广电系统文化体制改革试点单位要按照"三分开"（政事分开、政企分开、事企分开）、"三分离"（管办分离、制播分离、所有权经营权分离）和建立"三大平台"（政府监管平台、公益事业平台、产业经营平台）的要求，推进广播电视体制改革。2005年12月，中共中央、国务院下发《关于深化文化体制改革的若干意见》，对文化体制改革作出全面部署，全国广播电视管理体制进一步朝着管办分离的方向推开。

  随着广播电视系统以"政事分开、管办分离"为主要内容的文化体制改革工作的全面推开，各级广播电视行政管理部门的监管职责进一步明确，而业已开展的监听监看和视听评议工作，成了广播电视行政管理部门履行依法管理职责的重要抓手。针对个别省级广播电视行政管理部门组织收听收看机构和开展日常评议、监管工作不到位的情况，2006年，原国家广播电视总局再次下发《关于进一步加强收听收看工作的通知》，进一步推动收听收看机构的建设与完善。为加快通知精神落实，原国家广播电视总局首次发通报表彰了一批全国广播电视收听收看机构和视听评议简报，中央电视台总编室观众联络处和中央人民广播电台总编室听众工作部两家中央级广播电视媒体职能处室和北京广电局收听收看中心、江苏省广播电视收听收看中心、上海市广播影视信息网监测中心、湖南广电局监听监看中心、浙江广电局宣传管理处、四川广电局总编室、山东广电局收听收看中心、黑龙江广电局总编室等八个省级收听收看机构或直接组织开展收听收看工作的省级广电局的处室入选2006年度最佳收听收看机构；中央电视台《收看反映》、中央人民广播电台《听评信息》、江苏广电局《江苏收听收看》、北京广电局《收听收看报告》、湖南广电局《监听监看日报》、广东广电局《视听评议》、云南广电局《监听监看》、浙江广电局《视听评议》、江西广电局《收听收看简报》和陕西广电局《收听收看简报》十个视听评议内刊入选2006年度最佳收听收看刊物。而据原国家广播电影电视总局收听收看中心以2010年度数据开展的全国收听收看工作情况调查，截至2010年年底，全国省级广播影视管理部门有24家开展收听收看和节目评议工作，除了上述2006年度受到表彰的最佳收听收看机构和最佳收听收看刊物所在的12家机构之外，还有重庆、河北、吉林、辽宁、安徽、福建、湖北、海南、山西、宁夏、青海、内蒙古12个省、直辖市和自治区的广播电视局开办了视听评议内刊，另有宁波和青岛两个副省级市的广播电视局开始了收听收看和评议工作，视听评议成为引导播出机构把握正确导向、提升节目质量的重要抓手，为广播电视行政管理部门履行宣传管理职能提供了有力保障。

随着全国各省、直辖市和自治区广播电视行政管理部门收听收看和视听评议工作的全面推开，国家广播电视行政管理部门的评议工作机制也在不断地完善。2008年4月，原国家广播电视总局对外宣布，利用广电科技

第一章 视听评议的沿革和机制

发展的新成果，覆盖全国的监听监看系统已经建立，对全国413个地市以上1372套电视节目和104个地市广播节目的广告播放情况可以实现随时的监听监看和下载调用，扭转了过去靠人工监听监看"听不到、看不见、跟不上、抓不着、查不了"的被动局面。2011年12月，整合原来的广播电视监测中心、收听收看中心、安全播出调度中心、信息网络视听节目监管中心和中视卫星公司五大监测业务平台，国家广电总局监管中心成立，实现了广播电视节目、互联网等信息网络视听节目、新媒体视听节目播出内容监听监看和视听评议工作的一体化。而目前，随着2018年4月新组建的国家广播电视总局正式挂牌，总局和地方，网上和网下，行政机构、播出机构和收听收看机构，播前审核把关、播中收听收看和播后追责处理等各方面的联动和集成已基本实现，以宣传工作例会制度和收听收看、视听评议工作为两大重要抓手，总局层面已经建立起包括广播电视宣传管理、电视剧管理、传媒机构管理、网络视听节目管理和收听收看机构的节目会商协调会制度，广播电视宣传管理工作系统性、整体性、协同性得到了全方位的加强。而收听收看机构以及所开展的评议工作，作为开展全面全程管理的重要职能部门和播后监管的重要力量，全天候、不间断的监测监听监看和科学的视听节目分析研判，做到了导向错误、内容有害问题零遗漏，苗头性、趋势化、类型化问题早提醒、早干预、早纠正，为调控管理提供科学依据，为节目改进创新提供参考建议，起到了十分重要的作用。

视听评议工作向市级广播电视行政管理部门的延伸，原国家广播电影电视总局收听收看中心以2010年度数据开展的全国收听收看工作情况调查中提到了宁波和青岛。除此之外，另据调查，在全国市级广播电视行政管理部门中，南京和广州的视听评议工作都开始于2002年，开展时间都比较早。南京《广播电视节目评议》创刊于2002年，由南京市文广新局（原市广电局）宣管处负责编辑出刊。广州市的视听评议工作开始于2002年下半年,由市文广新局广播影视处负责,每月编印一期《广播电视监听监看》,有广东省的内刊登记字号——粤内登字A第13055号,每期刊登监听监看评议达10多篇,每期印发数达100份。另外,成都市的视听评议工作开始略早于宁波。成都市广播电视监测中心于2005年"局台分离"时建立,早期以技术监测为主,2006年受成都市委宣传部委托,开始收听收看系统的建设,监测中心内人员分工每天收看节目,2006年9月份开始向市委宣传部提供收听收看日报。2007年9月开始,成都市广播电视监测中心一直与四川大学文学与新闻学院合作,开展视听评议工作。青岛市的广播电视节目监评工作和宁波市一同开始于2007年。2007年5月,青岛市广播电视局印发《关于进一步加强广播电视节目监评工作的意见》(青广局字〔2007〕45号),由在职专业人员、退休专家、老同志组成广播电视监听监看机构,开展监听监看和评议工作。宁波市的视听评议工作始于2007年11月,原市广播电影电视局广电处与院校合作成立广播电视监测评价研究中心,委托浙江大学宁波理工学院作为第三方评价机构,对宁波市的广播电视节目进行监测评议,至2012年前后共编发《宁波广电评议》简报68期。2012年10月,宁波市广播电视监测中心成立,根据"三定"方案的职能要求,市广电监测中心在做好全市广播电视安全播出监测、技术质量监测的同时,还积极开展对全市广播电视播出机构自办节目的评议工作。2013年7月,市广电监测中心实行"一套班子两块牌子"的工作机制,建立了宁波广播电视评议中心,并接手《宁波广电评议》编印工作。目前,除直辖市外,江苏、浙江等省已实现市级广播电视行政管理部门视听评议工作全覆盖。2012年12月,原江苏省广播电影电视局向《南京广播电视节目评议》《宿迁审听审看》《泰州收听收看》《常州视听评议》《无锡视听评议》《扬州收听收看》等授予了2012年度全省收听收看工作先进刊物(单位),市级广播电视行政管理部门创办的视听评议内刊分获一、二等奖，全省13个地级市全都榜上有名，说明江苏省在2012年就已经实现市级广播电视行政管理部门视听评议工作全覆盖。而随着2018年4月嘉兴市文化广电新闻出版局第一期《嘉兴视听评议》和10月绍兴市文化广电新闻出版局第一期《绍兴视听评议》的先后出刊，浙江全省十一地市也实现了市级广播电视行政管理部门视听评议工作的全覆盖。

◆第三节　视听评议工作机制的基本类型

作为媒介批评的专业化分支，目前我国视听评议工作机制基本上形成了以专门机构评议、专业期刊评议、广电媒体业务评议和社会化评议四种基本类型，互为补充，构建了专门化视听媒介批评领域。

一、专门机构类视听评议工作机制

2002年9月，原国家广播电影电视总局在《关于迅速建立健全广播电视宣传监督管理机制的通知》（广发编字［2002］841号）中要求，各地要"建立健全广播电视宣传监督管理机制，设立省级广播电视宣传收听收看机构。""广播电视宣传监督工作实行分级负责制，省级广播电视宣传收听收看机构接受省级广播电视行政管理部门的领导，在省级广播电视行政管理部门的宣传业务主管机构指导下开展工作。"根据这一通知精神，各省、直辖市和自治区广播电视行政管理部门相继申请编制和人员，在原有广播电视监测中心的基础上，建立省级广播电视宣传收听收看机构，开展收听收看和视听评议工作。根据原国家广播电视总局首次发通报表彰的2006年度广播电视收听收看机构名单，既有专门的收听收看中心、监听监看中心，也有省级广播电视局宣传管理处或总编室等职能处室直接承办的。事实上，自从21世纪初，各省级广播电视厅在机构改革中组建为广播电视局，到广播电影电视局，再到新闻出版广电局及2018年成立的广播电视局，市级广播电视行政管理职能普遍划入文化广播电视新闻出版局，各地广播电视行政管理的职能处室名称各异，如宣传管理处、广播电视处、广播影视处等，收听收看和视听评议工作的开展，要么组建专门的收听收看中心或评议中心，要么由职能处室直管，要么与省市属地的广播电视监测中心合署，其工作机制也形成了专职评议、外聘兼职评议人员和招标外包给专业的文化咨询公司等多种形式。

  目前，全国最为普遍和常见的省、市专门机构类视听评议工作机制，是在建立专门的评议中心的基础上，聘请高校专业教师、广播电视行业退休专家等组建专门的评议专家队伍，聘请社会各界热心人士作为社会监听监看员，或同时与专门的文化咨询类公司开展合作，开展规范化的视听评议工作。作为"监管部门与广电媒体之间缓冲的地带、对话的平台、监督的方式和管理的手段"，专门机构类视听评议工作有着明确的服务于广电宣传管理的目的和任务，因此，其开展视听评议的工作机制也与行政监管有着十分密切的联系。比如根据新华网和红网的报道，2012年1月10日挂牌成立的湖南省广播电影电视局监听监看中心，同时加挂湖南省广播电影电视局信息网络视听节目传播监管中心牌子，作为湖南省长株潭三网融合试点地区专门的IPTV监管机构，主要负责区域内IPTV的节目内容，及时发现各类违规节目，落实监管要求。从2004年开始湖南省广电行政管理部门就搭建班子、组建队伍、创办专刊，2010年，湖南广电局、台分设以后，监听监看工作遵循"管出秩序、管出效益、管出发展"的宣传管理要求，履行"当好预警机，筑好防火墙"的职能，从微观到宏观，从省直省会到全省，对全省各级广播电视媒体所播出的节目进行了全方位的有效监评监管。在2016年上半年完成项目建设之后，在全国率先打造了涵盖广播电视、互联网、出版物的全媒体监测平台，提出将广播电视监听监看、网络视听节目监管等平台有机融合，湖南监听监看中心建立了"实时监播机制""快速反应机制""约谈机制"和"部门联动管理机制"，并建立了与机关职能处室的协作机制，在宣传管理方面与局宣管处有效协同，广告管理方面与局传媒机构管理处有效沟通，电影电视剧方面与局电影电视剧处密切配合，新媒体监管方面与网络视听节目管理处共同协作，形成了行之有效的工作模式。地级市层面，四川省成都市建设的媒体内容管理平台沟通作用明显，管理部门、监评团队和广电媒体纳入同一个管理平台上，监评、管理沟通十分便捷。同时，成都市相应的收听收看《管理办法》提出了坚守底线、客观公正、评导结合和及时高效四条审读监评原则，要求各审读监评团队和责任人站在全局高度，坚持正确的舆论导向，正确评价宣传内容，督促媒体依法遵规守纪开展节目制作和传播。要实事求是，客观评价媒体传播优点成绩和缺点问题。要评判与指导相结合，从专业角度有针对性地提出合理化工作建议，促进媒体提升质量。要求各审读监评团队和责任人按时保质开展审读监评并撰写、提交报告，提出了具体的规范性要求，确保了视听评议工作的常态化开展和高质量完成。

二、专业期刊评议类视听评议工作机制

秉承媒介批评的学术视角，以广播电视内容评议为主的视听评议一直占据着专业期刊的主要版面。我国的广播电视专业性刊物主要有广电行政管理部门、广电学会、广电媒体主办或联办刊物，如国家广播电视局主管的《中国广播影视》、中广联合会主办的《中国广播电视学刊》、中央广播电视总台主办的《中国广播》和《电视研究》，江西省、江苏省、浙江省等广电行政管理部门和同级广电学会、广电媒体主办的《声屏世界》

《视听界》《视听纵横》等,广东省电视台等主办的《南方电视学刊》等;各传媒类院校的学报,如中国传媒大学学报《现代传播》、《浙江传媒学院学报》等,也经常刊登有关广播电视及其他视听传播内容的研究或评议性文章;其他一些新闻传播类学术刊物也会开辟专门的视听研究专栏,刊登一些视听评议类的论文等。如《中国记者》有专门的《广电媒体》专栏,《传媒评论》有专门的《广电》专栏等。

此外,由中国广播电影电视报刊协会、国家广播电视总局监管中心联合主办、国家广播电视总局主管,《广电时评》半月刊于2018年4月10日正式创刊。《广电时评》定位于"坚持正确舆论导向,引导广电节目创作,促进行业健康发展,致力于创作发表有力度、有深度的广播影视评论文章,为广电评论的发展添砖加瓦,以促进广播影视发展大繁荣为目的,做到适应新形势、研究新情况、发现新问题、提出新思路、培育新动力。作为汇聚广播影视评论的主流平台,视听评议终于有了专门的刊物阵地。

专业期刊评议类视听评议工作机制主要就是遵循专业学术性刊物的工作要求和流程,吸收各方面的投稿,或组织专题的栏目,经由一定的审稿和编辑机制,按期刊出刊周期出版发行。与其他的视听评议文本要求相区别,专业期刊评议类视听评议有着明确的理论性要求,具有很强的理论研究色彩。特别是高校学报等学术性期刊,所刊登的视听评议类研究文章,一般都要求以一定的理论视角,运用规范的研究方法,深入分析视听媒介的传播现象,由事及理,上升为一定的理论性观点或创新性模式概括提炼。

三、广电媒体业务评议类视听评议工作机制

广电媒体业务评议类视听评议,大多由广电媒体单位自行组织,更多地围绕节目质量和业务提升开展。各级广电媒体内部的新闻宣传管理部

门（一般情况下为台总编室），往往会结合对台各频率、频道或中心、部门的业务考核，组织开展节目评议工作。相当多的广播电视台都会编印内部刊物，刊发宣传活动资讯、业务交流以及节目评议文章。以浙江省省、市、县三级广电媒体为例，浙江广电集团编印有内部刊物《编播导刊》，除了交流各频率、频道以及新蓝网等新闻宣传业务部门的节目、活动介绍交流文章外，也会刊登部分的评议文章，特别是每季度集团优秀作品评出之后，都会约请评委专家就广播类新闻作品、电视类新闻作品、新媒体类新闻作品以及广播电视文艺作品等进行专门的综述评议，作具体的褒贬评议，总结优秀作品经验，指出落选作品不足，用以指导新闻宣传部门的创新创优工作。市级台层面如温州广播电视传媒集团出刊有《视听温州》内刊，开设有"本期聚焦""媒介思考""视听点评""交流园地"等，开展内部的节目评议和交流。县级台层面如义乌市广播电视台总编室编发有内发简报《新闻月评》，设有"专家点评""监评点评""节目抽评通报"等。广电媒体业务评议类视听评议工作机制，一般由媒体单位编委会组织开展，约请部门负责人或具有一定职称的专业人员，开展经常性的业务评议活动。还有相当多的台会与传媒类高校进行合作，外请专家进行专门的节目点评或评议工作。

四、社会化评议类视听评议工作机制

除了上述三类评议主体，社会化评议类视听评议活动的主体往往是社会机构或自媒体，依托互联网平台，开设微博、微信公众号或网站专栏。这些视听评议内容，虽然表现为互联网上面的社会化评议，但大多仍有着广电媒体监管部门或广电媒体、视听传播等行业相关的背景。如"广电时评"微公号由中国广播电影电视报刊协会、国家广播电视总局监管中心联合主办，"广电独家"微公号由《中国广播影视》杂志开办，"看传媒"

微公号由浙江省广电局主办、省广播电视节目评议中心和省广播电视学会承办等，都是由广电行政主管部门和专门的收听收看机构开办；尼尔森网联媒介研究微公号由尼尔森公司创办，"赛立信媒介研究"微公号由赛立信公司创办，"泽传媒"微公号由传媒行业大数据监测与专业研究机构泽传媒创办等，由大数据研究和收听收视调查公司等主办；此外，"传媒1号"由中国传媒大学凤凰学院运营，"电台工厂"由中广联广播文艺工作委员会运营，其他还有专门关注广电、卫视、电视剧、视频等的自媒体号"电视评论"等。这些微公号或微博大多依托自有资源，如专门评议机构的视听评议文章，收听收视调查和大数据研究公司的数据分析文章，并吸收部分社会投稿的视听评议，表现为网络社交媒体平台上的开放性、社会化的视听评议活动。

◆第四节　视听评议的机制创新

随着视听评议活动的广泛开展，特别是专门性评议机构的建设和发展，近年来，视听评议机制也在不断地创新之中，呈现出内容时评化、平台网络化、监测技术化、监管使用数据库化等多方面的发展趋势。

一、内容时评化

时评，即时事评论的简称，是针对最近期内新闻事件、现象、问题，在第一时间发表的评论文章。广播电视新节目、栏目的开播，特别是综艺栏目的推出，包括网络综艺的投放，都有仪式化、事件化的取向或包装，媒体为了吸引受众的关注和收听收看，往往把媒体节目栏目的推出，或活动的开展，包装成事件。同时，广播电视节目的播出或网络节目的投放，都有一定的时效性。特别是在互联网环境下，广播电视节目主持人或嘉宾一两句不当的言论，或某种抢眼的表现，都可能会引起网络上的转发和议论，成为娱乐新闻的关注点，或演变为新闻性的事件，因此，就当前的各种网络时评中，有相当一部分是专门针对广播电视节目和互联网视听传播内容的评论。而反过来，一些视听评议通过及时的发布，同样成了网络平台上的热门网络时评。毕竟，如《中国好声音》等综艺栏目每一季的推出，都是观众关注的大事件，而"看传媒""广电时评"等微公号及时发布的视听评议，同样会引发各方关注和转发，其提出的评议观点同样会得到各方不同的反响。与此同时，各省专门评议机构的一些优秀视听评议文章，通过网络平台的传播，其影响同样突破了地域的局限，或表扬或批评的引导，让所有的广播电视媒体都可以参考或引以为戒。

二、平台网络化

到目前为止，广播电视节目播出的线性特点依然是专门评议机构开展全时化收听收看的障碍之一，因此，收听收看回放系统的建设成为视听评议活动开展的必要平台。同时，宣传、评议和监督，三者有机地构成了宣传舆论引导工作体系，同样需要一个联通三方的平台。特别是视听评议，一方面需要上报监管部门，另一方面又需要传达至媒体单位特别是评议对象，评议文章的发布，监管部门的要求和评议对象的反馈，都需要一个能够联通三方的网络平台，因此，宣传、评议和监督三方相联的网络平台建设已经成为发展趋势。

三、监测技术化

视听评议开展的难点在于，视听符号的传播迄今还难以完全地通过技术手段彻底、完美的解决。同时，对于问题的追问以及建设性对策的思考等，再先进的技术手段，往往也显得束手无策。尽管如此，但技术的发展依然让人感到欣喜，通过语音识别并转译为文字的技术已经得到了突破性的破解，一些前沿技术手段如人脸、图像、视频、敏感词识别抓取，甚至人工智能等，为提高监管的精准性、高效性提供了强有力的支撑。通过机器算法、对比捕捉，能够更高效更精准地发现节目中存在的问题，因此，作为视听评议的工具和基础性工作，技术手段能够代替很多的人工浏览和记录工作，监测的技术化也是视听评议工作机制发展的必须趋势。

四、监管使用数据库化

网络平台化工作方式的优势之一，就是所有的操作行为都会转化为一定的数据，留下描述性的记录。而将所有的广播电视节目纳入管理对象，积累历年的评议数据，借助机器算法等技术手段，就能够建设有效实用的监管数据库。而随着视听评议工作持续推进，数据库的积累将越来越丰富，其评议监管的作用发挥也将越来越强大。

第二章　视听评议的队伍建设和职责任务

我国专门的视听评议队伍建设始于1999年。1999年3月，国家广电总局印发《关于开展广播电视节目监听监看工作的意见》，根据国务院批准的国家广电总局职能配置和《广播电视管理条例》规定，就开展广播电视节目监听监看工作提出具体意见，分两年逐步开展监听监看中央人民广播电台、中央电视台节目和全国所有上星的广播电视节目，要求每天要作出当天的监听监看报告，定期作出小结。同时，由总局总编室负责监听监看业务管理，抽调一批具备一定理论业务水平和工作能力的同志参加，成立了收听收看中心，并要求各省级广播电视行政管理部门加强对本省广播电视节目的监听监看工作。2002年8月，国家广电总局就建立健全广播电视宣传监督管理机制发出通知，要求各省级广播电视行政管理部门切实搞好广播电视宣传的收听收看工作，建立健全广播电视宣传监督管理机制。2004年国家部署实施文化体制改革，对广播电视业实行"管办分离"体制改革之后，省市各级广电行政管理部门进一步把视听评议工作的开展，作为积极探索并努力实践"管办分开"体制条件下宣传管理的科学方式和有效途径，加强了推进建设的力度。以视听评议为重要抓手，以促进和谐管理为理念，视听评议工作在广播电视宣传管理中发挥着愈发明显的作用，并受到各级管理部门的重视。2006年，总局再次下发《关于进一步加强收听收看工作的通知》，进一步推动收听收看机构的建设与完善。郑宇（2018）

认为:"从职责分工上来看,广电媒体是从事宣传报道舆论引导的主体,行政管理部门是行使媒体监管职能的主体,而视听评议工作,则可被视为监管部门与广电媒体之间缓冲的地带、对话的平台、监督的方式和管理的手段,其出发点和落脚点都是服务于广电宣传管理。宣传、监督、评议,这三者有机地构成了宣传舆论引导工作体系,共同形成了推进党的新闻舆论工作的合力。"

◆第一节 视听评议的功能作用

视听评议主要承担着引导、监督、预警、纠偏等功能,通过监听监看和及时的评议引导,确保广电媒体把握正确舆论导向、净化声屏形象、提高节目质量、提升宣传水平。国家广电总局在《关于建立健全广播电视宣传监督管理机制的通知》中明确指出:"广播电视宣传收听收看机构负责对所辖区域内的各级各类广播电视节目进行积极、正确、客观、公正、全面、及时的收听收看和评议,肯定成绩,总结经验,发现问题,提出改进意见,提高广播电视节目质量。"

一、促进视听媒体规范新闻传播秩序

强化新闻宣传纪律和社会责任担当,更好地牢牢把握正确的舆论导向、巩固和壮大主流媒体阵地建设,营造广电媒体的良好生态环境。

二、反映人民群众对视听媒体的呼声愿望和批评建议

维护人民群众的基本文化权益,通过及时地开展视听评议,有助于扩

大社会各界对广电媒体的监督力度，强化广播电视工作的群众立场，引导广电媒体工作者走进基层实际，体会群众期待，牢记人民至上，切实回答好解决好"我是谁""为了谁""依靠谁"这个大问题，增强贯彻党的群众路线的自觉性，树立崇高的职业道德、职业追求和职业品格。

三、密切管办双方的协同配合关系

通过视听评议传达上级要求，加强宣传提示，总结典型经验，剖析正反案例，做好监管批评，进行预警指导，把管理寓于服务、支持和指导之中，从而能够形成管办相互理解、尊重、支持和配合的工作局面，共同担负起促进广电媒体健康可持续发展，确保舆论导向正确的政治责任。

◆第二节 视听评议的队伍建设

一、视听媒体单位自行组建视听评议队伍

在广播电视系统以"局台分设、管办分离"为主要内容的文化体制改革实施以前，各级广播电视部门管办结合，以正确把握舆论导向、切实办好广播电台、电视台节目为职责，通过厅、局（台）内设置专门负责部门，和外聘专家、社会监听监看人员相结合的方式，组建视听评议队伍，开展针对广播电视节目采编播出工作的评议活动。如自1990年起，浙江省广电厅就建立监听监看小组，利用视听回放系统，重点对省市两级电台、电视台播出的节目进行听看和评议，并刊发简报。广播电视系统局台分开以后，各级广播电视台大多坚持了以加强自律监督、提高节目质量和宣传

水平为目标，组织内外结合的评议人员队伍建设，开展视听评议工作。

视听媒体单位自行组建的视听评议队伍一般包括三个层次。首先是专职部门及人员。就省市县三级的广播电视台而言，一般都把视听评议的工作职责落实在总编室，由总编室牵头协调视听评议队伍的组建、视听评议工作的开展、视听评议文稿的收集和编发以及批评内容的整改落实和反馈等。如原浙江省平湖市广播电视局，从1996年开始，局编委会就实施了每季度一次的节目抽评制度，每次由两名编委会成员负责对抽评的节目进行评议，对采编播人员集中进行面对面评议之后，还专门出刊《广播电视节目抽查纪要》。其次是外请专家和收听收看人员，组建外聘的视听评议人员队伍。1996年7月，平湖市广播电视局在市委宣传部的牵头下，聘请本市一些对评议工作有兴趣的离退休老干部，组建成立了老干部"三审"（审听、审看、审阅）小组，专门请他们对电台、电视台节目挑毛病、提意见、谈想法。为了确保使用这一支视听评议队伍，1996年7月还专门制定了《广播电视节目监听监看制度》。2004年及之后的几年，平湖市广播电视局还与浙江传媒学院协作，请专业教师每季度对电台、电视台节目进行抽查评议。老干部和专业院校专家的结合，构成了当时平湖市广播电视局较为专业的视听评议队伍的核心层次。第三是更加广泛的社会监听监看员队伍组织。仍以平湖市广播电视局为例，2002年10月，该局向全社会公开招聘社会监听监看员。通过自愿报名、笔试和局编委会评定等程序，选聘10人为社会监听监看员，定期向局总编室提交监听监看意见和建议。在20世纪90年代到21世纪初，广播电视系统管办体制几经变化，如1998年2月，根据中共浙江省委办公厅关于县级广播电视实行三台合一、局台合一体制改革的文件精神，平湖人民广播电台、平湖电视台、平湖有线广播电视台合并为平湖市广播电视台一个播出实体，与平湖市广播电视局实行局台合一的管理体制；2005年4月，按照政事分开、管办分离的原则，平湖市委办、市政府办印发文化体制改革实施方案，平湖市广播电视台单独组建为准公益类事业单位，广播电视行政管理职能由当时新组建的市文化广电新闻出版局承担。尽管广播电视管办体制几经变更，但各级广播电视媒体单位普遍坚持了与业务考评、与社会监听监看相结合的内部视听评议工作。随着广播电视媒体融合传播业务的发展，特别是省级广电融媒体"中央厨房"和市、县级融媒体中心的普遍推广建立，这种视听媒体单位自行组建视听评议队伍，开展自律性质的视听评议工作在各级广电媒体单位较普遍地得到了坚持和开展。

二、行政主管部门组建的监管性质的视听评议队伍

广播电视管理体制改革始于2001年。2000年，国家广电总局就加快广播电视管理体制改革，组建广播影视集团，推进我国广播影视管理体制向中央和省两级管理、地市以下实行由省垂直管理方向发展作出部署。2001年12月，浙江省广播电视局分设为省广电局和浙江广电集团。浙江广电集团为正厅级宣传单位，事业性质企业化管理的独立法人实体。其新闻宣传由省委宣传部归口领导，行业管理由省广电局等政府行政部门负责。省广电局与浙江广电集团按照政事、政企分开的原则，实行管办分离、机构分设，各司其职。自此，在浙江等省市自治区，广播电视管办分离的管理体制开始逐步推开和确立。2002年8月，国家广电总局就建立健全广播电视宣传监督管理机制提出明确要求，要"充分认识搞好广播电视宣传的收听收看工作的重要性、必要性和紧迫性，建立健全广播电视宣传监督管理机制，设立省级广播电视宣传收听收看机构"。当年10月，浙江省广电局即下发《关于进一步加强广播电视节目收听收看工作的通知》，在原有监听监看制度的基础上，在经省编委会批准建立的监测中心内，设立节目内容监测（投诉）科，配备专职人员开展工作。同时要求各市广电局尽快建立

健全相应的收听收看组织机构，通过专职、兼职和临时聘用等多种方式，配备具有较高政策理论水平和较强业务能力的收听收看人员，开展视听评议工作。

据国家广播电影电视总局收听收看中心调查得到的数据，截至2010年年底，全国省级广播影视管理部门有23个建立了收听收看机构，开展视听评议工作。其中12家性质为"独立机构"，占比超过50%。而包括中央人民广播电台、中央电视台、中国国际广播电台、中国教育电视台4家中央级广播电视媒体单位在内，当时全国27家收听收看机构共有工作人员588人。其中返聘老专家214人，在编工作人员202人，分别占总人数的36%和34%，基本上形成了以在编工作人员和外聘专家为主要力量，社会监督员、志愿者和其他工作人员为补充力量的视听评议队伍结构。

就前述全国范围内部分省级收听收看机构视听评议队伍的建设，主要有这样几种情况：一是视听评议队伍完全由专职评议人员组成；二是专职评议人员担任编辑，外聘专业对口的退休老同志和高校广播影视等方面专业教师组成视听评议专家队伍，并面向全社会招聘组织社会监听监看员队伍；三是以专业技术服务外包的方式，招标委托高校专业团队或文化类公司组织视听评议队伍。目前省市广播电视行政主管部门下设的收听收看机构，基本上以专职人员担任编辑，以外聘评议专家为主要力量，适当组织部分社会监听监看员为补充力量，组建视听评议队伍。同时，面对互联网视听内容，以及广播电视媒体所开设的视听类新媒体端，一些省市收听收看机构也开始与专业的技术服务公司合作，增加大数据分析等新技术的应用，以数据分析、精准描述等手段作为支撑，进一步增强视听评议的准确性和说服力。

◆ 第三节 视听评议的职责任务

一、视听评议的职责

1999年3月国家广电总局《关于开展广播电视节目监听监看工作的意见》首次提出，监听监看小组的工作职责是，根据中央有关广播电视宣传的精神和《广播电视管理条例》《电影管理条例》《音像制品管理条例》的规定对广播电视节目进行监听监看。国务院颁布的《广播电视管理条例》从法律层面上界定了广播电视行政管理部门与包括广播电视台在内的视听传播业务开办主体之间的关系：广播电视行政管理部门代表国家行使广电行政管理职能和职责，对视听传播相关行业实施全面的行政监管和指导，为广播影视改革发展服务。就省级或市级同一层面来看，广电局与广播电视台之间是平级单位，但他们之间管理与被管理的关系是依法确定的，不以任何组织和个人的意志为转移。各级广电行政管理部门依法依规履行管理职能和职责。而以播后监管为主，通过收听收看和视听评议机制，监管辖区内播出的广播电视节目和互联网视听节目内容，发现问题，及时警示，及时处置，成为现有体制下科学、有效的管理方式，成为各级广电行政管理部门履行宣传管理职能的重要抓手。因此，由广电行政管理部门主办、主管的视听评议工作，其职责就是监督、纠偏、预警和引导，促使广播电视台等视听媒体把握正确舆论导向，净化声屏形象，提高节目质量，提升宣传水平。具体落实到视听评议员的职责：一是发现问题，指出问题，提出根除问题的建设性意见，是为监督与纠偏；二是观察现象，发现苗头和倾向，提出预警信号，提醒问题规避；三是发现创新创优亮点，及时总结肯定，激励鼓劲，推广经验，是为典型引导。

二、视听评议的任务

任务是职责履行的基本内容，也就是履行监督、纠偏、预警和引导职责需要开展的具体工作。视听评议的主要任务包括：

1. 组建好视听评议队伍

2002年9月，国家广电总局在关于迅速建立健全广播电视宣传监督管理机制的通知中，对广播电视宣传收听收看机构工作人员配备提出的总体要求是："政策理论水平高，业务能力强，从广播电视节目总体规划、节目架构到节目编排顺序，字幕中的错别字等都可以进行严格把关。必须具备很强的政治意识、丰富的新闻宣传工作经验、实事求是的工作态度和公正民主的工作作风。"2005年11月，江西省广电局在关于开展全省广播电视节目收听收看工作的相关通知中，就收听收看工作人员的基本条件提出的要求是："具有较高的政治理论素质和专业知识水平，有较强的政治观察力、政治鉴别力和政治敏感性；有实事求是的工作态度和公正民主的工作作风，热爱收听收看工作，责任心强；有适应收听收看工作的身体条件和工作条件。"无论是以何种方式选拔视听评议人员，都必须把握严格的选拔标准，视听评议人员必须拥护党的基本路线和各项方针政策，熟悉党的新闻宣传有关精神和国家有关广播电视的法律法规和制度，具有一定的媒介素养，关注广播电视和互联网视听媒体传播内容，为人公道正派，具有一定的政策、法纪水平和较为严谨、细致的工作作风，具有较高的文化水平和研判、分析、写作能力。视听评议队伍的组建，同时需要考虑一定的年龄梯度结构，以体现不同年龄层次代表的视角。

2. 落实好收听收看工作

做好收听收看工作，是发现问题和总结经验的必要途径。广播电视和互联网视听内容的生产,近年来呈现出节目海量播出、形态更新频繁、受众需求多样、社会生活剧变以及社会伦理价值观也发生改变等复杂情况。同时,就视听内容的监听监看手段而言,尽管音视频监听技术和音频识别转译技术近来有较大的突破和提高,但综合的视听内容听看,特别是不当内容的判断与甄别,目前仍然没有真正能够完全替代人工的技术手段,影像的直观性和语言表达的不同语境所造成的细微差别,有时候仍然只有人工的收听收看以及具有一定专业水平的视听评议人员才能发现和辨别。因此,组建好视听评议队伍之后的首要任务,就是要落实好收听收看工作。要明确收听收看范围,特别是重点的频率、频道和微博、微信、客户端等,要落实专人收听收看,做到分工明确,收听收看细致,及时发现问题和总结经验。

3. 撰写好评议文章

撰写视听评议文章是评议人员履行评议职责的重要任务,评议人员通过评议文章表达观点,指出问题或肯定经验,比对评议尺度和标准,作出具有说服力的分析与论证。一篇好的视听评议文章,往往观点鲜明并且具有一定的独到性,针对性强,尺度标准比对严谨,评议分析细致,对评议对象具有强有力的说服效果。

4. 做好评议编发工作

评议编发是实现视听评议职能的关键一步,视听评议文章只有编发到视听产品的采编生产人员手中,才真正"命中"视听评议的目标受众,经过视听评议文章的传达或阅读,认识指出的问题或缺点,领会问题产生的原因及后果,采取及时的补救措施;或吸取评议文章所推荐的典型或经验,学习到其中的长处或可资借鉴的经验,才真正达到视听评议的目的。视听评议的编发同样也是一种传播,要采取专栏集纳、正反对比、编前话、编后话等编辑手段,强化评议效果。同时,要甄别评议内容的可公开性及涉及范围,以普刊或专报等不同形式编发评议文章。浙江省广播电视节目评议中心等收听收看机构出刊的《视听评议》简报都划分有"普刊"和"专报"两种编发方式，让真正能够公开的问题评议广泛传阅，以便广大的采编人员吸取同类问题教训，起到警戒的作用。而一些确实不适合公开发布的问题，因为涉及面广，或者问题本身不应该再经过评议印发产生"二次扩散"，则可以以"专报"的形式报送行政主管部门领导，专送问题涉及单位，用作行政主管部门执行处罚的依据，或督促问题涉及单位及时作出整改、问责和反馈。

◆第四节 视听评议的内容要求

一、视听评议的内容

2002年9月，国家广电总局关于迅速建立健全广播电视宣传监督管理机制的通知明确，广播电视宣传收听收看机构开展广播电视节目收听收看和评议的内容主要包括"五评"：评导向、评质量、评效果、评技巧、评作风。2002年11月，浙江省广电局在关于进一步加强广播电视节目收听收看工作的通知中，把收听收看的主要内容归纳为"四评"：评导向、评质量、评作风、查行规。

1. 评导向

广播电视节目导向，包括政治导向、思想导向、价值导向、消费导向、生活导向、行为导向、知识导向、服务导向、审美导向等。

2. 评质量

广播电视节目质量主要包括内容质量和技术质量，在确保技术质量合格的基础上，注意节目的准确性、时效性、指导性、贴近性和观赏性，要注意节目的倾向性和节目格调等问题。

3. 评效果

从正反两方面评估广播电视节目的宣传效果，正面宣传效果如何，有没有产生负面效果，典型宣传是否得到了群众的拥护，批评报道是否达到促进工作改进的目的。

4. 评技巧

要关注广播电视节目宣传的艺术、特色、形式、创意，要积极提倡群众喜闻乐见、格调高雅的节目形式，讲究宣传艺术。

5. 评作风

要评编辑记者的采访作风、工作作风，电台、电视台的"台风"。习近平总书记在2018年全国宣传思想工作会议上指出："宣传思想干部要不断掌握新知识、熟悉新领域、开拓新视野，增强本领能力，加强调查研究，不断增强脚力、眼力、脑力、笔力，努力打造一支政治过硬、本领高强、求实创新、能打胜仗的宣传思想工作队伍。""脚力、眼力、脑力、笔力"——"四力"的践行是否到位，说到底是新闻采编是否能够坚持良好的工作作风的问题。要评是不是讲实话，鼓实劲，求实效，有没有弄虚作假、形式主义、作风浮夸等问题。注意节目内容的安排、组织，以及对待听众、观众的态度等。

6. 查行规

广播电视栏目、节目的设置和播出，是否与频率、频道的定位相一致，是否符合广电行业宣传管理的有关规定。

二、视听评议的要求

浙江省广电局《关于进一步加强广播电视节目收听收看工作的通知》

提出收听收看的工作要求为：积极、正确、客观、公正、全面、及时。肯定成绩，总结经验，发现问题，及时提出处理意见，做到判断准确、分析得当、评说有力。

1. 在视听评议的工作态度上，要求做到积极和主动作为，及时发现问题，及时反映问题

积极是指站在全局高度，从党和人民的根本利益出发，积极主动地开展收听收看工作。广播电视的节目栏目播出具有极强的时效性，互联网视听节目内容的发布也有时效特点，视听评议工作必须保持持续的收听收看，才能够及时发现苗头性的问题，通过及时的听看评议和反映，及时制止问题的扩大和扩散，把问题解决在萌芽状态。

2. 在视听评议的定性判别上，做到正确、客观、公正和全面，讲求判断的准确性

正确把握宣传导向，正确评价宣传内容，实事求是，对党负责，对人民负责，对媒体负责，全面评议优点成绩，批评缺点问题，及时反映、及时提出纠正意见。

3. 对评议对象批评定性要求是非明确，注重问题发现，做到肯定成绩和发现问题两方面平衡与兼顾

4. 在视听评议的作用发挥上，强化建设性引导，提出问题处理意见，总结经验和启示

5. 在视听评议的写作上，要求分析得当、评说有力，具有实证性和说服力

第三章 视听评议的尺度和标准

尺度是指准绳、分寸，其本意是指衡量长度的定制，常引申为评判事物的准则和法度。视听评议的尺度也就是开展视听评议的准则和法度，主要是指视听评议人员在评议视听节目内容时，所依据的观念、原则、法规、伦理以及相关规定等。标准则是用来判定技术或成果好不好的根据，技术意义上的标准就是一种以文件形式发布的统一协定，包括规则、规范或精确准则等，确定标准的目的是确保产品能够符合需要。与尺度相比较，视听评议的标准，其含义更具有技术上的精确性要求。如果说视听评议的尺度的使用，能够让评议人员判断是非、判别有无违法、违规或不当，那么视听评议的标准的确立，则可以让评议人员进一步把握评议对象优秀或者不足的性质与程度。

◆ 第一节 视听评议的尺度

一、社会主义核心价值观

2014年2月24日，习近平总书记在中央政治局第十三次集体学习的讲话中指出："核心价值观是一个民族赖以维系的精神纽带，是一个国家共同的思想道德基础。如果没有共同的核心价值观，一个民族、一个国家就会魂无定所、行无依归。为什么中华民族能够在几千年的历史长河中生生不息、薪火相传、顽强发展呢？很重要的一个原因，就是中华民族有一脉相承的精神追求、精神特质、精神脉络。"2006年10月，党的十六届六中全会提出要建设社会主义核心价值体系："马克思主义指导思想，中国特色社会主义共同理想，以爱国主义为核心的民族精神和以改革创新为核心的时代精神，社会主义荣辱观，构成社会主义核心价值体系的基本内容。"2012年11月，党的十八大召开，十八大报告明确提出，倡导富强、民主、文明、和谐，倡导自由、平等、公正、法治，倡导爱国、敬业、诚信、友善，积极培育和践行社会主义核心价值观。24个字，从三个层面对社会主义核心价值观进行了精辟的概括表述，富强、民主、文明、和谐是国家层面的价值目标，自由、平等、公正、法治是社会层面的价值取向，爱国、敬业、诚信、友善是公民个人层面的价值准则，这24个字构成了社会主义核心价值观的基本内容。

党的十八大以来，党中央高度重视社会主义核心价值观的培育和践行，2013年12月制定出台了指导性文件《关于培育和践行社会主义核心价值观的实施意见》，进一步用社会主义核心价值观引领社会思潮、凝聚社会共识。特别是要求新闻媒体要发挥传播社会主流价值的主渠道作用。坚持团结稳定鼓劲、正面宣传为主，牢牢把握正确舆论导向，把社会主义核心价值观贯穿到日常形势宣传、成就宣传、主题宣传、典型宣传、热点引导和舆论监督中，弘扬主旋律，传播正能量，不断巩固壮大积极健康向上的主流思想舆论。电台、电视台要拿出重要时段，推出专栏专题，运用新闻报道、言论评论、访谈节目、专题节目等形式传播社会主义核心价值观。在生动活泼的宣传报道中引导人们培育和践行社会主义核心价值观。

强化传播媒介管理，不为错误观点提供传播渠道。

为了更好地发挥广播电视等视听媒体传播社会主流价值的主渠道作用，广电行政管理部门提出，弘扬社会主义核心价值观，要把价值底线作为广播电视宣传管理的时代要求。广播电视要以自己独特的语境，推动全社会社会主义核心价值观的培育、践行和弘扬、传承。2011年，国家广电总局在通报表彰山东电视台《天下父母》栏目弘扬孝道、亲情等中华传统美德、坚持正确导向宣传社会主义核心价值观念的经验基础上，印发《关于上星频道开办道德建设栏目的通知》，要求各上星频道开办至少一档道德建设栏目，每周至少播出一期，发挥广播电视媒体在构建社会主义核心价值体系、传播先进思想道德方面的重要作用。通知印发之后，2012年以来，全国34家电视上星频道普遍开设了道德建设栏目，大力宣传弘扬社会主义核心价值观，取得了积极的社会效果。各级广播电视宣传收听收看机构也都把社会主义核心价值观作为重要尺度，开展视听评议工作，积极推介弘扬、传播社会主义核心价值观的优秀节目，对违背社会主义核心价值观的节目进行批评和指正。坚持社会主义核心价值观尺度，就是坚持正确的价值导向，就是坚持用社会主义核心价值观要素和中华传统美德教育广大人民群众，引导人们树立正确的世界观、人生观、价值观，培育良好的社会公德、职业道德、家庭美德、个人品德，培养爱国主义情操。

根据收听收看发现的问题，以社会主义核心价值观为评议尺度，违背社会主义核心价值观的视听传播现象主要表现为：一是政治意识淡薄，偏离国家立场。如一些电视片，观点与表述的立场明显与我国的历史观不符，有违"爱国"价值观。二是偏离基本价值观，挑战道德底线。一些相亲节目等，嘉宾言论明显偏离价值观导向，如"我还是坐在宝马车里哭吧""非20万月薪不嫁"，等等。一些广播节目主持人在评点新闻时"拜金"倾向明显，如说为了高收入"我可以放弃尊严"等。三是热衷情感窥私，放大人性丑恶，有悖文明尺度。一些访谈节目将"小三"和原配一起请进演播室，放纵两人大打出手，一些节目嘉宾人物谈话粗俗，丑态百出，等等。社会主义核心价值观的弘扬关键在于把握爱国、高尚、文明、健康等正向的价值取向，以社会主义核心价值观作为视听评议的尺度，就是要将那些无视国家立场，传播错误、低俗价值取向的节目加以严厉批评，分析其错误和不当的表现，指出其危害性的后果，及时纠偏返正，并引起警戒。

二、"新闻立台"基本原则和马克思主义新闻观

"新闻立台"是广播电视媒体必须遵循的基本原则。"新闻立台"，主要是指新闻类节目理应成为电台、电视台所有节目的骨干。广播电视媒体，在频率频道建设的过程中始终把新闻节目放在首位，是媒体社会功能所决定的基本原则。从本质属性看，坚持新闻立台是广电媒体的立身之本。新闻立台是对广电媒体的基本要求，是广电媒体社会功能所决定的一个通则。不坚持新闻立台，广电媒体就会削弱或丧失解释权和话语权，削弱或丧失核心竞争力，无法成为合格的新闻媒体和公共服务主体。从地位作用看，坚持新闻立台是党和人民的要求期盼。广播电视作为新闻媒体的重要组成部分，是社会主义的重要思想文化阵地，是党和人民的重要喉舌，新闻宣传、新闻传播就是实现喉舌功能的重要载体和方式。

坚持"新闻立台"的基本原则，最为首要就是要坚持马克思主义新闻观。党的十八大以来，以习近平同志为核心的党中央高度重视马克思主义新闻观教育以及马克思主义新闻观在实践层面上的推进，强调把马克思主义新闻观作为党的新闻舆论工作的"定盘星"。习近平总书记强调指出："新闻观是新闻舆论工作的灵魂。要深入开展马克思主义新闻观教育，引导广大新闻舆论工作者做党的政策主张的传播者、时代风云的记录者、社会进步的推动者、公平正义的守望者。"2016年4月19日，《人民日报》刊

发评论文章《牢牢把握马克思主义新闻观这个"定盘星"》指出:"以喉舌观、党性观、真实观、效益观、职业道德观等为基本内容的马克思主义新闻观,是做好新闻舆论工作的基本遵循。"

坚持马克思主义新闻观,要坚持以下六个方面原则:第一是要坚持党性原则。党性原则是一定政党的政治主张、思想意识和组织原则在新闻活动中的体现。第二是要坚持人民性原则。在新闻宣传工作中坚持以人民为中心。马克思主义新闻观与资产阶级新闻观最根本的区别在于,明确新闻是有立场的,明确新闻传媒代表的是党的利益,人民的利益,党性和人民性是相统一的。习近平总书记2013年8月19日在全国宣传思想工作会议讲话中强调指出:"党性和人民性从来都是一致的、统一的。"重申了坚持党性和人民性相统一的原则,为宣传思想工作在新的历史时期、在新的舆论格局中更好地体现党的主张、更好地反映人民心声指明了方向。第三是要坚持正确导向原则。坚持正确的舆论导向,就是坚持把正确舆论导向放在首位,以正面宣传为主;坚持为人民服务、为社会主义服务、为全党全国工作大局服务的基本方针,在新闻舆论工作中形成正确的舆论并形成舆论引导。第四是要坚持真实性原则。马克思主义新闻观所强调的客观和真实,要从总体上把握事物的存在,所描述的事物不仅是真实存在,更要符合事物的本质,符合事物的发展趋势,符合事物之间的联系。把握住了这一点,我们才把握住了真实性原则的实质。新闻真实性的具体要求包括以下四个方面:一是构成新闻的基本要素必须准确无误;二是新闻中引用的材料,包括引证、数据、事例等必须准确无误;三是新闻中使用的背景材料必须完全真实,要做到全面、客观;四是对新闻事实的解释和概括要合乎客观事实自身的逻辑和规律,要力求从事实的整体联系上深刻反映事物的内在规律,防止简单化、片面化地认识事物。第五是要坚持"政治家办报、办刊、办台、办新闻网站"原则。要坚持"政治家办报"是毛泽东对党报工作提出的要求，1956年在同吴冷西谈话中提及，之后毛泽东曾多次批评了"书生办报""教授办报"，紧接着提出了"政治家办报"的要求。2013年8月19日，习近平总书记在全国宣传思想工作会议上的讲话中着重强调："要坚持党管媒体原则不动摇，坚持政治家办报、办刊、办台、办新闻网站，加强马克思主义新闻观教育。"结合当下视听评议尺度要求，对于"政治家办报、办刊、办台、办新闻网站"的理解，主要在于四个方面：一是党的媒体对党的政策宣传要及时，不能"闻风不动""无动于衷"；二是党的媒体，要联系当前政治，对每一项中央政策措施都要布置宣传；三是办报、办刊、办台、办新闻网站水平要求，要懂得政治、策略、理论；四是对新闻工作者的要求，要多谋善断，对问题一眼看准，立即抓住，不能优柔寡断，犹豫不决。第六是要坚持"三贴近"原则。贴近实际，贴近生活，贴近群众，既是原则，又是方法论，体现了实践第一、人民群众是历史的创造者的哲学观点，其本质和核心在于密切联系群众，在深入实际、深入生活的过程中反映实际、反映生活，在了解群众、引导群众的过程中服务群众、教育群众。

在马克思主义新闻观的指导下，坚持"新闻立台"基本原则，就要求各级广电媒体要增加新闻类节目数量，优化新闻类节目布局结构；从发展规划、资源配置、人才保证、播出时间等各个方面实施倾斜政策，着力提高新闻类节目的采编播能力，使新闻类节目比例明显增加、质量明显提高。着重在这样几个方面下功夫：一是要浓墨重彩做好主题报道。主题报道是广电媒体的主要任务，要围绕重要工作、重要会议、重大活动、重点人物来策划主题报道，改革主题报道方式、方法。二是改进、强化新闻评论，提高报道深度。加大力度，改进、强化新闻评论，增加评论数量、拓宽评论形态、加快评论时效、提高评论质量。要提高深度报道能力，提高新闻资讯整合能力，提高思想和观点生产力。三是做好民生节目的转型升级。针对当前民生新闻存在的"民粹化、碎片化、同质化、低俗化、边缘化、负面化"问题,要做善民生、美民生,增强服务性民生报道。四是以弘扬中华民族传统美德和社会主义核心价值体系为主旨,办好经济、文化、科教、对农、少儿等多种类型的新闻专题节目,加强教育服务功能,改善节目类型结构,通过导向正确、知识丰富、内涵深刻、格调健康、贴近生活、制作精良的各类专题节目,给人以教育、启迪和精神文化陶冶。坚持"新闻立台"基本原则,就要求各级广电媒体要推进新闻创新和品牌建设,增强广电新闻的传播力;坚持"新闻立台",关键是要在创新新闻宣传内容、形式、载体、手段和方法上下功夫,让群众愿听愿看,自觉接受感染和教育。要遵循新闻传播规律,提高党和政府权威信息传递时效,满足人民群众的知情权和参与权。要加强新闻宣传品牌建设,努力培育和打造一批品牌节目、品牌评论员、品牌主持人。要正确把握主旋律与多样化之间的关系,通过鼓励个性化、差异化发展,切实解决节目同质化、模仿化的问题,实现思想性、艺术性和观赏性的有机统一,不断增强新闻宣传的感染力、公信力、影响力、竞争力和可持续发展力。要通过不断提高节目质量、推进节目创新发展,赢得群众的认可和欢迎,牢牢占领新闻立台的制高点。坚持"新闻立台"基本原则,就要求各级广电媒体要增加投入,建立健全新闻立台工作的保障机制;广电媒体单位要以新闻立台为核心战略,形成发展规划,不断增加投入,建立健全新闻立台工作的保障机制。要把办好新闻类节目作为提升广电媒体核心竞争力、扩大影响力的关键因素来抓,在人员、资金、设备等方面,对新闻(综合)频率、频道及新闻类节目予以优先配置、重点支持。要在用人导向、投入导向、资源配置、激励奖励导向等一系列配套措施上为新闻立台创造良好环境。在人力资源配置上,要进一步改进完善人员聘用制度,把好进人用人关,让优秀的新闻专业人才进得来、留得住,为一线新闻从业人员的不断成长和施展才华创造良好的条件。在资金、设备投入上，要紧跟广播电视高新技术发展趋势，为新闻类节目采编制播业务提供强有力的保障。

三、媒介传播法规与行政管理部门相关规定

广播电视和互联网视听传播机构在播发节目内容时必须要遵循合法守规原则，所播出或投放的节目内容应该符合法律法规要求，遵守行政管理部门制定的相关规定。新闻传播法规主要包括与国家安全相关的法律法规，与淫秽色情、暴力内容相关的规制，禁止宣扬邪教和封建迷信的法规，与侵犯公民权利相关的法律和《中华人民共和国未成年人保护法》，以及《著作权法》中与新闻传媒相关的规定等。

首先是新闻传播必须遵守与国家安全相关的法律法规。新闻自由必须在法律允许的范围内，任何新闻传播行为都不得危害到国家安全。新闻传播行为会引起危害国家安全的，主要就是煽动和泄密。世界上绝大多数国家都明令禁止包括新闻工作者在内的任何人员利用传播媒介进行煽动或泄密。我国关于煽动的罪名包括煽动分裂国家罪、煽动颠覆国家政权罪、煽动民族仇恨、民族歧视罪、煽动暴力抗拒法律实施罪、煽动军人逃离部队罪五条。煽动罪与非罪主要区别表现在："其一，是否具有把群众煽动起来分裂国家、颠覆国家政权、进行民族仇恨歧视、抗拒实施的目的。其二，是否具有煽动的行为。其三，在判定煽动民族仇恨、民族歧视罪、煽动军人逃离部队罪，需要注意的是'在情节严重的情况下，构成此罪。'"[①]对于保护国家秘密，我国宪法规定："一切国家机关、武装力量、政党、社会团体、企事业单位和全体公民都有保守国家秘密的义务。"关于不得利用网络从事危害国家安全、荣誉和利益，全国人大常委

---

① 牛静：《新闻传播伦理与法规理论及案例评析》，上海：复旦大学出版社，2017年，第158—159页。

会发布《中华人民共和国网络安全法》，第十二条明确规定"任何个人和组织使用网络应当遵守宪法法律，遵守公共秩序，尊重社会公德，不得危害网络安全，不得利用网络从事危害国家安全、荣誉和利益，煽动颠覆国家政权、推翻社会主义制度，煽动分裂国家、破坏国家统一，宣扬恐怖主义、极端主义，宣扬民族仇恨、民族歧视"等。保守国家秘密对于国家安全和国家利益意义重大。关于国家秘密范围的界定，《中华人民共和国保守国家秘密法》2010年修订版第九条给予了明确："下列涉及国家安全和利益的事项，泄露后可能损害国家在政治、经济、国防、外交等领域的安全和利益的，应当确定为国家秘密：（一）国家事务重大决策中的秘密事项；（二）国防建设和武装力量活动中的秘密事项；（三）外交和外事活动中的秘密事项以及对外承担保密义务的秘密事项；（四）国民经济和社会发展中的秘密事项；（五）科学技术中的秘密事项；（六）维护国家安全活动和追查刑事犯罪中的秘密事项；（七）经国家保密行政管理部门确定的其他秘密事项。政党的秘密事项中符合前款规定的，属于国家秘密。"第二十七条同时规定："报刊、图书、音像制品、电子出版物的编辑、出版、印制、发行，广播节目、电视节目、电影的制作和播放，互联网、移动通信网等公共信息网络及其他传媒的信息编辑、发布，应当遵守有关保密规定。[①]同时，1992年10月1日，国家保密局、中央对外宣传小组、原新闻出版署、原广播电影电视部曾联合发布《新闻出版保密规定》，就建立健全新闻出版保密审查制度作出了具体的规定。

其次是与淫秽色情和暴力内容相关的规制。淫秽色情、暴力内容的传播，破坏良好的社会风气和道德体系，对价值观念尚未成熟的未成年人不良影响大，因此普遍为世界各国所禁止。关于淫秽色情和暴力内容相关的

---

① 《中华人民共和国保守国家秘密法》（修订版全文），中华人民共和国中央人民政府网，http://www.gov.cn/flfg/2010-04/30/content_1596420.htm。

规制，我国1988年12月27日颁布实施《关于认定淫秽及色情出版物的暂行规定》，对于淫秽及色情出版物的认定标准给予了明确。2010年2月4日，最高人民法院、最高人民检察院又联合发布施行了《关于办理利用互联网、移动通讯终端、声讯台制作、复制、出版、贩卖、传播淫秽电子信息刑事案件具体应用法律若干问题的解释（二）》，这一司法解释针对利用互联网、移动通讯终端、声讯台制作、复制、出版、贩卖、传播淫秽电子信息刑事犯罪及其利益链条等问题，进一步明确了相关刑事案件法律适用标准。同时，我国《电影管理条例》《电影剧本（梗概）备案、电影片管理规定》《互联网等信息网络传播视听节目管理办法》等相关法规，以及原国家广电总局《关于重申禁止制作和播映色情电影的通知》《关于加强互联网传播影视剧管理的通知》等，都对含有色情和暴力内容的影视剧和互联网传播音像制品给予了明确的禁止性规定。2017年6月，原国家新闻出版广电总局印发《关于进一步加强网络视听节目创作播出管理的通知》，强调要求：绝不能制造低俗噱头，展示丑行恶态，呈现阴暗晦涩，渲染色情暴力。坚决杜绝包装炒作明星子女和侵害未成年人权益的现象。2017年6月1日起施行的《中华人民共和国网络安全法》第十二条也规定了不得利用网络"传播暴力、淫秽色情信息"等。

第三是关于禁止宣扬邪教和封建迷信，法律法规也有具体的规定。全国人大常委会《关于维护互联网安全的决定》（2000年12月28日）第二条规定："为了维护国家安全和社会稳定，对有下列行为之一，构成犯罪的，依照刑法有关规定追究刑事责任：（四）利用互联网组织邪教组织、联络邪教组织成员，破坏国家法律、行政法规实施。"《中华人民共和国治安管理处罚法》第27条、《出版管理条例》第25条、《广播电视管理条例》第32条、《电影管理条例》第25条、《关于办理组织和利用邪教组织犯罪案件具体应用法律若干问题的解释》第1—9条、最高人民法院关于贯彻全国人大常委会《关于取缔邪教组织、防范和惩治邪教活动的决定》第1条、《关于整顿清理书刊和音像市场严厉打击犯罪活动的通知》第1条、《关于不得出版宣扬愚昧迷信和伪科学内容出版物的通知》第2条等，都把"宣扬邪教、封建迷信"明确列为禁止刊载传播的内容。

第四是与侵犯公民权利相关的法律和《中华人民共和国未成年人保护法》，以及《著作权法》中与新闻传媒相关的规定等。新闻采写报道以及视听传播过程中，如言语或影像使用不当，如内容不实、评价不当、暴露他人隐私、擅自用入影像广告等，都有可能损害报道对象、采访对象或者影像内容涉及人员的人格权，包括名誉权、隐私权、肖像权等。《中华人民共和国宪法》《中华人民共和国民法通则》《中华人民共和国侵权责任法》等法律法规对公民人格权，即"民事主体依法固有为维护自身独立人格所必备的，以人格利益为客体的权利"，①有明确的保护规定。《中华人民共和国民法通则》规定"禁止用侮辱、诽谤等方式损害公民、法人的名誉"，同时规定受到侵害的，有权要求停止侵害、消除影响、赠礼道歉并赔偿损失。2009年制定的《中华人民共和国侵权责任法》对名誉权、隐私权、肖像权等的保护作出了系统规定，还首次在法律层面规定了精神损失赔偿。2013年1月1日起，全国人大常委会施行《关于修改〈中华人民共和国未成年人保护法〉的决定》第二次修正。《中华人民共和国未成年人保护法》第四章《社会保护》第三十九条规定"任何组织或者个人不得披露未成年人的个人隐私"，包括未成年人的信件、日记、电子邮件等。第五章《司法保护》规定："对未成年人犯罪案件，新闻报道、影视节目、公开出版物、网络等不得披露该未成年人的姓名、住所、照片、图像以及可能推断出该未成年人的资料。"这一规定对新闻报道特别是广播电视和互联网视听传播涉及未成年人犯罪案件的报道，具有十分明确的界定性意

---

① 王利明主编：《民法》，北京：中国人民大学出版社，2008年，第604页。

义，传播主体应该严格执行，避免越入"雷区"。《中华人民共和国著作权法》第十条中规定的人身权四项基本权利，包括发表权、署名权、修改权、保护作品完整权，以及财产权中的发行权、广播权、信息网络传播权、汇编权等，都与传媒有关。新闻传媒无论发表、播放，对作品进行修改、删节，还是录音录像发行、公开广播电视或网络传播等，都需取得著作权人许可，以免造成对著作权人著作权的侵害。

广播电视以及互联网视听内容的行政管理部门设置，在我国屡经变迁，但一直有专门的行政管理部门担负监管职能。从原来的国家广播电视总局，到国家新闻出版广电总局，再到2018年中共中央印发《深化党和国家机构改革方案》，组建国家广播电视总局，作为国务院直属机构，国务院对广播电视以及互联网视听内容的监管一直给予了高度的重视。作为针对广播电视播出机构专门的国务院行政法规，《广播电视管理条例》自1997年9月1日生效，历经了2013年12月和2017年3月两次修正。《广播电视管理条例》（2017年3月1日修正版）共六章55条，第一章为总则，第二至四章分别为广播电台和电视台、广播电视传输覆盖网和广播电视节目，作出了具体的管理规定，第五章为罚则，对违反本条例规定的各种行为明确了具体的处罚内容，第六章为附则。在国务院发布的《广播电视管理条例》基础上，各省、直辖市、自治区人大党委会，结合本地实际情况，都发布施行了各省、直辖市、自治区的广播电视管理条例。与此同时，历年来，针对广播电视以及互联网视听传播的发展形势，特别是一些新的情况，国家和省级广播电视行政管理部门以规定、办法、通知、通报等形式，就台站和频率频道管理、节目管理、互联网传播视听节目管理、广播电视新闻宣传队伍建设和管理等发布了一系列的规定。特别是2004年10月11日由原国家广播电影电视总局施行的《互联网等信息网络传播视听节目管理办法》，明确把规范互联网等信息网络传播视听节目秩序的职责，纳入了广电行政管理部门的监管职责范围,为网上网下同一标准、同一尺度,加强网络视听监管打下了政策基础。2008年1月31日起,原国家广播电影电视总局、信息产业部施行了《互联网视听节目服务管理规定》,规范互联网视听节目服务秩序,促进其健康有序发展。其中第十六条明确规定了视听节目不得含有的十个方面内容:"(一)反对宪法确定的基本原则的;(二)危害国家统一、主权和领土完整的;(三)泄露国家秘密、危害国家安全或者损害国家荣誉和利益的;(四)煽动民族仇恨、民族歧视,破坏民族团结,或者侵害民族风俗、习惯的;(五)宣扬邪教、迷信的;(六)扰乱社会秩序,破坏社会稳定的;(七)诱导未成年人违法犯罪和渲染暴力、色情、赌博、恐怖活动的;(八)侮辱或者诽谤他人,侵害公民个人隐私等他人合法权益的;(九)危害社会公德,损害民族优秀文化传统的;(十)有关法律、行政法规和国家规定禁止的其他内容。"2017年6月,原国家新闻出版广电总局印发《关于进一步加强网络视听节目创作播出管理的通知》,对网络视听节目的创作播出提出进一步要求。强调各类网络视听节目的创作和生产都要紧紧围绕培育和弘扬社会主义核心价值观,在落细落小落实上下功夫,唱响主旋律、传播正能量;强调各类网络视听节目必须坚守文明健康的审美底线;强调各类网络视听节目必须规范使用国家通用语言文字;强调网络视听节目要坚持与广播电视节目同一标准、同一尺度,把好政治关、价值关、审美关,实行统筹管理。

四、媒介传播伦理规范

在日常生活中,人们常常把"伦理"和"道德"混为一谈,或者直接把"伦理道德"并为一个词汇使用。虽然,"伦理"和"道德"含义相近,但两者仍然有区别。道德是一种社会意识形态,它是人们共同生活及其行为的准则和规范。伦理是指在处理人与人、人与社会相互关系时应遵循的道理和准则。有学者认为:"在伦理思想发展史上,道德侧重于指人与人之间实际的道德行为和道德关系,伦理则较多地指关于这种行为和关系的道理。"[①] 媒介传播需要恪守的伦理规范主要包括杜绝虚假新闻、禁止有偿新闻、弘扬人文关怀、避免侵犯他人隐私、避免媒介审判以及加强新闻自律等。中华全国新闻工作者协会第七届理事会第二次全体会议2009年11月9日修订的《中国新闻工作者职业道德准则》是我国主要的新闻伦理规范,其中第一条"全心全意为人民服务"开宗明义指出"要忠于党、忠于祖国、忠于人民",就对党的新闻媒体工作者如何摆正自身和党、祖国、人民的关系给予了明确。第三条"坚持新闻真实性原则"对杜绝虚假新闻、防止新闻失实,第四条"发扬优良作风"对禁止有偿新闻、抵制不良风气,接受社会监督等,第六条"遵纪守法"对遵守宪法和法律法规,遵守党的新闻工作纪律,维护采访报道对象的合法权益,"维护司法尊严,依法做好案件报道,不干预依法进行的司法审判活动,在法庭判决前不做定性、定罪的报道和评论"等,均提出了明确的规范要求。此外,媒体传播伦理规范还要求,新闻媒体工作者要处理好救死扶伤与本职工作的矛盾,处理好公众知情权与公民隐私权的冲突,注意消息来源保护,注意避免媒体暴力、"刻板印象"和媒介歧视等。违背传媒伦理的表现主要有:虚假新闻;组织表演,包括滥用"情景再现"手法;超越媒体权限,"媒体审判"凌驾于法律之上;超越媒体权限,强行调查和曝光他人隐私,不注意保护未成年人;低俗、恶搞,传播垃圾、八卦信息,等等。其中,"情景再现"是广播电视和互联网视听传播特有的问题。关于"情景再现"手法的使用,2011年8月原国家广电总局办公厅曾发出《关于规范使用情景再现和故事演绎等手法的通知》,其中第一条就明确规定:"新闻消

---

① 牛静:《新闻传播伦理与法规理论及案例评析》,上海:复旦大学出版社,2017年,第4页。

息类节目中不得使用情景再现手法,新闻专题类节目确有需要使用的,必须标注'模拟场景'字样。不得以新闻报道的节目形态(如主持人介绍、记者采访、演播室访谈等方式)讲述虚构或演绎的故事。"

抵制低俗之风、净化荧屏声频在一般意义上来看也属于媒介传播伦理规范的范畴。如广播电视媒体要以承担社会责任为荣,传播低俗内容为耻,树立广播电视工作者正确的美丑观。有的节目策划人员肆意炒作明星隐私丑闻、小道消息,过多展示社会丑恶现象;有的主持人在节目中以奇装异服、怪异发型出场,讲下流脏话,以丑为美;有的情感类节目等过多展示畸形婚恋、将糟粕作为所谓的"风格",凡此种种,都是美丑不分,廉耻感缺失,有违主流媒体的传播伦理规范要求。

◆第二节 视听评议的标准

从概念从属关系来说,"视听评议"是"媒介批评"的一种,因此,视听评议可以遵循媒介批评的标准。媒介批评包括许多具体的标准,如价值取向标准(是非标准)、法律标准、伦理标准、审美标准等。刘建明(2001)在《媒介批评通论》中把媒介批评的标准概括为意向标准和再现标准两个标准。意向标准是"选题新闻现象中思想观念、情感倾向的标准,是是非标准、伦理标准、历史标准、法律标准的总称";再现标准是"用来衡量新闻作品的表现形式、确定新闻再现事实的价值尺度。……新闻作品的形式指的是各种再现手段、再现方法的综合运用,以表达内容所达到的完美程度"。[①]

---

① 刘建明:《媒介批评通论》,北京:中国人民大学出版社,2001年,第89—91页。

一、意向标准

视听评议的意向标准,意向主要是指广播电视节目以及互联网视听内容作者的思想观念和情感倾向。广播电视和互联网视听节目的制作和播出,不单是把某些信息传达给受众,作者不只是信息的传达员,而是借助某个事实或内容说明社会真相,以隐晦的手法表达对这一事件的认识,构成作者从事广播电视和互联网视听传播活动的意向。评判节目内容的是非标准、伦理标准、历史标准和法律标准等都属于意向标准范畴。

视听评议的意向标准包括以下几个方面:一是广播电视或互联网视听节目要具有新闻真实性、生活真实性、知识真实性。新闻类节目必须符合真实性原则,新闻的本源是事实,新闻真实性是评判新闻类节目的重要指标。新闻真实是事实性真实,要求与客观事实相符合。同时,新闻真实又是过程性真实,它不以任何人的意志为转移,是自在的、外在的真实,并且成为人们衡量对它所作的各种报道的真实性的唯一标准和根据。而非新闻类节目必须符合生活真实性或者知识真实性。无论是广播电视综艺还是网络综艺节目,都必须符合生活真实,艺术来源于生活,只有符合生活真实,艺术才能高于生活、超越生活。此外,广播电视和互联网服务类、教育类、知识类等社会教育节目必须符合知识真实性,不能传播虚假知识,更不能假借传播知识、服务大众为名,传播伪科学,宣传封建迷信等内容。二是评价广播电视或互联网视听节目要坚持教益标准。无论是新闻类节目,还是服务类、教育类、知识类社会教育节目,抑或文学、艺术综艺类节目或影视剧,同时还包括广告节目等,都要有益于社会的进步和历史的发展。三是视听评议要明确是非标准与真实、教益标准的不同内涵及其关系。视听评议的意向标准中,是非标准有着"一锤定音"的重要作用和地位,有的广播电视节目内容虽然传播事实是真实的,表面上也有一定的社会教益作用,但是其获得事实的手段是非法或不符合传媒伦理的,那么这一作品或节目在是非标准上就过不了关,在评议中必然要给予"一票否决"。如2017年8月1日,某微信公众号推送了一篇题为《我们把一盒硬币放在杭州东站,供路人自取,结果出乎意料……》的报道,阅读量达10万+。8月2日,某主流媒体微信公众号也推送了同一主题文章《杭州地铁口放了一箱硬币,路人可以随便拿,结果震惊了杭州人民》,阅读量同样达到了10万+。一时之间,在一场精心策划的"测试"行动中,杭州人"路不拾遗"的精神面貌刷爆朋友圈。虽然从新闻传播效果来看,这则报道表面上似乎起到了宣传杭州城市文明形象的作用,但这种公然"设局下套"测试公民道德的做法却违背了基本的新闻伦理,以违反新闻伦理的手段获得的表面看似良好的结果,在视听评议的是非标准评判上,只能是"非"而不是"是"。"真实和教益也涉及是非理念,但是非主要指那些有关公正和多数人利益的事实和意图。可归属为法律、道德、政治等思想上层建筑范畴,在社会生活中的作用十分突出。……因而,按照是非标准对作品进行鉴别,判断它对人民是否有利,常常是每个正直的批评家首先注重的。"①

原国家广电总局就广播电视节目的收听收看和评议提出的五个方面听看评议内容——即"评导向、评质量、评效果、评技巧、评作风",其中"评导向"和"评作风"基本上属于意向标准的范畴。"评导向"主要是评议节目有无导向问题,有无违反政治纪律、宣传纪律问题,以及是否积极推进两个文明建设,是否积极维护党的领导、国家的形象、人民的团结和社会的稳定。导向的评判就是要依据是非标准,在政治导向、思想导向、价值导向、消费导向、生活导向、行为导向、知识导向、服务导向、审美导向等诸多方面作出是非判断,给予定性的是非评判和分析评议。"评作风"就是评判编辑记者的采访作风、工作作风以及广播电台、电视

---

① 刘建明:《媒介批评通论》,北京:中国人民大学出版社,2001年,第90—91页。

台的台风，是不是讲实话、鼓实劲、求实效，也需要作出是否的评判结论，开展好媒体作风批评活动。同时"评作风"也涉及伦理标准的使用。而"评质量"则既涉及评价节目的指导性、倾向性以及节目格调是否健康等是非、真实、教益标准，又涉及观赏性、可看性（可听性）等再现标准的评判与丈量。

二、再现标准

视听评议的再现标准主要用来衡量新闻作品和媒介活动的表现形式，包括各种再现手段、再现方法的综合运用，在表达内容的过程中所达到的完美程度。

视听评议的再现标准主要包括以下三个方面。一是题材选择的完美程度；二是形式表现思想内容的完美性；三是再现技巧的独创性。前文说到，原国家广电总局就广播电视节目的收听收看和评议提出的五个方面听看评议内容——即"评导向、评质量、评效果、评技巧、评作风"，"评质量"既是意向标准的评判，又是再现标准的评判。而"评效果、评技巧"则基本上是再现标准的评判了。广播电视和互联网视听节目的传播效果好不好，典型宣传是否得到群众的认可，批评报道是否起到推进工作改进的效果，都是节目题材选择以及形式表现思想内容是否达到完美传播效果的体现。"评技巧"主要是从广播电视和互联网视听节目的创意、特色、结构设计、形式策划等，评判节目的制作艺术，是否具有创新性的突破，以及所发挥的传播感染力。

视听评议的重点，更多关注的是真实与否、是非标准的衡量，以及社会教益方面的作用判断，传播的艺术和技巧作为内容表达的形式，主要也是从效果、作用的视角切入，以再现标准作出评判，以推进制作主体更加注重节目的正面传播效果，发挥更好的社会引导和社会教益作用。

第四章 视听评议的方法

方法一般是指为解决某种问题、达到某种目的而采取的途径、步骤、手段或行为方式。视听评议立足广播电视宣传工作和互联网视听传播内容，通过对节目和内容的评议，肯定并交流宣传经验，指出问题和不足，提出改进的意见。视听评议无论是由广电监管部门属下的收听收看机构组织，还是由社会机构或自媒体开展，都具有明确的监督性目的，因此，具体的评议方法，较普遍地采用评论写作的手法，指出问题或肯定成绩，然后就问题或成绩的表现、原因进行分析和论证，就问题的改进提出意见，或就成绩的发掘需要注意的问题提请注意。就评议的对象和规模而论，视听评议的方法可以划分为一般性评议方法和系统性评议方法。一般性评议方法往往就一个问题的指出、一件作品或一期、一档具体节目栏目等具有具体对象性的内容进行听看和评议，行文简洁、明了，表现为一事一议的短评形态。而系统性评议方法则往往针对一类现象、某一主题、某一阶段或某一类型的节目栏目或频率频道、"两微一端"新媒体平台等，进行系统的分析和评议，往往规模较大，需要借助采用社会科学研究常用的一些系统性研究方法，进行评判、分析、概括和总结，必要时组织专门的评议小组，开展分工与协作，撰写具有一定规模的系列评议或综述评议，以起到系统评析、重点监管的作用。

◆ 第一节　一般性评议方法

视听评议的一般性评议方法，在社会科学的研究方法中，大致属于微观研究方法，以观察法为基础，结合调查法和文献研究法，对广播电视节目和互联网视听传播内容进行观察、分析和研究，以得出一定的判断和结论。

一、指证法

"指证"一词来源于法律用语，意为"指认并证明"，而指证作为视听评议的一种方法，主要用于收听收看机构对于广播电视节目和互联网视听传播内容违法违规问题的指出和证明。北京市新闻出版广电局宣传管理处对北京地区广电节目所组织开展的视听评议工作，提出了"时评、述评、专评'三评'相结合"的方法，"时评"要求突出时效性特征，根据实时监控，发现问题或苗头及时撰写阅评意见，第一时间上报、审核和刊发；"述评"要求以夹叙夹议的评论方式，在给出评判依据的基础上提出具有可操作性的改进建议，避免揣测性判断和情绪化议论；"专评"突出阅评文章的专业水准，着眼于导向性和艺术性相统一的要求，给出较为专业的评述。在此基础上，北京市新闻出版广电局宣传管理处同时还对阅评文章提出了"服务型态度、个性化标题、简洁化评述、建设性观点"的要求，要求视听评议日报的文章统一标题格式为"×月×日×频道×节目怎么了"，每篇评议文章言简意赅，多提具有实际操作性层面的建议，同时也方便广播电视节目问题数据库的数据入库与检索应用。在这里，日报式的时评大多采用的就是指证法，即指出问题的表现，并给出评判的依据。

在应用指证法所开展的一类视听评议中,指出问题往往在标题中就已经体现,而具体的评议文章则着重描述问题的具体表现,并依据《广播电视管理条例》《中华人民共和国广告法》《广播电视广告播出管理办法》等法律法规和规定要求进行直接的指认,即违反了具体的哪一条规定。为了方便收听收看机构查考,以及广播电视播出机构自律,国家广电总局曾组织对相应的法律法规和规定要求进行了梳理和汇编,因此视听评议人员在采用指证法开展评议工作时,往往就汇编手册的具体条款进行比对和指证,从而从法律法规和规定要求的角度对问题进行证明。

下面以《××频道广告超时严重,主持人代言净水器购物短片仍未整改》为例进一步就指证法进行说明。

××频道广告超时严重,新闻主持人代言净水器购物短片问题仍未整改

2018年11月下半月广告播出情况抽查,核查11月30日,评议人员发现××台××频道广告播出时长严重超过规定,新闻节目主持人代言净水器购物短片广告两个问题依然存在,这已是近一个月之内第三次发现上述问题,两次发现并评议指出的问题仍未得到有效整改。

据查,2018年11月30日××频道在8时至10时2个小时中,播出广告长达24分23秒,播出单个的净水器购物短片广告长达30分,两者合计长达54分19秒,广告时间几近一半,严重超过了××管理手册(2017版)第14.3条关于"广告播出""播出机构每套节目每小时商业广告播出时长不得超过12分钟"的规定。

据查,2018年11月30日××频道在8时至10时时段中,从8时18分开始到8时50分之间播出的是方言民生调解类节目《×××》,插播商业广告4

次就达14分48秒,在半小时多的新闻节目中,广告就占了将近一半。

另外,在8时49分至9时18分56秒,播出了长达29分56秒的史帝夫净水器广告购物短片《好水喝出健康来》,存在着新闻节目主持人为商业广告做形象代言,以新闻报道形式发布史帝夫净水器广告的情况。短片广告中主持人自称"和事佬"(即《×××》节目主持人),手持采访设备到多个净水器用户家中进行采访,以宣扬这款净水器的功用。这一行为违反了《关于进一步加强广播电视广告播出管理的通知》第三条关于"新闻节目主持人不得为商业广告作形象代言"的规定。

关于该频道广告和购物短片播出违规问题,在10月22日和11月15日两次抽查中均有发现,并曾进行过专门的评议指出。据查,10月22日8时45分40秒播出的《好水喝出健康来》,是关于史帝夫净水器"金秋十月史帝夫送好礼"的购物短片,播出直至9时15分19秒,时长足有半小时,播出过程中屏幕右上方还直接标注了"广告30分"。这一购物短片播完之后,又紧接着播放了××红木精品交易会的广告,直至9时18分20秒,因此,此时间段的广告总长接近33分钟。而在9时28分25秒,该频道又播出了天地和装饰跨年团购会广告,屏幕右上角标"广告20分",至9时52分15秒,紧接着又播××红木精品交易会广告,这一时间段广告总时长接近24分钟。10时22分25秒,再次播出天地和装饰跨年团购会广告,屏幕右上角标注"广告20分"。近两小时的播出时长中,该频道广告和购物短片广告总时间长达1小时14分。

而在2018年11月15日,对该频道9时至10时5分播出内容的抽查中,同样发现包括新闻节目主持人为商业广告做形象代言的净水器购物短片广告《好水喝出健康来》、××红木精品交易会、××台第四届原产地秋冬滋补节商业广告等,商业广告和购物短片广告总时长达1小时5分48秒,其中商业广告时长50分8秒,占总时长的76%。

这一评议文章比较典型地采用了指证法。问题的指出是"两次发现并评议指出的问题仍未得到有效整改"。首先是问题的指证，就相应问题进行描述，这一评议文章就广告时长超过规定的问题采用了数据统计描述，就新闻节目主持人代言购物短片广告的问题进行了现象描述，以便和相应的规定作出比对。在数据描述和现象描述的基础上，直接指证其违反了《关于进一步加强广播电视广告播出管理的通知》或管理手册具体的条款规定，这是第一层面。同时，为了指证这已是"两次发现并评议指出的问题"之后的第三次发现，评议人员又对前两次的发现进行了简要的叙述，以便于与第三次的发现进行比对，从而指证其问题的性质已经是"两次发现并评议指出""仍未得到有效整改"，对问题的严重性有了进一步明确的表述。

二、是非判断法

是非判断法属于经验分析方法的范畴，是建立在经验基础上比较方便易用的方法。所谓"是"即指对的、正确的方面，所谓"非"则是指错误的、不对的方面，"是非"就是指事理的正确与错误。人们在生活中做许多事情都离不开是非判断，需要首先分辨是非好坏。只有当人们分辨清楚了是非好坏以后，才能决定自己做什么，不做什么。有人说，生活中判断是非的标尺就是良知，而良知就是人通过后天学习形成的判断是非好坏的能力。在人们各不相同的人生经历中，在接触、判断、处理各种事情的过程中，通过道德的陶冶、法律的知悉、榜样的选择、分析能力的提高、理想的确立等，他的是非观就会逐渐清晰和坚定起来。而在普遍的人们当中，相当一部分自以为是正确的是非观，却蕴含了错误的或过于简单的、绝对化的认知。作为视听评议方法的是非判断法，则是视听评议人员以人生经验为基础，同时以专业的学习和实践经历为专业学养积累，在收听收看过程中,以社会主义核心价值观、马克思主义新闻学基本原则和党的新闻宣传纪律、国家有关广播电视的法律法规、制度、规定等为标尺,辨识、判断并指出广播电视节目和互联网视听传播中出现的问题和偏差,抑或创新和经验,所形成的一种评议方法。相对于指证法所指出的违法违规问题,是非判断法所运用的评议尺度一般没有具体的条目可以比对使用,往往是政治导向、价值观念导向和伦理道德等更具意识形态方面的问题,需要从更加宏观的层面,以较为深厚的学养和经验为基础,辨析正确与谬误,得出是非判断结论。相对于生活当中对他人行为简单的是非判断,视听评议过程中是非判断法的运用往往并不如人们想象中那么简单,需要经过一番较为深入的分析和辨别,从而达到拨开现象的表面,揭示问题本质上的是非的目的。

下面以《媒体不应该做这样的公民道德"测试"》为例进一步就是非判断法进行说明。

媒体不应该做这样的公民道德"测试"

8月1日,××微信公众号推送了一篇题为《我们把一盒硬币放在杭州东站,供路人自取,结果出乎意料……》的报道,阅读量达10万+。8月2日,某主流媒体微信公众号也推送了同一主题文章《杭州地铁口放了一箱硬币,路人可以随便拿,结果震惊了杭州人民》,阅读量同样达到了10万+。一时之间,在一场精心策划的新闻行动中,杭州人"路不拾遗"的精神面貌刷爆朋友圈。虽然从新闻效果来看,这则报道表面上似乎起到了宣传杭州形象的作用,但这种公然"设局下套"测试公民道德的做法却违背了基本的新闻伦理,值得反思。

××微信公众号于8月1日在杭州东站广场公交站点人流聚集处放置了

第四章 视听评议的方法

一个装有500多枚硬币的盒子，并告示："如你急需用钱，请自取硬币，每人最多5元"，之后又在隐蔽处偷拍了3个多小时，并对一些路人进行了采访。该报道的实验目的是"检验"杭州人是否具有"路不拾遗"的道德素质，在这样的新闻意图之下，偷拍镜头下的男女老少都成为该公众号窥视的对象，并在他们毫不知情的情况下被广为传播。不论"测试"结果如何，但这种"测试"行为本身在20多年前即被广泛认为是不允许的，这是新闻职业行为应守住的基本底线。同时，此类暗访是一种占据道德制高点的"人性实验"，不论是媒体还是其他组织的行为，都无权在道德上凌驾于普通民众之上，把不知真相的个人当作道德、人性的检验品。于理于法，这种实验和偷拍都已越界，一直以来都是不被传媒界和法律界所认可的行为。更何况，该微信公众号本身并没有自行采访报道的资格，更不用说是采用偷拍的方式了。

事实上，从7月底开始，全国各大城市包括广州、南京、郑州、成都等都出现了在闹市区放置所谓的"共享零钱盒"实验，杭州的个别掌上媒体，包括传统媒体也有类似做法，而"检验"的结果往往伴随着一篇篇鸡汤暖文，其背后实则是一些微信公众号和媒体的自我营销。而且"被测试"的人也不一定都是杭州市民，这种以侵犯公民隐私为代价的城市宣传会不会反过来折损了杭州城市形象？有人质疑：如果箱子里放的是百元大钞，或是"检验"是在偏僻或无人监督处实施，其情形可能又会不一样。××微信公众号用一个小小的诱惑为实验，并通过一篇观念先行的报道来论证杭州人"有人情味儿""有契约信任和底线""温暖、善良"，不仅不具说服力，也暴露了该公众号的格局有限。另外，××等主流媒体的微信公众号也盲目跟风推送相关主题文章，缺乏主流媒体应有的道德立场。

这一评议文章的撰写缘由主要是评议对象是非观的模糊，表面上看，其测试的结果十分"理想"："测试前，我们心情很复杂！街头实验，最能够看清一座城市公民的根本素质。从内心来讲，我们当然希望杭州人民都是棒棒的，但也想知道它的高素质是否只是徒有虚名！事实证明，我们的担心多余了。拍摄3小时没有任何一个人，拿多超过约定的硬币。这让我们感觉能够在杭州生活很骄傲！"测试结果的城市公民高素质结论，甚至使不少的主流媒体都受到了误导，失去了最基本的媒体伦理是非判断，也盲目跟风被裹入了这一场闹剧之中。然而，测试结论的道德高尚标签，却不能掩盖其道德测试行为本身的不道德，评议人员从现象的描述，到此类实验和偷拍行为的不道德和非法性进行了细致的辨别和分析讨论，从而提出了"新闻职业行为应守住基本底线"的观点。而后面一段则从"质疑"的角度，进一步深入到"这种以侵犯公民隐私为代价的城市宣传会不会反过来折损了杭州城市形象"的危害性讨论，从而更进一步论证了这种"非道德"行为如果在主流媒体也得以传播的话，可能会产生更加严重的社会观念误导后果。

三、个案研究法

个案研究法又称案例研究法或典型研究法，视听评议的个案研究，所研究的个案可以是一件作品（一期节目）、一档栏目或某一类节目或视听传播内容。就某一件具体的广播电视作品（一期节目）进行作品评析，此类个案研究在视听评议中也比较多，特别是在中国新闻奖、省级广播电视新闻奖、省级广播电视文艺奖、播音主持作品奖等各类针对广播电视行业开展的业务评奖评出之后，往往需要组织评议人员进行必要的作品评析，以指导广播电视采编播人员更好地开展视听作品的创新创优工作。视听作品评析较多采用的是文本分析的具体方法，通过作品的"细读"，从视听作品主题提炼的新颖性、结构设计、符号手段运用、艺术手法等多个角度进行评价和分析。而突破单一作品层面的评析，就要求视听评议人员对收听收看中发现的正、反两方面典型，进行阶段性的持续跟踪听看，并且较深入地展开分析讨论，推介具有经验引导性的正面典型，批评具有问题代表性的负面典型。个案研究法的主要目的在于描述、解释和评价，通过个案的解剖，总结提炼出具有可推广借鉴的某一方面经验，因此更加适合于正面典型的推介。当然，体现普遍性问题的负面典型也可以采用个案研究的方法，但相对而言，由个体性问题推及普遍性问题，就论证的逻辑链条构建，容易以偏概全，还不如存在什么问题就指出什么问题，更具批评的说服力。还需要说明的是，个案研究并不局限于表面的观察、描述和个案本身的分析，对一个典型个案进行深入细致的分析研究，还包括了个案背景、文献材料乃至调查访问结果以及受众评定和反映等多方面材料的挖掘、搜集和应用。

下面以《思路清晰　主题重大　特色鲜明——〈宁波新闻〉（2017年12月27日）节目编排点评》和《改进文风　提升品质——2014年浙江卫视新版〈浙江新闻联播〉评析》为例进一步就个案研究法进行说明。

思路清晰　主题重大　特色鲜明
——《宁波新闻》（2017年12月27日）节目编排点评

新闻节目编排水平，体现了一个台的综合实力。在今年3月浙江省新闻出版广电局、省新闻工作者协会、省广电学会组织的2017年度浙江省广播电视新闻奖评选中，《宁波新闻》（2017年12月27日播出）以编排思路清晰、主题重大以及鲜明的电视特色和明快的编排节奏获得电视新闻节目编排一等奖，显示了主创团队对重大题材节目编排的统筹能力和新闻采访、编辑、制作、播出的综合水平。

视听评议：机制、尺度和方法

  2017年12月27日《宁波新闻》，以"宁波舟山港年货物吞吐量全球首破10亿吨"这一重大主题为由，周密策划，精心编排，较好地做到了主题性、时效性和可看性的统一，生动体现了习近平同志亲自推动宁波、舟山两港一体化的深谋远虑和浙江省深入贯彻"创新、协调、绿色、开放、共享"新发展理念的成功实践。

一、围绕重大新闻事件　以明晰的编排层次体现清晰的编排思路

  整档节目编排在三个层面上展开，第一层次以《宁波舟山港年货物吞吐量全球首破10亿吨　连续9年位居世界第一》为头条，配合编发了《背景解读：两港一体化　助推"10亿吨"》和《专家点评：宁波舟山港将在"一带一路"航运体系中发挥示范作用》以及《嘉宾访谈：宁波舟山港率先突破"10亿吨"的原因及其对区域经济的影响》。这一层次以组合报道形态，既报道核心新闻事件，又提供新闻背景，并作简要的专家评论和前瞻性影响分析，多种体裁的组合结构明晰，准确地传达了层次策划的传播意图。第二层次以"解码'10亿吨'"为主题，进行多侧面的深度挖掘报道，以《科技+服务　提升口岸核心竞争力》解读"创新发展"，以《一体两翼多联　共建世界级港口集群》解读"协调发展"……五篇报道分别从不同角度出发，在现场采访中对宁波舟山港资源整合发展中，深入贯彻"创新、协调、绿色、开放、共享"五大发展理念作出生动的解读。这一编排层次巧妙地以创新形态的虚拟"微信聊天群"形式收口，为厚重的解读性报道组合增添了活泼的气氛。第三层次是三篇人物报道，《潘国华：我为港口引航30年》《特里斯坦·波尔家：我在宁波卖红酒》《柴冀：我的"海淘"幸福生活》，三位不同群体的代表人物，既与宁波舟山港的发展相关联，又跳出了港口发展的单一主题框架；既从侧面角度反应港口发展给港城市民带来的机遇，又以鲜活的人物故事和浓厚的人情味增强了节

目的可看性。节目最后以实时的现场连线报道《宁波舟山港夜间作业》结束，并在片尾拉滚展示实时的宁波舟山港夜景，让观众获得真切的"现在""现场"感受。整档节目策划细致，组织到位，清晰的编排思路得到完美呈现。

二、彰显电视媒体特色　以全现场出镜的整体策划增强形象传播

这期《宁波新闻》整档节目现场感凸显，以全现场出镜的整体策划彰显了电视媒体声画一体展示场景的鲜明特色，大大增强了电视新闻的形象传播效果。头条报道以视频连线形式展示省委书记车俊宣布"宁波舟山港第10亿吨货物起吊"这一激动人心的时刻，镜头随即切换到宁波舟山港穿山港区6号泊位货物起吊现场。由记者董寅寅现场解说标有"首破10亿吨货物"标识的集装箱起吊过程，并采访桥吊司机竺士杰和美瑞马士基轮船长弗朗斯。接着围绕"解码'10亿吨'"主题所展开的五篇报道，记者都是从现场走起，以出镜转场串接全篇，通过现场展示和现场采访来表达主题。如解读"创新发展"的报道《科技+服务　提升口岸核心竞争力》，记者沙瑛雪从国内最大的铜加工企业宁波金田铜业公司的展示厅走起，到宁波海关报关大厅，到临近港区的物流堆场，再到宁波舟山港三期集装箱码头，生动展示了科技创新服务的环境下，货物快速通关装上货轮的迅捷过程。为了做好这一档重大新闻的编排报道，宁波广电集团多媒体新闻中心可谓集中优势兵力，主播、记者几乎全部出场，在现场出镜报道中展示团队实力，起到了很好的形象传播的作用。

三、创新视觉表达手段　以新颖的表达方式增强屏幕传播效果

这期获奖作品在报道方式和技术手段方面也颇有亮点。首先是后期制作中尝试采用了沉浸式视频效果制作技术，使得节目的屏幕展示效果具

有十分强烈的立体性融入体验。比如在《嘉宾访谈：宁波舟山港率先突破"10亿吨"的原因及其对区域经济的影响》报道中，主播李飒采访宁波市政府发展研究中心副主任金戈的画面，就尝试采用这种新技术，两人仿佛"漂浮"于宁波舟山港区的海面上，具有新奇的立体视觉效果。还有，本来让观众难以招架的各种数据，通过同步字幕、动画效果等可视化制作呈现，较好地消解了电视观众对数据的抗拒与排斥，变得容易接受和理解。另外，创新性短片《宁波舟山港的朋友圈》，以虚拟"微信聊天群"的形式，让主播曹宇斐"走进"宁波舟山港的朋友圈——"港口一家亲微信聊天群"，一一接受省内、国内各兄弟港以及世界各大港的祝贺，既有短视频的切入，又有图文的使用，表达元素丰富，语言富有新媒体特色，体现了电视新闻融合新媒体手段的全新探索。

除了上述优势之外，这期获奖新闻节目的编排篇幅和播报节奏也值得称道。30分钟的节目时长，包括片尾拉滚一共播出了15条，去除总片头、导视和穿插的小片头，平均单条时长不到2分钟，信息量大，节奏明快，从而呈现出权威、大气、生动、形象的气质风格。

宁波电视台新闻综合频道2017年12月27日播出的《宁波新闻》在2018年3月被评为2017年度浙江省广播电视新闻奖电视新闻节目编排一等奖之后，宁波市新闻出版广播电视审读评议中心于4月11日《宁波广电评议》即刊出了这一评议文章，具有较强的时效性。2018年11月，第28届中国新闻奖揭晓，2017年12月27日《宁波新闻》还获得了中国新闻奖电视新闻节目编排一等奖。这一评议文章从编排思路的清晰性、电视媒体特色的精彩发挥和创新视觉表达手段三个层面进行了"细读"化的文本分析，将这一电视新闻节目编排作品的优点一一细细解读，结合获奖节目视频的观看，可以学习吸收宁波广电集团多媒体新闻中心在获悉宁波舟山港年货物吞吐量全球首破10亿吨、有关方面即将举行"宁波舟山港第10亿吨货物起吊"仪式新闻线索之后,及时精细设计,全员投入,进行节目策划和组织的经验。这一视听评议文章既解读了编排主题的传达,又解析了电视特色的张扬和视觉传播的创新,显示了区别于新闻阅评的视听评议特色。

改进文风　提升品质
——2014年浙江卫视新版《浙江新闻联播》评析

今年以来,细心的观众会发现:《浙江新闻联播》"变脸"了,不仅是因为每天片尾播出的一组组美丽的"最美乡村·初春即景",更重要的是,主题报道更接地气,舆论监督更为常见,追踪和调查有了持续,突发事件力求第一时间的权威发布,现场直播连线也日趋常态。这档主要新闻栏目的新闻性、时效性和可看性明显增强了。

一、注重主题策划、报道追踪,着力增加电视新闻报道厚度

电视新闻容易给人以浮光掠影之感。如何在有限的几分钟内凸显电视新闻的厚度,成为互联网语境下电视人的苦苦探寻。今年浙江卫视在主题报道的策划过程中,注重具象化,更加遵循新闻传播规律。比如,《干好"一三五",实现"四翻番"》主题专栏2月下旬播出的调查报道"农民增收的浙江路径"系列,策划精细,调查扎实,展现了一个个具体的现象以及其中的人物故事,引人思考。

一篇报道往往"火力"不够,连续数日多篇报道则平添厚度。评议员注意到,注重新闻报道的持续关注和后续追踪,也是联播栏目较为可喜的变化。为了减少"断头新闻",《浙江新闻联播》专门在标题方式中,将"报道追踪"标签化。今年以来,联播持续关注的新闻题材就有2月份的

"磐安坍塌事故"、"两大打车软件拉锯战"，3月份的"杭州广琪贸易有限公司销售过期食品原料"，以及"温岭火灾的责任追究"、"泰顺患尿素症女孩陈月静寻找亲生母亲"等。3月20日，以"追踪'三改一拆'，聚焦'五水共治'"为主要内容的《今日聚焦》栏目推出后，《浙江新闻联播》又与之形成联动，不仅及时预告当天播出的栏目内容，更是及时跟踪报道整治的反馈情况，形成了"报道追踪"的常态化。

二、强化联播调查，着力改进舆论监督

舆论监督报道对于联播栏目是一个较为敏感的问题。新版的《浙江新闻联播》中，舆论监督和问题调查不仅有量的增加，更有质的提升。如，2月19日播出的联播调查《天然温泉人工造》，就暗访曝光了安吉县江南天池温泉城、武义牛头山梦温泉人工调制、人工加温，泡温泉者"不过是花高价洗了一个热水澡"的真相。

今年以来，类似这样的舆论监督类的报道大幅度增加，彰显了新闻的影响力。这些联播调查，有的是浙江卫视自己选题、自己调查，有的则是多点合作、多台联动、选题精心、调查细致。如近期播出的"四明山水土流失调查"报道，以其系列性的连续播出、犀利直观的电视镜头，凸显了报道的锐度。

三、改革头条报道、运用微直播等电视手段，着力优化节目编排

传统"联播体"最为人诟病的就是会议、领导活动占据头条太多，而观众对《浙江新闻联播》变化最直观的感受正是越来越多的来自基层一线的、鲜活的场景成为头条新闻的内容。据统计，2月份《浙江新闻联播》头条中，确有新闻性的会议和领导活动报道只有8条，只占了28.6%，而头条位置上更多的则是关注春运、关注雪后交通、开学第一课等动态性的新闻，以及"新春走基层"、"新年用工调查"、"农民增收路径调查"和

"浙商回归样本调查"等调查性的新闻。

同时，《浙江新闻联播》更加常态化地运用"微直播"，作为提升新闻报道时效的有效手段，也是一大亮点。如今年元宵佳节，"微直播"通过连线直播了杭州西溪灯会航拍、杭州拱墅区运河广场灯展航拍、杭州吴山广场灯展航拍和德清乾龙灯会、海宁硖石灯会、青田鱼灯会、温岭石塘镇抬阁以及黄岩迎灯祈福闹元宵的场景。两位主播随着不同地方场景的切换，展开即兴解说，让观众感受到了集纳于一屏之上的众多灯会的实时现场气氛。又如，3月22日女排联赛总决赛第二场，浙江队负于天津女排，联播播出过程中，栏目通过卫星连线现场记者，马上报道了战况并现场采访了浙江女排的主教练吴胜；3月23日，浙江女排在联赛总决赛第三场中，再度实现大逆转，首夺联赛冠军，当天《浙江新闻联播》以"关注正在发生的新闻"时讯，再次卫星连线现场记者，即时报道了这一喜讯。

组合性编排的策划与运用，也让联播栏目更具层次感。如3月22日世界水日的《特别策划：世界水日说治水》，综合报道打头，4个单条报道呈现水环境整治方面的四大"新闻看点"，最后以"改善水环境，我能做什么"的"海采"报道收尾，层次丰富，有条不紊，方便了观众的收视和接受。

四、三点建议

从央视到省市县各级媒体，电视时政新闻的改革永远在路上，成功的关键在于能否真正遵循并且坚守新闻传播的规律。现就《浙江新闻联播》的进一步改革提三点建议：

（一）要注意开掘省委省政府主要领导讲话中的"观点新闻"价值

联播栏目中，领导讲话的精神凝炼了，同期声的适度运用也让讲话者的神态表现更生动了，但有的会议和领导活动报道，标题中领导讲话的观点要义是提炼了，但报道仍然过多停留于议程和过程的叙述，对领导讲话中的新闻价值的开掘尚显不够。

（二）联播栏目要"减负"

加强栏目联动是扩大卫视各栏目和频道整体影响力的一条有效途径，但目前都是联播栏目在替别的栏目作预告与宣传，有时一档联播节目中甚至会有两条其他栏目的预告宣传，并且颇多溢美之词。《浙江新闻联播》是全省的新闻联播平台，并不仅仅是卫视的一档栏目，因此，栏目联动要为联播栏目"减负"，同时，预告报道也要注意叙述的客观性。

（三）要防止市县台上送的报道"按需定制"

有些市县台上送的报道，或是为了完成任务"炮制"，或是根据省台的要求临时赶制的，"人造"痕迹很明显，违反了新闻的真实性原则，应努力避免。

这一针对浙江卫视当年度最新改版的《浙江新闻联播》进行的个案评议，获得了浙江省委宣传部、浙江省新闻出版广电局和浙江省新闻工作者协会评为的2014年度浙江省新闻阅评优秀作品。这一针对年初省级卫视新版联播新闻的评议，首先是从全国性的视野抓取到了一个鲜活的正面典型。联播类电视时政新闻栏目的改革，自20世纪80年代开始一直在提，但一直处于"小步迈进"的状态，总的改革成效并不明显。而在新媒体蓬勃发展的环境之下，电视时政新闻已经到了非改不可的地步，因此，当年度浙江卫视《浙江新闻联播》的全新面貌，具有非常抢眼的典型性，对浙江全省市级电视台联播类时政新闻的改革和国内省级卫视的同类联播类新闻都有可资借鉴的启发意义。同时，为了做好新版《浙江新闻联播》这一个案的评议，评议人员持续跟踪收看了当年度1月至3月份的全部节目，积累了丰富的佐证实例，通过一定时间跨度的跟踪性收听收看，观察记录和分析评价，概括提炼出了其"改进文风　提升品质"的改革经验，即"增加报道厚度""改进舆论监督""优化节目编排"三方面的具体做法,并就其三方面经验所改变的单篇报道浮光掠影、舆论监督难以展开以及传统"联播体"诸多弊端等问题进行了细致的分析,案例佐证详实,观点的说明事实支撑性强。同时也对作为正面典型评议个案的"白璧微瑕"提出了具有针对性的改进建议。

◆第二节 系统性评议方法

相对于一般性的评议方法,系统性的评议方法因其"系统性"而往往更具"规模",更具有深入研究的特点。虽然系统性评议方法有许多,但内容分析法、综合分析性和比较分析法是开展较为深度的视听评议活动较常用的方法。

一、内容分析法

内容分析法源于社会科学借用自然科学研究方法,对历史文献内容进行量化的分析。相对于传统社会科学的定性研究方法,内容分析法的最显著特征就是引入了量化研究手段之后的定量性。通过运用统计学方法,对研究对象中类目和分析单元出现的频数进行计量,从而对研究对象作出精确的量化描述。在这一研究方法中,尽管类目的建构和编码是主观的,但后续分析过程中的数量统计和数量结果,却是不为研究者的个人意志所能够左右的,分析的类别和单位以及分析样本一经确定,任何研究者都应该得出同样的结论。由此,内容分析法也被认为更加具有客观性的特征。目前,媒介内容分析已经发展成为较为成熟的、运用于媒介批评的定量研究方法，依靠对媒介内容进行量化的测量和计算，并对变量之间的相关关系进行分析，达到对媒介内容性质的把握。视听评议人员一般不太可能以严谨的类目建构和编码设计，作深入的量化统计分析，但可以作一些简单的定量分析，比如对一档新闻节目播出的新闻进行正面、负面内容的归类，然后统计计算其各自所占的比例，按照比例数据推导出一定的结论等。需要提醒的是，作为评议性研究对具有定量性特征的内容分析法的引入，量化的统计分析只是一种技术手段，内容分析法的运用，能否获得具有评议价值特别是能够为广电行政管理部门使用的监管价值，类目建构和编码设计以及其他一些量化手段借以引入的视角，仍然是定性性的，决定于视听评议实施人员对评议标准和尺度的理解深度，以及研究切入的角度。欧阳宏生（2016）在其专著《理念·范式·方法——传媒研究方法论》中，就新闻传播学内容分析法的阐述，提出了传播新闻学、传媒传播学、传媒广播电视学三大研究领域的研究视角，基于视听传播内容音视频载体的特殊性，视听评议在运用内容分析法的时候都可能会用到。比如对广播电视以及互联网音视频新闻内容的评议，可以从传播新闻学的新闻本质视角、新闻的党性和人民性视角、新闻价值视角、新闻特点视角以及新媒体环境下的"融合新闻"业务视角等；对以节目、栏目为传播单元的广播电视和互联网视听传播内容，也可以从传播学的传播主体视角、受众视角、传播效果视角、传播生态视角等进行切入；还可以从广播电视学的体制改革与经营管理视角、媒介融合视角、广播电视业务视角等进入，进行编码、统计、分析和评议。

下面以2012年10月通过对深圳电台交通频率快乐1062收听考察之后撰写的《〈深圳早班车〉——单体广播节目"吸金"上亿的背后——解析深广交通频率年创收超亿元早间资讯服务节目的成功之道》为例进一步就内容分析法进行说明。

《深圳早班车》——单体广播节目"吸金"上亿的背后
——解析深广交通频率年创收超亿元早间资讯服务节目的成功之道

《深圳早班车》,深广交通频率FM106.2(呼号快乐1062)早7:30至9:30播出的一档新闻资讯、交通服务节目,除了早高峰时段丰富的路况信息,主要是两位主持人聊天式地说新闻。看似一档普通的节目,却创造了令人咋舌的奇迹:2011年度一年"吸金"上亿元,净收入8600万元,在深圳纳入调查的12个频率中,同时段收听市场份额超过30%!是什么造就了它绝对的收听率优势和超高人气的影响力?本文通过节目研听和实地调研,进行细致的实证分析。

一、解析节目的结构形态

《深圳早班车》开播于2001年12月3日,侧重交通信息和民生新闻,11年来,一直由蓝明和景妍主持,已多年保持深圳收听率最高的节目地位。

以2012年10月15日为例,节目结构列表如下:

时间	栏目或内容	内容说明
7:33	节目宣传片花 节目片头	宣传片花:女声:每个人都是生活的观察家,你会发现,毛毛虫长大了,蝴蝶恋爱了,飞蛾生宝宝了,蜻蜓夫妇吵架了,在这个世界上,你看到了,就是正在发生的,当然,你也是这个世界的亲历者(男声:Yes, of course),随时随地接收信息,听广播,叨微博,找快乐,听《深圳早班车》,(男声:《深圳早班车》!)做个生活的有心人。 片头:用速度发现新闻线索,用广度观察新闻事件,用深度挖掘新闻背后,《深圳早班车》!《深圳早班车》!主持:蓝明,景妍。
7:34	天气情况	主持人打招呼,说天气,即兴交流。

(续表)

时间	栏目	内容
7：36	新闻提要 设置互动话题	片花：欢迎收听蓝明、景妍为您主持的《深圳早班车》，在今天的节目里，你将听到以下内容……提要穿插即兴议论。互动话题：掏马蜂窝该谁来负责？
7：42	广告一	时长3分30秒。
7：45	《海星播交通》一	片头：听指路精灵——海星播交通。海星介绍综合路况和车友报来路况。
7：47	《本市要闻》 《民生新闻》	片头：资讯全接触，新闻更精彩，《深圳早班车》正在直播！再次招呼，说车友路况报料，7：50进入《本市要闻》，7：52再说车友报料，7：53进入《民生新闻》。
7：55	广告二	时长4分30秒。
8：00	《海星播交通》二 《交通犀利眼》	有片头。8：04进入《交通犀利眼》，片头：快乐1062与深圳交警局强强联手，监控镜头现场抓拍，1062及时公布！交通犀利眼，别被我盯上哦！王海明警官发布违规受罚车号。
8：05	公益广告	请勿乘坐非法营运车辆。
8：06	《一周交通简讯》	片头：纵横天下事，轻松说新闻，《深圳早班车》！再次打招呼，先说车友短信，8：08进入《一周交通简讯》。
8：09	广告三	时长5分30秒。
8：15	《海星播交通》三	有片头。
8：19	《民生新闻》	片头：听深圳早班车，说天下新鲜事，这里是正在直播的《深圳早班车》！再次打招呼，然后主持人说：沙湾路已经堵到沙湾关外了，有知情的请发个短信过来。然后关注短信平台上"跟着大车闯了红灯怎么办"，主持人议论。8：22回到民生新闻。
8：22	广告四	时长6分。
8：30	《海星播交通》四	有片头。
8：33	《民生新闻》	片头：提供资讯，反映现实，服务生活，《深圳早班车》！再次打招呼，先说短信，大多关于"跟着大车闯了红灯怎么办"。约8：36继续关注民生消息。
8：40	广告五	时长5分30秒。
8：45	《海星播交通》五	有片头。
8：49	《民生新闻》	片头：您正在收听的是蓝明、景妍主持的《深圳早班车》！再次打招呼，先说听众短信关于"掏马蜂窝谁来负责"讨论及路况，约8：52转入《民生新闻》。

（续表）

8：59	广告六	时长1分10秒。
9：00	《海星播交通》六	有片头。
9：02	《民生新闻》《国内新闻》	片头：说您最想听的新闻，最爱听的新闻，最好听的新闻，《深圳早班车》！再次打招呼，先说听众报料，约9：04回到《民生新闻》，说"掏马蜂窝"话题，约9：05转入《国内新闻》。
9：14	广告七	两则广告，时长35秒。
9：15	《海星播交通》七	有片头。
9：17	《国内新闻》《国际新闻》《体育新闻》	片头：从这里倾听世界的声音，《深圳早班车》！招呼之后先说车友短信，继续完成《国内新闻》，聊"建筑不惊人死不休"。约9：19转入国际新闻，约5分钟说了9条消息，包括1条体育新闻。

从列表看，节目结构简洁明了，片头、片花丰富多变。以每一整半点和刻点安排从监控中心连线的路况播报作为框架，依次分布各类新闻，每天选择话题，展开互动讨论，并选播车友路况报料。

二、研听节目的基本特色

1. 主持人"说新闻"形态特色完整、鲜明

节目不用记者口述、连线或录音报道，偶尔采用本台报道，也都经过主持人消化之后以自己的语言来说，十分注重"说新闻"形态的完整性。10月15、16、17日三天，仅15日有一条本台记者报道用了一两句采访录音。主持人景妍表示："形成风格之后，大家都很认可，如果大量使用记者稿件，特别是一些采访录音，会冲淡节目本身的特点。"

同时，主持人充分发挥说新闻的便利性，随时添加说明，避免歧义。如深圳物博会开幕，蓝明马上解释说，什么是物博会？就是物流博览会。又如说《深圳街头一个建筑酷似黄金版大裤衩》，景妍说："据说如侧看，金黄色的部分被棕色给分开，好像是两条裤腿。"因为"如侧"与"如厕"发音相同，蓝明马上说明：是从侧面看，而不是上厕所的"如

厕",不仅增强了表达的清晰性,也增强了交流感。

2. 即兴性强,主持人即兴议论增强听众贴近感受

《深圳早班车》中,主持人即兴议论生活气息浓郁。景妍常常从女性视角发出感慨,让听众感到十分贴近。如10月15日的一段提要:

景妍:叙利亚、土耳其互相设了禁飞区,这两个国家较上劲了。

蓝明:全球最早专职老师,今年已经99岁了。

景妍:太厉害了,人家是活到老学到老,他是活到老教到老。毛里塔尼亚总统真是挺倒霉的,在这个过程当中遭到了误伤,本来没想伤他把他给伤了。

蓝明:还有德国柏林近郊的收容所,169名狱卒管了一个犯人。

景妍:这名犯人好高规格哦!

——景妍的几句感慨,都是即兴议论,十分口语化,感觉这样的国际新闻离我们很近。

3. 互动性好,较好地吸取了网络社交媒体"群聊"的功能

《深圳早班车》中,互动主要包括三类:一是路况报料,二是参与讨论,三是自发话题。主持人对互动的重视,体现在每一时段的进入,都是首先来看短信。10月15日这天,路况报料最多,共30条。参与"掏马蜂窝该谁来负责"讨论的居次,共11条,有人说:"景妍,摘马蜂窝找我们,我们业余爱好就是干这个,非常专业。"景妍说:"不行,我怕万一把你蛰到了我可负不起责任。"蓝明说:"成大头娃娃比较麻烦。"自发话题6条,也可分为三类,包括提起话题(问题)、评点、回应新闻以及与主持人开玩笑。如一位听众说,我是准五星级义工的士司机,下班以后经常在政府广场服务,希望更多司机加入到我们队列当中。有听众问,海星那里怎么了,这么吵?主持人回答楼上正在施工。有听众听了"高血压日"报道后回应,我是一位的士司机,每天下班以后打一个半小时羽毛球。有听众提问：跟着大车闯了红灯怎么办？因为蓝明回答："哪怕我就在那当个塞子，我也一定要看到灯才走。"有一位署名"小宝脆"的听众就给他取了一个绰号叫"蓝塞子"。——上述互动都是主持人转述的，但其内容就是真实的聊天，较好地吸取了网络社交媒体"群聊"的功能，构建了一个开放、互动、活跃的交流场。

4. 每天供给上百条资讯和路况信息，节目信息量巨大

据景妍介绍，两小时节目真正属于主持人说话时间大概四五十分钟，平时每天要播65—70条信息。通过对15、16日的节目统计，两天播出新闻分别为46、48条，车友路况报料和参与讨论分别是47、45条，——这两天报料和讨论较为热烈，新闻相对少一些，但加上路况播报，每天信息量远超100条。

就内容上是否需要展开，我们与景妍和灵莉等主持人也进行了交流。景妍认为，早间广播资讯很不适合说得太细。而《伴你同行》（17：30—19：30）主持人灵莉对《深圳早班车》与另一频率同时段所作的比较，从另一侧面作了印证："两位主持人说莫言获奖的事情，我都快到目的地了，这一条还没说完，太让人着急了，……他们的表述没有错，选的内容也没有错，错的是一种形式。"

5. 广告时长安排呈波浪型排列，与收听市场份额变化成正比

包括节目前3分钟，《深圳早班车》两小时插播广告29分15秒。研究发现，它的广告安排具有波浪型的规律，每一整半点和刻点前的广告时长，先慢慢增加，最长广告安排在早高峰峰值，然后快速减少，分布如图：

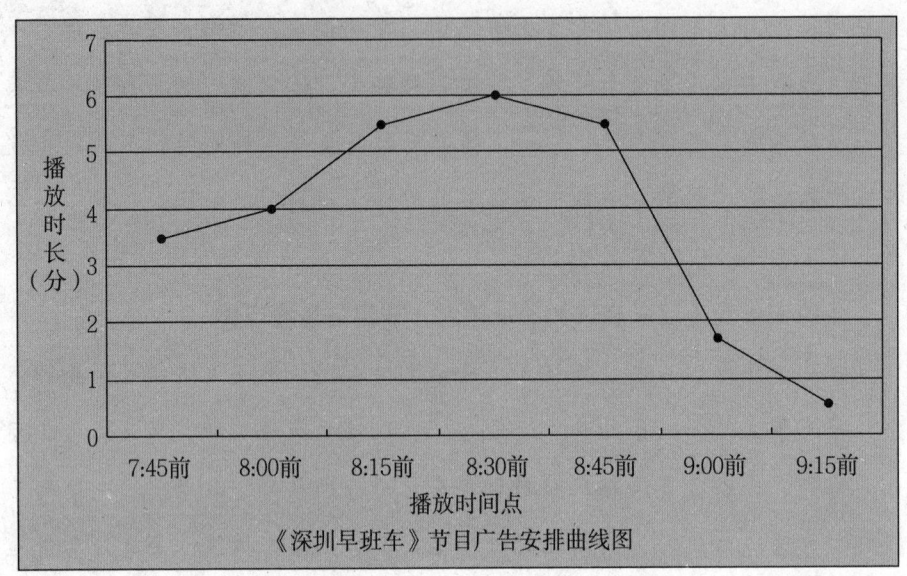

《深圳早班车》节目广告安排曲线图

——这一曲线,与同时段收听市场份额相吻合。据深广集团提供的7月15日至21日央视—索福瑞一周收听率数据,在12个频率中,其7:00—8:00和8:00—9:00的收听市场份额分别是19.695%和31.205%,最长广告时段6分钟,安排在早高峰峰值8:30前。而我们分析节目收听市场份额变化,除了与早高峰在途人数变化正相关之外,与内容的可听性安排也是正相关的,如与深圳市民最贴近的本地民生新闻,就集中安排在8:00—9:00峰值时间段。

三、剖析主持的成功奥秘

1. 即兴的串联发挥——主持人深厚的知识储备和经验积累

蓝明和景妍说新闻状态松弛,即兴性强,关联丰富,他们表示这得益于长期的储备和积累。两人都不是专业出身,蓝明毕业于山西大学环保专业,景妍毕业于暨南大学英语专业,但都当过记者和编辑。节目一开播,就是编播合一的主持人。因此新闻串联视野开阔,即兴发挥游刃有余。如10月14日是全国第15个"高血压日",15日说深圳的高血压患者年轻化趋势明显，主持人马上拓展了一大段关于预防高血压的养生知识，以及运动量和运动方式的选择，等等，相当于链接了好几个相关知识点。他们认为，做新闻，要前后关连性很强，因此不做节目时也要读新闻，因为你讲的现在的这件事，很可能就是上个月某一事件的延伸。

2. 必须的"二次加工"——主持人独到的概括与延展能力

谈到对稿件的"二次加工"，两位主持人还在前面着重加了一个"必须的"。在这里，"一次加工"是指选稿和编辑。两种内容他们基本不选：一是各区新闻，二是会议新闻。他们的选稿原则是："我听了之后对我们有用的"，要求充分体会听众的需要。选稿之后，把重点圈划出来，提要也是圈划要点，而不重新编写。看似简单地圈圈划划，却显示了摘要概括的功底。然后在节目直播的过程中，再进行"二次加工"，一是根据时间多少，决定说的长短，二是通过串接和激发，把相关的内容也带进来。

3. 浓郁的人情味道——主持人善于从服务性视角导入或延展新闻内容，以及人称代词的使用

两位主持人特别善于从生活化、服务性的视角来导入，或者延展内容，如说到有一位黄先生从火锅店洗手间出来时滑倒，头部重伤，因此把餐馆老板告上了法庭。主持人导入时就说："可能很多朋友有在餐馆吃饭的经历……"——主持人即兴引导听众设身处地"代入"体验，增强了听者的切身感受。

此外，人称词的使用，使得人情味增强。譬如这一段对话：

蓝明：（手机尾号）2342（的听众）说，跟着大车闯了红灯怎么办？没法办，罚款！我跟你说，我开车十来年了，有过两次闯红灯的经历，一次是走神了，一次就是跟着大车过去了，照样得接受处罚。

景妍：现在你知道了，吃一堑长一智，如果前面是一个大货，或者是大公共汽车你怎么办?

蓝明:我就离远点,不见灯我不走了,哪怕我就在那当个塞子,我一定要看到灯才走。

景妍:我一定要确定这是绿灯的时候我才可以走,就是这个办法了。如果说你前面是一大车挡住你视线,你就离远点,保持安全距离,这是驾驶者应尽的义务,在这种情况下,你去申诉,不可能成功,这种罚款也是没法撤销的。

——47秒,共用了15个"我"和"你"。同样,当天提要中:

蓝明:全球最早的专职老师,今年已经99岁了。

景妍:太厉害了,人家是活到老学到老,他是活到老教到老。毛里塔尼亚总统真是挺倒霉的,在这个过程当中遭到了误伤,本来没想伤他把他给伤了。

——两句话用了三个"他",听众感觉距离拉近了不少。美国20世纪五六十年代针对电视节目雅俗共赏原则提出了人情味公式,每百字中的人称词数目越多,节目风格便越生动有趣,再次得到了印证。

此外,人称代词的使用,还有利于主持人把自己的经历与新闻内容结合起来。15日《本市要闻》说到"第112届广交会今天拉开帷幕",景妍就感慨说:"哎呦,广交会都112届了啊,那时候我还在广交会上做过翻译。"——因为她是学英语的,蓝明就调侃说"特别羡慕景妍有这本事",而后面还有听众短信说:"景妍居然还曾担任广交会的翻译,厉害!暨大学子学识渊博"等等,——与主持人个人经历联系起来,时政新闻与听众的距离也拉近了。

4. 默契的搭档配合——主持人话语来去之间互相留下"气口"

蓝明和景妍认为,搭档的默契配合,更重要的是话语来去要互相留下"气口"。默契更主要体现在,不是大家说同一句话,而是要为对方说话做好铺垫。如10月16日节目开头,景妍说:"今天能见度你觉得比昨天好还是差?"蓝明说:"好了很多。"景妍就说:"还真的,大家的感觉一般都还是很一致的。"——在这里,景妍就没有直接说自己的感受,而是留一个"气口"让蓝明说,然后再做一个呼应。如果景妍一上来就说"好多了",那么蓝明只能接"是啊",明显缺乏交流感。

四、探寻频率不一样的"关键词"

1. 声音气质——激情和快速,打造动感陪伴特质

潘迪总监说,作为交通广播,他们早已不考虑非在途人群的收听了,确定频率声音气质就是"激情和快速"。组建伊始,他们喊出口号"深圳交通广播没有夜间节目",意思是晚间节目也是用很激情的方式来主持的。对10月15、16日《深圳早班车》测算,主持人平均语速达每分钟308字。

2. 频率形象——突出"副驾座"概念,打造"邻家大哥"形象

深圳交广领导认为,同一集团旗下,新闻台大气、庄重,音乐台洋气、精美,而他们则是"邻家大哥"的形象。2012年下半年他们重新定位交广另一频率FM94.2私家车广播的呼号为"轻松调频",就突出了"副驾座"的概念,所呈现的声音形象,就是您在开车当中,坐您旁边给您读报纸的,跟您讲笑话的,向您介绍投资或旅游的一位如影随形的朋友。

3. 管理创新——试行"主持人中心制",激发主持人潜能

2012年3月15日推出新版节目,深圳交广试行了"主持人中心制",每档节目设置一位"领衔主持人",核定创收和收听市场份额指标,竞争上岗。根据集团核定的每月奖金系数"1"的基准,频率给予"领衔主持人"1.2的奖励系数,其中50%考核收听市场份额,20%考核日常工作表现,30%考核广告承载量。

五、关于学习借鉴的几点说明

首先,必须了解三个背景。第一,深圳是一座年轻人的城市。2010年8月特区成立30周年时,深圳人平均年龄27岁;第二,深圳是一座汽车城市。2012年8月27日,深圳交警局宣布,全市汽车保有量突破200万辆,仅次于北京;第三,深广交通频率对深圳交警局的路况信息资源具有独占性。

其次,两位主持人具有深厚的生活阅历和从业经历,又在这一节目搭档主持了11年,这是一般人所不具备的。新闻节目主持人,采编历练是必不可少的。

第三,《深圳早班车》也启示我们,名牌节目打造需要时间积淀,名主持人的培养,更需要日积月累,特别是新闻资讯类节目,内容选择的空间并不大,而主持人的能力是可以培养的。

这一评议文章虽然并没有完全采用量化的内容分析法,但其最大的特色就是引入了一定的量化描述手段。如对这一长2小时的节目版块广告插入进行分析时,就细致地将所有的广告插入时间、插入时长进行了统计,并按节目播出的时间轴制作了拆线图展示,较为直观地显示了这一节目"广告时长安排呈波浪型排列,与收听市场份额变化成正比"的分析结论。又比如,在讨论到节目的"人情味"体现的时候,又专门截取了一段时长47秒的男女主持人对话,统计出其中一共用了15个"我"和"你",从而较好地印证了"人情味公式"在广播节目中的引入和作用发挥。评议人员还就这一节目的主持人语速进行了测量,以佐证深圳交广"激情和快速"的频率气质。所有这些量化的分析和描述,都较好地吸收了内容分析法的一些做法和特长,使得评议文章更具有客观性和实证性的说服力。

二、比较分析法

比较分析法也叫对比分析法、比较研究法，视听评议的比较研究法主要用于对广播电视和互联网视听传播中的同类节目、频率、主持人之间等进行相似性或相异程度的研究方法。根据一定的标准和尺度，对两个或两个以上有联系的视听评议对象进行考察，寻找其异同，对其中表现差的对象提出意见和建议，或在比较中探求同类对象的普遍适用性经验或需要注意要点等。视听评议较常用的比较分析法有水平对比法和归纳对比法。水平对比法又被称为标杆法，就是对照最强有力的竞争对手或广播电视、互联网视听传播业中普遍公认的名优节目、栏目等，对视听传播产品或主持人等岗位进行某一视角或某一方面的比较分析和量度，并对评议对象指出问题提出建议。水平比较法的应用需要注意两个方面，一是寻找具有可比性的、公认优秀的标杆，通过对比和综合思考发现评议对象的差距；另一方面要进行具有针对性的问题评析并提出改进建议，有利于评议对象吸取标杆经验，提高思想认识和业务水平。归纳对比法是指把具体的同类节目、栏目等评议对象，通过同中之异或异中之同的对比分析展开研究，再经由综合获得一般性的结论，即同类产品或同类岗位上的人普遍存在的问题或经验，以及改进的建议。

下面以2013年1月通过对浙江电视台钱江都市频道《九点半》与央视标杆栏目《新闻1+1》的比较评议文章《从〈九点半〉与央视〈新闻1+1〉的比较看电视新闻评论节目的发展》和2018年4月《广电新媒体集纳式新闻编辑产品开发的多种尝试》为例，分别就比较分析法中的水平比较法和归纳比较法进行案例说明。

从《九点半》与央视《新闻1+1》的比较看电视新闻评论节目的发展

新闻评论节目是媒体在新闻事实性和调查性报道基础上，发表言论、阐述观点、传递倾向性意见的一种节目形式。全媒体环境下媒体处在趋同的竞争条件之下，争夺新闻信息的时效性已经不能完全满足受众的全部需要，推出海量且快捷的新闻资讯已非媒体制胜的绝对法宝，相对而言，媒体的观点和立场更能吸引受众。同时，由于受众分化趋势日益明显，电视媒体为了拓展自己的发展空间，倾向于选择某些可以更好地整合利用现有资源、节约人力物力的节目类型，新闻评论类节目就是其中之一。此外，社会经济的发展及社会民主进程的推进，媒体语态环境进一步优化并相对宽松，这也促进了新闻评论节目的进一步发展壮大。

新闻评论应紧随时代的步伐，体现其哲理性和思辨性。随着时代的发展，电视观众对新闻节目的要求也在悄然发生转变，传统的"焦点访谈式"结构早已不适应人们的需求，并日渐显露出其不足和缺陷。目前国内不乏优秀的电视新闻评论节目，在话题深度和节目形式上都有所突破。央视继《焦点访谈》后推出以个性评论见长的《新闻1+1》，采用一位主持人搭配一位新闻观察员的双人谈话模式，由白岩松、董倩、劳春燕主持，而省级地面频道也推出了多档电视评论类节目，省级钱江频道《九点半》就是其中的一档。

一、两档节目基本情况

1.《九点半》基本情况

《九点半》是浙江电视台钱江都市频道于2008年10月28日推出的大型

直播电视评论杂志栏目，播出近五年，《九点半》已经形成以调查为起点，以评论为特色，以观点为核心竞争力的模式。以《九点半》栏目为代表的电视新闻评论杂志的崛起，是省级地面频道电视新闻继民生化热潮之后又一次由内而外的转型与进化。

《九点半》节目内容以评论见长，由四个主题不同、风格相近的版块组成。《五虎将出动》是带有舆论监督性质的新闻专题；《今日非常道》是坚持独特视角、强调观点原创的新闻评论专题；《新闻一锅粥》是以传播主流、引领舆情为目的的新闻浏览专题；《大家故事榜》则坚持人文情怀、主动贴近受众的新闻故事专题。各个版块定位明确具体，四大版块之间穿插《互动话题》《天气、路况播报》，2013年节目还新增一个验证传闻的小版块——《流言待证实》。

2.《新闻1+1》基本情况

《新闻1+1》是央视新闻频道在2008年3月24日推出的一档新闻事实报道与评论相结合的节目，其宗旨是"从时事政策、公共话题、突发事件等大型选题中选取当天最新、最热、最快的新闻话题，还原新闻全貌、解读事件真相，力求以精度、纯度和锐度为新闻导向，呈现最质朴的新闻"。"1+1"即一位主持人和一位新闻观察员的双人谈话模式。

《新闻1+1》在形式上既借鉴了《时事开讲》的"主持人与评论员谈话"模式，又借鉴了《焦点访谈》深入报道新闻事实的方式，两者结合，改变了传统电视评论节目的说教方式，节目选题大胆触及关系国计民生的敏感话题。

二、《九点半》与《新闻1+1》对比研究

两档节目作为都以"电视新闻评论"为特色的电视节目，二者有几个共性特征，突出地表现为以下几个方面：

（一）两档节目的共性特征

1. 致力于舆论监督，积极打造负责任的媒体形象

与一般的新闻报道相比，两档节目均将发挥舆论监督功效、将自己打造成公共利益"代言人"以及负责任的媒体形象作为节目的努力方向。如《九点半》节目中对年初杭州大雪的立体组合报道及对中国南北方供暖体制的分析和评论、对全国实施新交规中"行车打电话""闯黄灯"等的报道和分析等均为媒体在最新新闻事件当中进行舆论引导的表现。2013年，《九点半》节目还和《都市快报》针对社会上比较广泛流传的"流言""误解"，联合开办了"流言待证实"（小版块），在样本日里关注了"微波炉加热血液致人死亡？""微波炉加热食物会致癌？""闻麝香流产？喝红花汤不孕？"等受众们"似是而非"的话题，进行了本地化的权威专业验证，以打消公众的疑虑。

而《新闻1+1》栏目的话题则更为宏观、复杂和丰富，在样本节目中关注了安全事故、反腐、年终特稿"中国梦"、高铁建设、拐卖、校车事故、电视问政、末日谣言、外交、恶意欠薪、楼房倒塌等话题，特别好地协调了新闻时效性与话题的广泛性。《新闻1+1》的选题大多是采用网络上热议的话题，利用网络这一传播平台的"造势"，着力于对与公共利益密切相关的议题进行探讨，并且充分尊重不同利益群体的话语权诉求。

2. 时效与观点并重，注重打造媒体的公信力、影响力

两档新闻评论类栏目均比较注重新闻评论选题的时效性，大部分选题均为当天发生的新闻事件，一般为对基本事实采访报道后再深层分析解读的表现模式，它既能满足现代观众对传媒由"第一新闻"向"第一观点"转变的新要求，也能如实反映一个栏目、一个频道的立场、观点及新闻整合、剖析能力。

除做到当天事、当天报、当天评外，为突出时效，两档栏目还紧跟

时代脉搏，致力于报道和评论当下最热门的社会热点，如新交规实施、公职人员违法乱纪、官僚作风损害百姓利益等群众关注的问题与现象。栏目对这些民生热点及社会时弊连续报道，深入评论，有效疏导了社会情绪。同时，栏目通过及时点评，不仅有力引导社会舆论，也督促解决了部分问题，提升了观众对栏目的关注度与信任度。

3. 注重同类新闻事件的综合，增强评论力度

两档节目经常并不局限于一事一议，而是注重同类新闻事件的综合，讲究以"组合"的方式、"累积"的方式表现观点和倾向性，以增强评论的深度与力量。如《九点半》年初对杭州大雪的立体关注和点评，从公共交通到地铁再到机场，从雪景拍摄到气象预报再到中小学校调整放假，进而提出南北方供暖话题，新闻关注话题层层展开，新闻的深度也在不断深入。

而《新闻1+1》的"短片+演播室评论"的方式则更容易带领话题，对新闻事件的总汇和分析也更为深入透彻，其中在十八大召开期间的"十八大观察"更是该节目的"扛鼎之作"，节目几乎引领了一段时间以来媒体解读"十八大"的风向和潮流，这对一档电视节目而言是非常重大的影响力。

4. 注重使用新媒体手段，注重与观众的互动，增强节目与年轻受众的互动及吸引力

各栏目都比较注重与观众的互动，开设短信平台、热线电话、网络论坛等多种渠道以方便观众参与互动。如《九点半》栏目每天以流动字幕形式，即时选编发布观众短信评论，并利用新蓝网等网络平台，提前把"今日非常道"的新闻选题发到网上，让网友利用网站回复功能参与评论。

而话题本就源自网络的《新闻1+1》，则直接在节目内容中使用网友的言论截图、网络调查甚至网络视频，其对新媒体素材的开掘在央视新闻频道中可以说是首屈一指。

当然，《九点半》作为省级地面频道的一档"本地化"节目与央视新

闻频道《新闻1+1》的"全国性"节目也存在着较大的不同之处，抛开财力、物力、人力及影响力等"显性"因素，纯粹从节目的选题及表现形式上来看，二者也存在着较大的差别。

(二) 两档节目的个性特征与不同

1. 新闻栏目定位不同，新闻选题差异较大

《九点半》是省级地面频道的一档民生新闻栏目，因而节目的选题大多依托本地民生新闻话题，对本地交通状况、杭州大雪应急机制、本地英雄人物、水果标签、扎堆结婚、交通信号灯、特权车限行、股市行情、楼市状况、火灾、犯罪等话题投入较大关注。

而《新闻1+1》则因为央视新闻频道的定位，其新闻选题的呈现非常宏观、丰富，一般选择的均为"社会难点、网络焦点、受众热点"，选题均为在全国拥有足够影响力的话题。

2. 新闻评论力度不同，嘉宾是否选用表现不同

《九点半》新闻评论的主要呈现手段是以主持人涂磊在新闻事实表现完毕之后的"点评"为主，观点与评论相结合，时间比较短，一般为几十秒到1分钟，评论的原则基本保持的是"点到为止"，不扩大、不延伸、不类比。

而《新闻1+1》新闻评论的核心是以2~3分钟的短片引出话题，节目的核心是由分析、梳理、观点、评论完成，每期节目选用一到两位嘉宾参与话题，或是以演播室谈话的方式，或是以电话连线方式展开话题，节目的观点主要是以嘉宾的观点为主，节目基本是以"主持人引题""嘉宾谈观点""短片辅助事实""多种电视手段表现"构成，其中评论嘉宾是整档节目的核心构成，嘉宾可能是事件的当事人或者权威研究者，新闻事件的发生发展影响着谁拥有"发言权"。

3. 节目整体表现形式不同，节目整体呈现各异

《九点半》作为一档民生新闻栏目，新闻评论只是节目的特色，节目

还承担着"大信息量""广关注""符合本地民生"等其他诉求,因而节目的选题宽泛,囊括当天全天本地发生的大事小情,节目并不是以"观点"为核心诉求,整体表现还是归于民生新闻栏目,不过因为主持人的口头评述的特色而使得《九点半》拥有评论的"亮色",节目也因为版块与版块之间的节奏和分割更符合"杂志"的结构表象。

电视新闻杂志节目的优势就在于"杂",即丰富的信息量和有层次的内容,能满足不同受众群体的喜好和需求。但是,《九点半》同一档栏目中呈现出了多个主题、多种风格的内容很容易导致编排上的杂乱。要保证节目杂而不乱,做到杂而有序且中心突出,处理好各版块之间的相互关系,难度比较大。

而《新闻1+1》则是完全以"评论"为基本结构,在节目设计上直接采用了"以事实阐释观点""以数据表明观点""多方引申观点"等多种手法来体现倾向性,破解上文谈到的"社会难点""网络焦点""受众热点"等选题点。

《新闻1+1》的评论主要包括三种:一是对事件产生原因的深入挖掘,比如节目"真相,怎么可以掩盖?!"等;二是对各种事件产生的反应进行分析与梳理,化解负面的情绪,寻求正面的解决之道,如节目"校车事故?还是教育'失顾'"等;三是直接对社会热点事件进行评论,进行深度分析,如节目"'房妹'曝出的,不仅仅是房子!"等。在《新闻1+1》中,新闻当事人或者经历者不是访谈的重点,他们只是在介绍或者采访中出现,简单地对事件进行介绍,真正在演播室与主持人进行评论的是新闻评论员或者相关领域的专家或者权威人士。因此,事件本身并不是重点,而是由头,从这件事情开始,通过分析网友或者其他媒体的评价,让观众明白问题的真正根源,如此逐层剥笋,层层深入,在分析中表现出自己的观点,而不是简单地在事件的某一点上纠缠。它与其他一些评论节目的最主要不同在于重视评论的深度与多角度，而不是事件的讲述以及细节的追究上。

对网络议题的评论公开透明，就事论事，有理有据。网络无疑为各种阶层的利益群体制造舆论，构建社会语境提供了场所，并最终影响传统媒体的议程设置。由于网络身份的隐藏性，导致话语的非理性和群氓性，传统媒体特别是电视媒体大都不会介入网络议程，《新闻1+1》正是突破了这一樊篱，把一个个网络议程上升为公共议程，实现网络议程与传统议程的对接，在传播对象"分众"的背后满足群体的"聚众"需求。

结语：电视新闻评论类节目主创人员凭借自己的经验、学识与智慧，从新闻本身出发，旁征博引，综述分析，抽离、架构出全新的事理体系，帮助人们过滤掉各种无益甚至有害的信息，并综合运用电视手段，不仅为观众呈现了新闻的冲击力、现场感，满足观众对某些新闻的知情权，同时配发权威背景解读、趋势预测以及多方观点，深入真相与内幕，实现新闻信息和价值判断最优化。因此有学者认为，电视评论类新闻节目可同时承担"信息管家""时事顾问"以及"意见领袖"等多重的作用，且已成为新一波电视媒体竞争中能否胜出的法宝。凤凰卫视新闻评论员曹景行曾经说过："作为媒介最大的竞争就是解释权之争。第一解释权可能要比它的解释更重要。评论其实也有一个时效性问题。一件事情发生了，谁的解释快速准确，就可以注定它的解释权的权威。"如何将电视新闻评论做得深刻、及时、权威，争夺对新闻的第一解释权，央视和省级各评论类节目都还有很长的路要走。

《从〈九点半〉与央视〈新闻1+1〉的比较看电视新闻评论节目的发展》比较典型地采用了水平比较法，评议的对象是浙江电视台钱江都市频道的新闻评论性栏目《九点半》，选择了中央电视台名牌评论栏目《新闻1+1》作为电视评论节目标杆。在《九点半》栏目基本情况介绍和现实表现描述之后,重点从两档栏目的共性特征和个性特征两个方面进行了对比分析,虽然并没有就《新闻1+1》的可借鉴成功经验提出改进建议,但是于对比中就电视评论不同表现方式,已经作了较为详细的分析。因为标杆选择具有公认性,所以作出的对比也就具有较高的比较性说服力。

广电新媒体集纳式新闻编辑产品开发的多种尝试
——绍兴广电《新闻早餐》、金华广电《八婺新闻眼》
和衢州广电《早安衢州》比较评析

随着广电媒体融媒转型步伐的加快,全省各市级广播电视台已普遍建立起以新闻客户端为主体、微信公众号和微博为两翼的新媒体平台架构。各台在确立和实行新媒体首发、快发机制的同时,利用广电新闻采编原创的优势,积极尝试开发适于广电新媒体平台投放的集纳式新闻编辑产品。绍兴广播电视台在视听绍兴微信公众号推出的《新闻早餐》、金华广播电视台在无限金华客户端推出的《八婺新闻眼》和衢州广播电视台在无限衢州客户端推出的《早安衢州》,就是三个颇有特色的新媒体集纳式新闻编辑产品。为了进一步引导此类编辑产品的开发,我们就上述三个产品进行比较评析,为各地进一步开发提供启发。

一、集纳精编 适于新媒体用户接收

考察三个新媒体集纳式新闻编辑产品,普遍具有信息高度集纳,以精编的优势,把前一天或当天的要闻"打包"成几分钟就可以快速浏览或收听完成的微产品,十分适合于新媒体用户利用碎片化的时间片段接收。

三个同类产品中,绍兴台《新闻早餐》精编新闻条数最多,编辑得十分简短。每次推送有绍兴本地新闻8条、国内新闻5条、国际新闻5条、文体

财经新闻和生活小窍门4条,加上当天气象和结尾处的每日一句话"清晨感悟",总条数达24条。《新闻早餐》以"时讯百味炖煮,品味气象万千"为创意,分别把绍兴本地新闻、国内新闻、国际新闻、文体财经新闻和生活小窍门四个版块命名为《绍式煮三鲜》《番茄炒鸡蛋》《红酒烩牛排》和《麻辣水煮"娱"》,每条新闻字数控制在100字左右,最短的只有30多字,以关键词引领,配有相关的图片。这么多条数的新闻集纳,据同步推出的语音版,用户只需6分半钟即可完成浏览或收听。

《八婺新闻眼》是由金华广电融媒体中心打造,无限金华客户端独家上线的一款集纳式新闻产品。从新闻来源看,《八婺新闻眼》取材广泛,以金华台的自采新闻为主,同时搜集其他各级各类媒体有关金华的新闻报道,单期字数控制在1300~1500字左右,篇幅为5~6条新闻,一般用户三分钟左右即可快速浏览完毕,接收效率很高。

衢州广电《早安衢州》同样也十分简洁,每日推送分音频新闻和图片新闻两个版块,当日气象文字之后,音频新闻以2分半钟的时间播报6条衢州本地新闻,2~3条图片新闻则以出行、医讯等服务性内容为主。

二、音视图文　发挥新媒体全介质优势

绍兴、金华和衢州广电的三个集纳式新闻产品,都较好地发挥了广电母媒的音视频特色,以新媒体兼融音频、视频和图文全介质的优势,方便用户接收和消化新闻内容。如衢州广电《早安衢州》的两个版块,宜听则听,宜读则读,如4月20日和21日分别推送的《荷花中路限行》《市区电动自行车开始续保》两条图文新闻,就有各个方向的绕行简版地图图示和各保险网点地址表,较好地考虑了新闻客户端用户的适用需求。绍兴广电的《新闻早餐》则给了用户两种选择——听或者看,收听的话快速便捷,浏览的话则图文并茂,一目了然。金华广电《八婺新闻眼》采取短段落、多

图片的方式，合理控制版面密度，符合新媒体阅读习惯，同时根据需要与音视频相结合，大大丰富了报道形式。特别是视频素材的切入，或某一场景片段，或某一关键性采访，增强了集纳式编辑产品的视觉传播效果。

三、适时推送　把握新媒体用户接触时机

此次比较评析的三个新媒体集纳式新闻编辑产品，绍兴广电《新闻早餐》和衢州广电《早安衢州》都选择在早间投放，分别于每天6时和6时30分推送。金华广电《八婺新闻眼》选择在下午下班前时段投放，于每天16时至16时30分之间推送。绍兴和衢州广电的产品推送时段选择于早间时段，适于用户在起床之后和出门之前接收，语音播报方式也较适合于用户洗漱和早餐时的伴随性收听，在出门之前，了解前一天的本地要闻，以及国内国际新闻等。快速浏览也比较方便，同时与广播的早高峰节目错开了时段。金华广电《八婺新闻眼》每天推送的时间段，从内容提供来看，正是各路记者下午采访归来之时，可以集纳到当天最新的新闻，时效性较有保证；从用户接触时机来看，是机关等单位下班前的一小时，相当一部分用户忙碌完一天的工作，稍有时间空档浏览新闻，又与晚间的电视新闻错开了时段，因此，也是一个较为理想的推送时间。可以说，三个产品的推送都较好地把握了新媒体用户的接触时机。

就目前新媒体新闻产品的发展趋势，除了单条新闻的首发、快发之外，吸取广播、电视新闻节目集纳性强、编排条理清晰等传播优势，进行"微"化处理，开发更适于新媒体平台的新闻编辑产品是一种十分有益的尝试。今年3月全国"两会"期间，浙江新闻客户端每晚20时准时推出《全国两会整点播报》，每天5分钟集纳播报"两会"要闻，取得了十分良好的传播效果，多期创造10万+的点击量，最高一期点击量超过43万次。但就绍兴、金华和衢州广电的三个集纳式新闻产品来看，有两个点击量还不是十

分理想。比较而言，《八婺新闻眼》点击量最高，每天点击量达2.3万次左右，最高可超3万次，成为无限金华客户端点击量最高的栏目之一。《新闻早餐》每期点击量一般在8000次左右，最高超过1万次。《早安衢州》推出时间不长，点击量也较少，点击量一般在2500次左右，最高接近3000次。比较三个产品的不同传播效果，《八婺新闻眼》之所以相对收获颇丰，缘于这一产品由一位有着二十多年广播新闻采编经验的老编辑操刀，新闻内容选择和标题的二次编辑也十分精到，较为符合新媒体的传播调性。同时，这一产品巧妙安排推送时间，做足金华本土元素文章，时效性强，给人以一种"新闻抢先看"的捷足先登感，也增强了吸引力。此外，无限金华客户端还在首页页眉位置对《八婺新闻眼》进行了滚屏推荐设置，也起到了较好的推广作用，并方便用户浏览。而《新闻早餐》虽然编辑制作用心，但时长略长，又局限于微信公众号平台，较多受到用户总量的制约，《早安衢州》则主体只有语音播报，信息量仍显单薄，首页也缺乏推荐，因此都还难以发挥较大的影响力。

市级广播电视台新闻客户端原创首发新闻总量有限，微信公众号推送次数也受到限制，因此，开发每天定时推送的集纳式新闻编辑产品投放，虽然可能不会是点击量最高的"爆款"，但却可以形成新媒体平台上新的"约会机制"，吸引并留住相对稳定的用户，值得各级广电媒体在新媒体建设中进一步深化实践探索。

随着传统广电媒体融媒转型发展步伐的加快，各市县级广播电视台普遍建立起"两微一端"新媒体平台。但是很多的传统广电媒体在运行新媒体平台的时候，习惯于广播电视节目的整体平移和投放，如何更好地开发好新媒体新闻产品，特别是发挥广电新闻采编原创的优势，尝试开发适于新媒体平台投放的集纳式新闻编辑产品是一种全新的尝试。根据广泛的浏览和观察，视听评议人员发现绍兴广播电视台视听绍兴微信公众号推出了《新闻早餐》、金华广播电视台无限金华客户端推出了《八婺新闻眼》、衢州广播电视台在无限衢州客户端推出了《早安衢州》，就是当时浙江省内仅有的三个新媒体集纳式新闻编辑产品，都是由市级广播电视台开发生产，产品都具有音视频特色，都在新媒体平台投放，具有同类性质和可比性，评议人员就抓住这三个新媒体集纳式新闻编辑产品进行细致的异同特点比较，特别是异中求同，归纳出此类产品取得良好传播效果的共同经验和规律，提出了打造"新媒体平台上新的'约会机制'"的理念，为传统广电媒体在融媒传播实践中更好地开发新媒体集纳式新闻编辑产品提供了启示。

三、综述法

综述法又称文献综述法，就一个研究课题或某一专题研究内容搜集大量相关资料，通过分析、阅读和梳理、概括，提炼当前课题、专题的最新进展或观点，作出综合性的介绍、阐述和整体现状评价、评估。"文献"可以是文字、图片、符号，也可以是音频、视频等文本资料，"综述"则是在综合、概括、总结的基础上进行描述和评述。视听评议搜集的文献往往是音视频资料，需要进行集中的收听收看和分析研究。运用综述法开展视听评议，往往用于广电行政主管部门抽查、考核或评奖之后，需要对整体的考查结果作出梳理和评述，以评估、把握整体现状，总结经验并表扬先进，指出问题并激励后进。综述法也可以是评议人员自己确定选题，进行某一方面的专题研究与分析。相对于以往，随着新媒体的发展和传统广电媒体的融媒转型，无论是广播电视节目还是新媒体视听传播内容都在新媒体平台上投放并保存较长的时间，因此，音视频资料的搜集也更加方便了，开展综述法的视听评议也更便捷了。

视听评议：机制、尺度和方法

下面以2015年5月浙江省新闻出版广电局组织开展2014年度浙江省广播电视创新创优栏目（节目）评选之后，所撰写的综述评议《以龙头栏目创新创优，带动整体品质提升与结构优化》为例，就综述法在视听评议工作中的应用进一步进行案例说明。

以龙头栏目创新创优　带动整体品质提升与结构优化
——2014年度浙江省广播创新创优栏目（节目）评选综述

5月中旬，省新闻出版广电局组织开展了全省广播电视创新创优栏目（节目）评审工作。经过综合评审，浙江之声《新闻直播室》、温州电台新闻综合频率《温广新闻调查》等10档栏目获得2014年度广播创新创优栏目称号。

本次评审，省市电台申报2014年度创新创优栏目27档，推荐2015年度创新创优重点培育栏目37档，申报数同比持平，推荐培育数同比增长27.6%。

一、创新创优亮点

（一）新闻类节目以扎实的采编作风取胜

此次评审中脱颖而出的新闻类栏目（节目），无不以扎实的采编作风成就了优秀品质，并且以对自己频率定位的立足和坚守，成为带动广播整体品质提升与结构优化的"龙头"节目。如浙江之声的《新闻直播室》，定位于关注热点新闻人物，评论热点话题，集热点追踪、重大政策解读、新闻评论和新闻访谈于一体的深度新闻节目，热点引导作用发挥明显。历经一年的培育，2014年连续在省级政府奖和省广电集团新闻季评中获奖，先后获得浙江新闻奖一等奖、全省播音主持作品奖二等奖和省广电集团季评新闻访谈、热点引导类广播作品一等奖。报送代表作品紧紧抓住社会热点、焦点，选择独特视角，发布权威解读，提供多元观点，客观、权威、深刻，可听性较强。温州电台新闻综合频率的《温广新闻调查》，是一档全年坚持日播一小时的舆论监督类节目，秉承"独家新闻、独立调查"宗旨，坚持每天播出一个新闻深度调查报道，并且做到"其中95%为本地题材，95%为舆论监督"，收听市场占有率高，在2014年度全省市级广播主频率深度调查类、评论类节目抽评中获第一名，栏目组曾先后荣获"浙江省青年文明号""全国职工职业道德建设先进单位"称号。绍兴电台新闻综合频率的《心贴心·走基层》是《绍广早新闻》常年开设的主题宣传子栏目，两年来先后推出了"春运故事""一线报告""劳动故事""美丽乡村行""我的水城我的河""小微企业调查""我随代表委员访民情""寻找转型升级好榜样""同走母亲河"等10多个主题的新闻行动，播出系列报道250多篇，在绍兴形成了较好的影响力，多次受到绍兴市领导的批示表扬。

（二）社会活动成为广播创新的一大亮点

此次评审，省广电集团的各个广播频率申报项目中，交通之声的"爱在后备厢"和城市之声的"微笑私家车"两个社会活动被评为创新创优栏目（节目），培育名单中，浙江新闻广播的"中国FM创新科技节"和城市之声的"古镇民谣音乐节"入选重点培育栏目（节目），社会活动成为省级台开门办活广播，创新广播运作的重要突破口。

"爱在后备厢"是交通之声跨媒体合作的品牌公益活动，联合了钱江晚报、省阳光教育基金会、滴水公益组织等，以私家车后备厢为载体，通过广场义卖等形式，迄今已为贫困山区的孩子及学校募集助学助教资金及物品价值400多万元，2014年荣获省政府颁发的浙江慈善奖；城市之声的"微笑私家车"已成功举办"梦想操场""梦想书库"等多个主题公益活动，社会公益捐款累计已达200多万元，频率获得了"希望工程20年公益杰出伙伴"的荣誉称号。而入选培育名单的两个社会活动，或者以线上线下联动的"科技秀"吸引众人目光，或者以接地气的"古镇民谣"让人为之陶醉，其创新亮点令人期待。

（三）惠民服务既讲实效也有创新

杭州电台交通经济广播周一至周五播出的原创栏目《惊喜躲不开》，着实让评委们为之感动。节目形式类似"真人秀"，听众通过微信公众平台报名，主持人从中挑选较好的素材，注重挖掘主人公身上的亮点设置核心主题，进行策划和录制，从故事展开，为委托人送上惊喜，全程真实呈现，不加虚构，使每一位听众心底有所触动。据悉，这一节目在杭州移动广播收听市场中，平均市场占有率达到30%，最高市场占有率达到35%。唯有真实最感人，这一栏目的"惠民"亮点不仅在于为委托者送出了"惊喜"，更是发动了更为广泛的听众参与到了互相帮助的队伍中来。

二、不足之处

（一）主题典型宣传，创新创优培育工作不力

此次宁波、舟山电台的新闻综合频率分别以《宁广早新闻》和《舟山早新闻》申报主题宣传类创新创优栏目或培育对象，评委们普遍认为，类似这两档的综合性新闻节目，与创新创优10个方面的对应性差。而杭州电台西湖之声报送的主题宣传创新创优培育栏目《这里是杭州》，是每天10个整点的1分钟市民4G连线报时，湖州电台新闻综合频率报送的主题宣传创新创优培育栏目《105夜新闻》，是每晚8点半的梳理点评类节目，没有湖州的本地新闻，评委们认为都与真正的主题宣传创新创优培育栏目有一定的距离。

（二）"碎片化"成广播综艺"杀手"，广播综艺品牌几乎全军覆没

几档挂着"综艺品牌"牌子的栏目，无不为"碎片化"的栏目运作方式所累。像温州电台音乐频率的《善良的晨阿土》、金华电台交通音乐频

率的《信不信由你》、衢州电台交通音乐频率的《我叫"张小杨"》三档栏目，几乎都拿网络新闻进行改编演绎。尤其是《信不信由你》，介绍说"用一种类似于民间聊天、侃大山的形式把平面的新闻立体化"，属于典型的新闻娱乐化表现。

（三）热点引导"无引导"，"脱口秀"要加强原创和把关

此次评审中，还有一个现象需要引起重视，就是一些贴有"热点引导"标签的广播栏目原创性差，甚至以"脱口秀"的形式擅评国际问题，涉嫌违规。像绍兴电台音乐频率报送培育栏目《王小拐的朋友圈》，虽然以"绍兴话四级考"等特色内容以及对手机微友的"黏性"开拓有所出新，但如果作为热点引导类创新创优栏目来培育，则显然有"大杂烩"之嫌，热点引导的原创性不强；而嘉兴电台城乡生活频率的《常悦说》，推荐的是热点引导类培育栏目，但代表作品中对中国与周边国家之间的关系"侃侃而论"，看似要突出原创性，但容易在导向把握上滑边。

（四）"人文精品"形式陈旧，创新还须加强培育

此次另一令人感到遗憾的是人文精品类栏目。杭州电台西湖之声报送的《悠悠的杭州》是每档3分钟的"插件化"小栏目，每档说一段杭州的景点历史，湖州电台新闻综合频率报送的《湖州新山海经》，丽水电台交通音乐频率的《一路上有我》，无不手法老套，形式陈旧，无从感受到创新之处。因此，各台的"人文精品"类栏目，还需要着力加强创新。

三、几点建议

（一）立足定位，着力龙头栏目的创新创优

要从优化广播频率布局和栏目结构优化的角度，提高对广播栏目创新创优工作意义的认识。各个专业频率需要立足于自身频率定位，着力于整频率中具有"龙头"地位的创新创优栏目培育。对照省委宣传部、省新闻出

版广电局联合下发的《关于开展广播电视节目创新创优综合评价工作的实施意见》（浙宣〔2013〕89号），文件所界定的主题宣传、典型宣传、热点引导、应急报道、舆论监督、新闻评论、惠民服务、人文精品、综艺品牌、社会活动等10个方面中，可以与新闻类节目内容对应起来的就占了六成。强化新闻传播力和舆论引导力，是广播主流媒体的主体责任，因此，省市两级广播新闻综合频率及其所开办的新闻类节目理应成为引领全省广播栏目创新创优工作的"龙头"。要细化创新创优工作目标，立足浙江和各市的创新性主题，培育出主题宣传、典型宣传、热点引导、舆论监督、新闻评论等方面的新闻类优秀栏目，并且在与新闻宣传相结合的惠民服务、社会活动等诸多方面创出特色。其他专业频率也要结合自身专业定位，在惠民服务、社会活动、综艺品牌、人文精品等方面出新出彩、创新创优。

（二）着力原创，广播栏目创意模式研发需下真功夫

此次评审，深受评委好评的几档创新创优获奖栏目或培育栏目，无不在形态创新上让人眼睛为之一亮，展现了栏目模式研发上的独特创意，在模式打磨上下了很大的功夫。如杭州电台交通经济频率的创新创优获奖栏目《惊喜躲不开》和新闻评论培育栏目《针锋相对》，都创出了栏目模式，有着系统化的节目流程，确保了每一期节目播出的质量。《针锋相对》自2015年1月开播以来，每天选取近期有争议性的新闻事件，以不同观点的双方评论员展开辩论性的评论，同时利用微信参与手段，吸引听众参与互动，对新闻进行多元分析和解读，体现出了一定的创新活力。但参评的多数栏目只是将原有节目简单做个翻版或只做形式上的修修补补，鲜有新意。有些节目内容几乎都是网络拼凑，原创性很差，"口水化"现象明显。

（三）走出误区，广播综艺须回归"综艺品牌"正途

省市两级电台中，大多有以音乐或交通音乐定位的广播频率，而一窝

蜂似的"碎片化"节目运作方式，使得不少音乐频率开办的所谓的综艺节目陷入了"新闻娱乐化、脱口秀化"的误区中，有的市级电台甚至把新闻综合频率、交通频率的上下班早晚高峰节目作为综艺品牌栏目来报送，可见"误解"之深。希望走出误区，回归到"综艺品牌"的正途上来。

（四）加强把关，广播"脱口秀"化节目要加强规范

广播与新媒体、自媒体融合的直播化传播已是常态，广播节目主持人在享有充分的自主说话权的同时，也需要自觉地担负起"把关人"的职责，各台各频率的负责人更要肩负起加强把关提醒、审阅节目提纲的重要责任，在严守不擅评国际关系、不擅自采用未经核实的网络信息（尤其是微博、微信来源、未经核准的自媒体信息）等纪律要求的基础上，对自己的话语做到引导有方、把握有度，这也是所有的广播电视栏目创新创优的出发原点。

这一评议文章通过对浙江省新闻出版广电局组织开展的2014年度全省广播电视创新创优栏目（节目）的资料搜集和听看评议，从文件界定的主题宣传、典型宣传、热点引导、应急报道、舆论监督、新闻评论、惠民服务、人文精品、综艺品牌、社会活动等10个方面类别进行综述和评析。通过对省市电台报送的27档创新创优推荐栏目、和37档创新创优重点培育推荐栏目的认真收听和资料收集，从新闻、服务、文艺、活动的各个大类以及十项小类分类进行了细致的描述、评价，在此基础上进行综合性的评述，展示了浙江省当年度广播电视创新创优栏目（节目）评选活动中，全省省市电台送评节目的全貌，并且从亮点表现和不足之处两方面作出了整体评估和评价，最后提出了四个方面的改进建议提供给全省各级电台参考，从而较好地发挥了通报评选结果、引导各台进一步加强广播栏目（节目）创新创优的作用。

四、团队协作评议法

作为工作方法,团队协作评议法主要是着眼于大型评议活动的组织开展,而不是具体的评议文本构思和写作的方法。之所以专门把团队协作评议作为一种方法,主要是各级收听收看机构在寻求更具主动性的视听评议方式时采用的比较多,而且也有多种形态的积累。就目前各级收听收看机构采用较多的团队协作评议法主要有系列评议、团队协作综合评议和以"面对面"为特色的现场评议活动等。

系列评议可以针对某一件作品、某一个节目等,组织评议人员从不同的角度评议同一个对象,也可以针对某一类作品或节目栏目,每人各评一件作品或一档节目栏目。如2012年2月浙江省广电局向各级广播电视台和广电行政管理部门印发了《关于加强广播电视新闻立台工作的若干意见》(浙广局发〔2012〕15号),为了检验和评估这一意见一年来的贯彻实施情况,2013年2月浙江省广电节目评审中心即组织开展了"新闻立台"系列评议。2015年7月17日《中国好声音》第四季首播,CSM全国网收视率数据达2.72,CSM50城收视率达5.308,创这一综艺栏目2012年开播4年来首播全国网最高收视纪录。《中国好声音》不仅引发了中国电视荧屏综艺"真人秀"的热潮,也成为电视节目大片化制作的先行者。《中国好声音》第四季开播几周后,浙江省广电节目评审中心即组织专家对其进行了系列化的评议,连续刊出了《竞争优势明显 可持续性有隐忧》《以创新营造深度的观众参与和收视期待》《延续传奇 再创品牌声誉》三篇评议文章,剖析其传统优势和创新优势,指出不足,并提出推进节目可持续发展的建议。

相对于系列评议由多名评议人员分头执笔的方式,团队协作综合评议需要有一位评议人员综合执笔,同时必要时需要拟订专门的团队协作评议计划，就某一类节目栏目或某一主题性内容的浏览、发现与搜集，以及评议关注的重点和行文的方式等作出详细的计划，从而起到统一评议标准、规范评议格式的作用，确保所有参与的评议人员关注内容、标准和评议格式具有一致性，为综合执笔的评议人员打好基础，也避免因不同人员关注重点、评议标准和撰写格式的不统一，造成对同类评议对象同类问题指出的疏漏。

以"面对面"为特色的现场评议近年来越来越受到业界一线采编人员的欢迎，也是各级收听收看机构较多采用的评议活动方式之一。如宁波市新闻出版广播电视审读评议中心（原宁波市广播电视节目评议中心）2015年度创新性地开展现场评议活动以来，受到了所到广播电视台（中心）领导和采编播人员的大力欢迎。自此他们坚持了"面对面"的现场评议活动的开展，组织由学界和业界组成的评议专家团队，到各个县市区广播电视台，围绕某一主题现场开展收听收看和评议活动，评议专家边听看边作记录，在评议过程中既谈优点又指出不足，并给出改进的建议，多位专家以不同视角进行的现场评议，对于一线采编人员而言，不啻是一次"头脑风暴"式的充电，现场的答问还解决了他们具体采编过程中很多的疑问。2015年以来，宁波市新闻出版广播电视审读评议中心围绕时政性综合新闻节目改革、重大主题报道策划创新、庆祝改革开放40周年重大主题等选题，到各县市区广播电视台组织开展了走访式的现场评议活动，活动之后，由其中的某一位评议专家执笔形成综述评议文章刊发。

下面以2013年3月针对浙江省省会城市省市广播部分言评论节目所开展的团队协作评议和2016年宁波市广播电视节目评议中心（现宁波市新闻出版广播电视审读评议中心）组织开展的现场评议为例，就团队协作综合评议法和现场评议法的应用作进一步的案例说明。

坚守社会责任　追求有效引导
——省会城市省市广播部分言评论节目评析

近年来，省电台和杭州电台各频率播出的一系列言评论节目，成为广受听众关注的一大节目类型。这些节目以个性化的主持形式，或梳理盘点新闻资讯，着力新闻事件解读，或勇于担当舆论监督，强力声援民生诉求，或借助与新媒体的融合，创新广播言评论的特色，赢得了广泛的社会影响，也成就了一批广播言评论的品牌节目和颇具知名度的主持人形象。为了更好地把握省会城市省市广播言评论节目现状，总结成功经验，分析存在问题，并提出进一步办好广播言评论节目的建设性意见，3月下旬，省广电局评议中心约请部分评议专家，对省级电台浙江之声《方雨大搜索》、交通之声《93酷评》《安皓开讲》和民生资讯频率《民生第一线》，杭州电台新闻广播《博闻天下》、杭州交通经济广播《我的汽车有话说》《我和e哥有话说》和杭州西湖之声电台《新闻八卦掌》八档节目3月下旬（20日至31日）播出的内容进行了认真的收听，并进行了较为系统、全面的评议。

一、省会城市省市广播言评论节目现状

从评议的八档节目主持形态来看，省市广播言评论节目都十分重视个性化的主持人形象和各具特色的节目话语风格打造，大多个性特色鲜明，一些节目如《方雨大搜索》《安皓开讲》直接以主持人播名命名，另有一些节目名称中，冠以了"酷评""八卦掌"等个性鲜明的"标签"，节目名称识别度高，主持人话语风格个性突出，浙江电台民生资讯广播《民生第一线》主持人叶峰、浙江之声《方雨大搜索》主持人方雨和杭州电台交通经济广播《我的汽车有话说》主持人于虎等已经成为浙江广播界的名主持。

第四章 视听评议的方法

从内容上分析，仔细辨析八档广播言评论节目的题材、内容选择和分别侧重于调查、叙事和评论的话语类型区别，大致上可以分为维权监督、资讯梳理和个性评论三大类别。

一是重热线投诉和真相调查，以维权监督为特色

这一类节目以浙江电台民生资讯频率《民生第一线》和杭州电台交通经济广播《我的汽车有话说》为代表。

《民生第一线》于2010年浙江电台流行音乐广播FM99.6全新改版为民生资讯频率时推出，由曾获中国新闻名专栏《浙江第一线》主持人叶峰担纲，每周一至周五早7：00至8：00播出，时长一小时，节目以"弘扬社会正义、倾听民众心声"为主旨，以广播言论、记者调查、深度追踪、与听众互动等形式"关注百姓、关注政府、关注社会"。如今年的民办初中招生问题社会关注度高，民众疑虑和担心最多，节目以"记者调查"方式，介绍了几所学校的招生细则和具体实施方案，还播放政府主管部门宣布招生政策以及保证落实的四个严禁等措施，这对于消除公众疑虑、推动政策的进一步落实起到了较好的正面宣传作用。又如3月26日，在评论温州乐清市对群众不满意基层站所挂黑牌警示时，点名批评杭州黄鱼车问题久治不愈的现象，一针见血地指出运管部门也应该挂黑牌。3月27日，在讲到李克强总理关于做好政府工作的六条要求时，主持人联系自己前一天发现萧山区义蓬街道办公楼非常气派，办公室很豪华，但一天只上六个半小时班，而且面对记者质疑，有关人员态度恶劣的问题，进行了曝光和严厉批评，指出政府机构的一点一滴都关系到作风和形象。同时，还及时打电话给萧山区委有关领导反映情况。

《民生第一线》始终把认真倾听民众心声、关心民生诉求作为主要内容，通过多种方式为民排忧解难。节目每天都会接到不少热线电话，对一些反映集中的共性问题，作为重点话题探讨。消费维权一直是热门话题，

也是节目中接到热线最多的内容,为此,节目选取了今年"3·15"期间听众反映比较强烈的中国电信霸王条款问题作为主题,从杭州一中国电信用户被错收1000多元但电信不退现金,而是把钱退到卡里的强制消费说起,切入近日影响较大的温州小灵通信号差和1.5万户用户被动转网产生的问题,派出记者赴温州实地调查,与温州当地和浙江省电信部门沟通,然后连续五天在节目中与听众互动讨论,探究事实真相,进行评点,使这一问题初步得到解决。

杭州电台交通经济广播《我的汽车有话说》开播于2005年,每天中午11:00至12:30播出,以"咨询投诉、黑幕曝光、品牌团队、第一维权"为口号与宗旨,节目组建了自己的维权团队,每期节目由三位记者组成,力求"还原第一现场、讲述亲历细节",为广大汽车消费者解决困难,打通维权通道。主持人于虎更是以犀利和直率的风格得到听众的支持。每期节目接听车主的投诉和求助,涉及不同车型的维护保养、事故理赔、维权障碍、故障咨询等,有选择地进行相关社会新闻的播报与评论,同时通过微信网友爆料环节来传递实时的交通路况信息和突发事故,为驾车途中的车主提供便利。例如在3月21日播出的节目中,接听并处理了沃尔沃漏油、本田雅阁后视镜掉落、斯柯达明锐车辆抖动等问题的投诉热线。

二是重归并串联和盘点分析,以资讯梳理为特色

这一类节目以浙江之声《方雨大搜索》和杭州电台新闻广播《博闻天下》为代表。

《方雨大搜索》是浙江之声的一档新闻"脱口秀"节目,开播于2011年,主持人方雨是中国"金话筒奖"获奖者,每周一至周五早8:00至9:00,自称"小厨"的她就会兴致勃勃地给听众(主要是上班路上的移动受众)奉上亲手"烹制"的新闻"早餐"。方雨同时主持早一年开播的另一档新闻"脱口秀"《今日大热点》,在每周一至周五下午的17:00至18:00时

段播出。在这两档节目中，世界大事、社会热点、突发事件、身边趣事、新锐评说、独到观点，还有曼妙动听的音乐，内容丰盛。节目开办两年多时间，已形成一支忠实的听众队伍。

作为一档新闻"脱口秀"节目，《方雨大搜索》的播出时间被安排在早间重头新闻节目《浙广早新闻》和紧接的整点播报《新闻110》之后，当天最有价值的新闻已经被搜索几遍了，再重复，炒冷饭，肯定不行。为了与主新闻节目有所区别，常用的手法是"资讯播报娱乐化"，走边缘，说八卦，加娱乐。但《方雨大搜索》不走这条路。选题，坚持正面内容为主，"让受众了解更大的世界"。众人关切的国内外大事照说，只是说的角度、引的故事有别。3月26日说习近平主席在南非访问，巧妙引用习主席讲演中的一段话："有人说中国是高富帅，没错，是真的，但这只是一面，中国的另一面是还有大量的贫困人口，人均收入在世界排名第九十几位，是标准的发展中国家。"伊拉克战争十周年之际，3月21日该节目则用央视记者水均益在伊拉克的现场报道，反映人民对结束战争渴望和平的呼唤。同日，还说了美国总统奥巴马突访以色列，引用专家评论，透出有趣新信息。

近两年来，杭州电台在"新闻立台、评论强台"方面积极探索，在打造《连线快评》这一品牌评论节目的同时，又推出了一档深度解读热点新闻的大型评论节目《博闻天下》，周一至周五17：30至19：00播出，受到了业内关注和听众好评，今年3月在全省广播电视新闻奖的评选中被评为浙江省优秀广播新闻栏目。一般来说，消息类新闻和新闻评论，是性质不同、功能不同的两种体裁。《博闻天下》将这两种不同类型的体裁融为一体，既有对当天热点新闻的报道，又有对新闻报道的评析。具体做法是，在节目播出的过程中，先由女主持人推出一条新闻，接着由嘉宾主持人对新闻进行评论，即播即评。女主持人侧重对新闻具体事实的介绍，新闻评论主要对新闻事实发表观点和看法。整档节目实现了两种新闻体裁并驾齐驱，资讯和言论并重，叙事和说理的紧密结合。这种融合资讯与言论为一体的传播方式，突破了传统新闻节目制作理念，不仅改变了传统新闻节目形态，拓展了节目的功能和信息量，而且能让听众更深切地领悟新闻事实，有利于受众对新闻的理解，进一步满足听众对新闻信息和观点信息的需求。

三是重睿智点评和热辣酷评，以个性评论为特色

这一类节目以浙江电台交通之声《93酷评》、《安皓开讲》、杭州电台交通经济广播《我和e哥有话说》和杭州电台西湖之声《新闻八卦掌》为代表。

《93酷评》是浙江电台交通之声7：00至9：00播出的早间版块《93早高峰》中的一个评论性子栏目，时长约3分钟，选题侧重社会民生，主要围绕公众关注的热点、焦点问题，由特约评论员展开评论。《安皓开讲》是交通之声今年新办的一档新闻时评类节目，主要是对当天媒体报道的重要新闻事件进行回溯，并由主持人有选择地加以评点。时长约10分钟，在每天晚高峰时段18：30至19：00期间播出。这两档评论节目、栏目风格相近，共同的特点是表述简洁、语言犀利，有很强的冲击力。如3月23日播出的《安皓开讲》，针对全国多起"下水道吃人"事件，主持人引用法国大诗人雨果的话："下水道检验一个城市的智慧和良心。"进而引申说："下水道吃了人，全城都在找人，让我们看到了良心，可如何解决问题就需要智慧了。出了状况我们总是以非常的状况救急，这只是治标，救急过后，往往又缓下来，同样的错误不断重复，核心在于治标不治本的思想痼疾没有根除。"评论一言中的，一针见血。又如3月25日播出的《93酷评》，在讲到国务院机构改革的新闻时，评论员指出以往机构改革中出现的"怪相"，即领导没有下岗，人员没有减少，临时工却有增多。其中说到有的

第四章 视听评议的方法

职能部门出了问题,责任推到临时工头上,临时工成了政府的挡箭牌。评论强调机构改革要抽丝剥茧,绝不能走过场,观点尖锐、切中时弊,受众听了感觉很给力。

《我和e哥有话说》是杭州电台交通经济广播每天早7:30至8:00播出的一档新闻评论节目。常态节目由"时事评论"和"e哥有话说"两部分构成。"时事评论"每天选取6~7条热点新闻进行评说,有主持人的个性化点评,引入评论员点评,也有对评论本身的点评。内容大多为一事一议,短短几百字,能够一针见血地阐明事实本质,揭露批判丑恶现象。表达上注重运用生活化语言,经常夹叙夹议,通过生动描述新闻事件的现场,增加广播新闻的可视性,激发听众的收听兴趣。主持人还经常运用轻松幽默的语言来软化新闻评论的"硬度","点到为止"的幽默和讽刺常常发人深省。"e哥有话说"每天围绕一个国内网络新闻热点事件,由新华社动漫新闻评论节目主人公"e哥"进行犀利点评。

杭州电台西湖之声的《新闻八卦掌》开播于2005年11月,每周一至周六早7:00至8:00档中,与《1054早班车》一起连续播出。这一新闻评论栏目解读时事,针砭时弊,不拘一格,2008年曾荣获"浙江省品牌栏目"称号。《新闻八卦掌》的特点在于其平民视角、独立思考的原创性。作为资深媒体人,主持人黄老雷新闻涉猎面广,经验丰富,不人云亦云,不随便在网络上摘摘说说,大多数评论既有犀利的观点,也有深度的分析,还有适度的联想,说出了自己独到的见解。如3月29日谈到湖南湘潭85后副县长徐韬的"火箭提拔"引发争议,主持人凭着丰富的新闻经验联想到了同样地方同样性质的"湘潭神女"事件,拓展就较为精彩。谈到加拿大猪肉进口贵20元时,说"20元贵在环境",这一点睛之词也十分精彩。

从节目结构上看,除两档维权监督类节目,《民生第一线》是较为完备的栏目化广播杂志形态,除《我的汽车有话说》是"热线电话+直播"形态外，其他节目基本上都属于即说即评的"脱口秀"形态，只不过在述事和评论的篇幅比例上有所不同，在述事和评论的表达形式上各展特色，如《方雨大搜索》和《新闻八卦掌》是主持人边述边评，重新闻的拓展、归并和串联，夹叙夹议，在述的过程中时现精彩点睛之语，而《博闻天下》以播和评分开的形式，追求述得透彻，评得精彩。《93酷评》《安皓开讲》和《我和e哥有话说》则较单纯地以主持人热辣点评见长，语不惊人死不休，展示出"酷评"的特点。

二、省会城市省市广播言评论节目特色

1. 社会责任意识明确，社会舆论引导积极

言评论节目最能体现媒体的立场、观点，对公众具有导向性，对社会舆论具有引领性。省和杭州市级电台的这八档广播言评论节目都能够以明确的社会责任意识，积极参与社会舆论的引导，让节目的声音，成为助推人们健康向上积极前行的一种力量。在内容选择上，普遍较注重党和政府当下的工作重心和民生诉求，通过分析评论，使一些重大方针、政策透明化，对公众起到释疑解惑的作用。在评论深度的开掘上，能够突破单一事件和表面现象，从就事论事的浅显层面，上升到就事论理的深层思考，从而提炼出更具普遍意义的深刻的思想性。

如浙江之声《方雨大搜索》总是抓住有关国计民生大事下功夫，一样的话题，说出了不一样的效果。3月26日的"杭州开始整治交通大行动"、3月27日的"油品调价解读"、3月29日的"杭宁高铁7月投运"等，方雨都有比较独特的说法，既突出重点，又简洁明了。即使是有关资讯趣事花絮一类的选题，对价值观的把控也一点不含糊。如3月21日介绍"全美大学生男篮联赛掀狂潮的趣事"时，特别提到当年梁启超写信给儿子要做有情趣的人，既体现了导向，又融汇了一定的历史知识。

第四章　视听评议的方法

浙江电台民生资讯频率《民生第一线》立足"民生"定位，解读民生政策，及时传递政府声音。每期节目开始，除及时传播一些时政资讯外，都第一时间提供一些中央和省委省政府新近出台的与听众生活息息相关的政策，传递民生资讯，并针对听众的问题进行详细解读，特别是对一些惠民政策措施及时传递。如3月我省出台新规，两级医保人员入院前急救费不用先付现金再来回跑进行报销，可直接在接诊医院刷卡消费结算，节目当天即及时进行了报道和详细解读。对于杭州民众反映突出的交通拥堵问题，市政府出台了缓解的具体措施，一些具体做法与民众直接关联，节目迅速跟进介绍，让民众看到政府的行动，增强民众对问题解决的信心。对一些比较敏感的民生政策信息，节目采取请有关部门人员解答，宣传政府的具体措施，消除公众的疑虑。同时，《民生第一线》对新近出现的热点问题给予高度关注，直面民生热点，正面引导社会舆论。选题紧紧围绕社会普遍关注的重大民生问题，如腐败问题、食品安全、突发公共事件、环保、公共设施建设、交通整治、铁路票价、教育招生政策、法律维权、医保等。在对这些问题的关注中，不回避问题，敢于说真话，明辨是非。如一段时间盛传的重金邀请环保局长下河游泳，有环保局长说最该邀请的是市长。节目中针对杭州目前只有20%的河流可以游泳的问题，尖锐地指出这与江南水乡、国际旅游城市、世界文化遗产比让人汗颜。对近期食品安全中出现的问题如宇航村土鸡蛋造假、交通整治中民众反映的交通设施不合理、民办初中招生中出现的违规问题等，都直言不讳地揭露和批评。在揭露问题的同时，注意对社会舆论的正面引导。对一些社会反响强烈的民生问题，主持人不是一味附和，而是理性客观地分析，同时设置互动环节，在引导各种声音碰撞中，放大正面声音，如近期我省的严查交通违规风暴行动，社会上"杂音"较多，部分人抵触情绪较大，在节目中，主持人在理性分析交通拥堵原因的同时，特别突出对公众法规意识的引导，通过设置"我们应该怎么开车走路"话题,引导大家从自身找原因,增强交通意识;通过短信热线等方式请大家出点子,共同为治堵努力。如节目互动环节中有听众说自己开车两年一次也没违章,主持人当即表示,我们都应该向他学习。而对于一些情绪发泄的不当言论,主持人也注意理性引导,如有听众说"很多红绿灯设置不科学,这些人都是猪脑袋",主持人当即予以纠正和正面引导。

又如浙江电台交通之声《93酷评》对"国五条"房产新政的解读,既摆出了社会上的一些争议和说解,更有理有据地肯定这一新政的正确性,以及它的重大意义。3月26日《93酷评》中在评述南宁一名官员企图用权力、用金钱找人通关系抹去过去的犯罪行为时,评论员强调了这一新闻事件背后深层次的问题,即反腐要重视提升官员的法律素养,要懂得最大的权力也不能凌驾于法律之上,最"牛"的关系也不能摆平法律。再如3月28日播出的《安皓开讲》,针对中央出台的厉行节约,反对铺张浪费、公款吃喝,上有政策、下有对策的现象,主持人旗帜鲜明地指出,不能因为对策比政策多,就对中央的政策发生动摇,并对那些一意孤行、阳奉阴违的人作出警告:"是狐狸就会有露出尾巴的一天。"纵观这两档评论节目,有正气,有力度,有强力的舆论导向作用。

新闻评论的目的,不是为评而评,特别是批评性言论,更应该具有思想的力量和引导的作用,不能图一时解气,一味开骂。《93酷评》和《安皓开讲》两档节目还有一个明显的特点,就是落脚于建设性观点,或提出建议,或指出解决问题的途径和方向,从而推动问题的解决,促进职能部门工作的改进,社会风气的改善和社会文明的进步。如3月25日播出的《安皓开讲》,列举了杭州交通乱象和公众的怨声载道,主持人并没有一味地埋怨指责,而是强调了政府治堵的决心和措施,并且提出建议:在治堵方案出台之前,要开听证会,要与公众沟通,取得理解和支持。又如3月29

第四章 视听评议的方法

日播出的《93酷评》，在讲到落实国务院政府部门不得接受地方送礼和宴请的规定，老百姓担忧"一阵风"时，评论员有针对性地强调：要想彻底根绝地方公款送礼或宴请，关键是要靠法治，靠制度建设，要理清各级政府之间的关系，合理分配各种资源，要促进地方各级政府预算公开化，让地方政府无法用公款送礼宴请，听了这样的评论，使公众对政府增加了信心，看到了反腐倡廉的希望。

杭州电台新闻广播的《博闻天下》不仅评论题材丰富，对评论主题开掘的思想性也较为注重。从题材内容性质来分析，它涵盖了政治新闻、经济新闻、社会新闻、民生新闻、文体新闻、国际新闻等，形成了视野开阔、立体多元而不是平面单一的内容构成。这些不同题材内容的新闻，大多为公众普遍关注的热点新闻，新闻性和时效性兼具，特别是关系国计民生的题材内容，诸如教育问题、劳动就业、收入分配、社会保障、医疗卫生、食品安全、环保生态、社会管理等都成为优先选择的题材。同时，《博闻天下》注重传播主流思想和观念。如主动配合中心工作，通过对杭州整治违法交通的评述、杭州中小学招生细则和民办初中招生实施办法的解说，及时反映党和人民的意志与愿望，发挥舆论导向作用；通过对关系民生利益大事的议论和评说，传播以民为本、关心民生的理念，宣传党的十八大强调的"把人民放在心中最高位置"的思想，营造良好舆论环境，促进和谐社会建设；通过对乐清幼儿培训托管中心等重大社会问题的干预和评析，激浊扬清，从道德上引导舆论；通过对某些违背中央"八项规定"的客观理性评析，对提拔任用干部暗箱操作、信息不透明等问题的批评，让公众进一步看到了人民监督政府的重要性，只有完善监督机制，把公权力置于人民的监督之下，才能防治腐败与权力异化。通过对浙江高院宣告张辉、张高平无罪释放典型冤案的报道和评说，呼唤民主法制与公平正义，让人们从这一事件中再一次懂得了如何形成民意对法律的监督，对权力的制约，如何真正实现依法治国、依法行政、执法公正，让权力始终在法治的轨道上运行，是远远没有解决的问题，需要引起更大的关注，需要有更为根本的解决方案。

2. 观点独特语言辛辣，主持风格个性凸显

近年来，随着杭州乃至浙江全省汽车保有量的快速增长，广播的收听市场发生了巨大的变化。从居家收听到移动收听，广播主持人面临着更加激烈的竞争。如何在纳入杭州收听市场调查的13个广播频率（其中省广电集团广播频率7个，杭州市级广播频率3个，中央人民广播电台在杭州落地频率3个）的收听市场竞争中胜出？广播主持人的个性化锻造往往成为他在众多频率和节目中脱颖而出的核心竞争力，主持人往往通过在节目中表现出鲜明的立场态度、清晰的情感色彩、独特的语言方式、容易识别的声音特色，从而传达给听众以独特的形象。

首先是立场观点的个性化

随着广播在车载收听领域定位细分化的发展，广播面向特定收听对象的"窄播化"特点也更为明显，因此，评议的八档广播言评论节目主持人在大的基本立场上符合导向原则的前提下，其立场定位都体现了清晰的目标听众定位，从目标群体出发，习惯他们的视角，体谅他们的难处，考虑他们的利益，反映他们的心声。浙江民生资讯频率《民生第一线》主持人叶峰，长期从事舆论监督类节目采编主持，"民生"立场鲜明，他敢于揭露问题，针砭民生时弊，善于通过现象深入事件本质，注重以细节还原事实真相，说理逻辑严密，舆论监督有力度。杭州交通经济广播的《我和e哥有话说》在话题选择上，也敢于触碰社会热点敏感问题，如三公经费、养老金双轨制等，在观点呈现上，强调对新闻事件的个性化解读，从主持人犀利的个性化视角，大胆剖析新闻，大声说出意见。同一频率于虎主持的《我的汽车有话说》，内容定位为汽车人维权类节目，目标听众定位就是出租车司机等各类驾车人士，他的节目明显有着自己鲜明的立场，就是要为他的目标收听人群——出租车司机等各类司机说话。他站在"的哥"、"的姐"等驾驶人的立场上，对某些政府部门和以强势出现的4S店、保险公司及交警部门的服务质量提出严厉的质疑。有一位网民发帖这样评价于虎和他的节目："不管怎么样，你骂也好，赞也好，首先要承认他很红这个事实。……于虎的走红在某种程度上说明底层百姓的艰难，他们无力维权，只能借助媒体。媒体通过他们，也赢得了大众。"

其次是情感色彩的个性化

在当今传播加互动的形态下，听众的情感需求甚于以往。你是一位有血有肉、有爱憎情感的活生生的人，还是一位冷漠、无情、高高在上的人，听众都可以通过主持人的语言色彩，来做出喜欢还是不喜欢的判断选择。在新的收听环境之下，听众一再呼唤的就是广播主持人要说"人"话，这个"人"话，就是要求主持人有真实情感的流露，而不是只说一些永远正确的废话。还是《我的汽车有话说》主持人于虎，自称"杭州首席屌丝，行不更名坐不改姓"，话语风格以直率而犀利著称。如3月22日的节目中，主持人接听了苏先生对别克英朗车辆抖动的投诉，在评论时就说："今天你（汽车生产企业）不要面子，明天就有可能不要里子，后天你这个企业能不能在就是两码事了。我希望上海通用不要步江淮汽车以及大众汽车的后尘！""所以我们希望某些品牌某些4S店不要穿皇帝的新装……呸！我要不要吐你一脸花椒油！"——虽然最后一句作为情感表达太过强烈，但就对待被投诉的企业来说，这样的情感色彩已是十分鲜明。

第三是主持性格的个性化

广播主持人的思维方式、语言方式，都是其性格的外化表现。

个性脾气，人人不同，装腔作势，不如坦然呈现，否则，你就很难成为听众的朋友,也很难成为一个优秀的广播主持人。"你的观点,比男人软一点,比女人又硬一点。"——这条评价,是"粉丝"留给浙江之声主持人方雨的评价。听众都说,方雨这种兼具温情和知性又略带犀利的主持风格,很适合堵车路上听。方雨认为,主持人首先得成为一个思考者,点评要发力适当,要让更多思想者关注这个节目。方雨说,曾经有位听众告诉她,听她的节目不是要听她怎么骂人,而是要听到共鸣,会心一笑。很多事情听众有自己的判断,主持人没有必要大动肝火强加于人,非要端个架子出来。因此,她对自己的要求是,观点必须鲜明,但无须靠声音大小取胜,更不要摆出一副动不动就上火的架势。要为听众提供一些能让他们思考和放松的东西。如3月28日讲到杭州每天从高架路上捡到的垃圾达一吨之多,主持人"愤怒"了,说:"为什么要向车外扔垃圾?难道你心里没有一点不安?社会文明要靠每个人一点一滴做起。"几句批评,一声感叹,充满人性关怀,说出了大众想说的。"让我们做更好的自己"是该节目经常说的一个话题,追求真善美始终不离不弃。节目着力传播民间草根中的最美故事,感人至深。节目还有不少服务话题,为受众提供许多方便。

第四是声音特质的个性化

广播是声音的艺术,哪一门艺术都讲究丰富多彩、百花齐放,广播也不例外。而所谓的"风格各异"首先就体现在不同的声音特色上。在这八档言评论节目的主持人当中,方雨是唯一独担评论角色的女主持人,而她恰恰发挥好了女主持人的优势,模仿各种不同的方言,使得主持的声音更显个性和表现力。一位姓朱的听众说:"那天,方雨说的是揭露足球界的丑闻,把'足协'中心的两个贪官批得淋漓尽致。她善于运用语言技巧,能讲全国各地的不少方言。其中一个贪官是辽宁人,方雨操着东北腔,模仿起贪官的神态。全篇新闻被她播得活灵活现,把贪官的嘴脸演得入木三分……"其实,这样的"演播"已经暗含了评论的色彩。而其他几档节目的主持人，叶峰的声音彰显理性和克制，当然也有忍不住勃然大怒的时候；而于虎却时常"愤怒"，不喜欢和喜欢他的听众几乎一样多。不管怎样，正是他们各具特质的声音个性，让听众在众多的频率之中，一耳朵就能够听出是这一位主持人，从而作出听或者不听的抉择。

3. 平民视角平等对话，沟通真诚交流自然

这八档广播言评论节目的平民视角也十分清晰，以民生诉求有力地发起舆论监督，以平等交流的语言形态来引导社会舆论。

收听《方雨大搜索》，一开场，就有一种融入的感觉，没有距离，没有陌生。"你在路上，我在电波这端，偶然相遇，就这样一起往前行，让我们形影不离。""睁开眼睛，上班路上，我，小厨方雨将以最佳状态给你提供新闻早餐。""亲爱的朋友，请准备好自己的方向，让我们一起出行。"亲切、温馨的话语交流，不是单纯地我播你听，而是拉家常式的聊天谈心。一条新闻，主持人是如何看待，其他人有哪些看法，通过节目分享观点，共同了解世界的多面。如3月29日节目说起太子湾公园大批花卉被人为践踏的事，年损失一百万元以上，主要是两家婚纱摄影社和少数摄像者造成的。引述了公园管理者和志愿者的见证和观点。主持人最后点评说："想要自己美可以理解，但是你破坏了大家的美，也就很丑了，拍照的新娘要阻止摄影师对草地花卉的破坏。"问题指明了，方法给出了，点评也恰到好处。

《民生第一线》同样把自己融入民众，通过多种方式为百姓排扰解难。节目每天都会接到不少热线电话，倾诉各种民生诉求，如生活中遇到的社会不公、遭遇侵权，甚至是一些生活琐事，节目组都认真梳理，开展调查，联系有关单位部门协调解决。杭州新闻广播《博闻天下》的女主持和男嘉宾主持也有着平民化的主持特色，真诚、朴实、自然，让人产生可信的真实力量。评说新闻，分析问题，都能站在平民立场和公众角度，反

映民声，表达民意。这种平民化的主持特色突出地表现在语言表达上。女主持人语言具有大众亲和力。男嘉宾有比较扎实的理论基础和较丰富的知识积累，他的不少评论带给听众的不只是干巴巴的观点，还有一定的知识点和知识张力。更难能可贵的是，男嘉宾逻辑思维敏捷、语言组织和表达能力较强，他的评论是在无稿的情况下即兴发挥，采用的是一对一、点对点的人际传播方式，运用富有生活化和口语化特点的谈话体，就像和朋友、家人聊家常一样，讲真话，道实情，富有人情味，让人感到亲切、随和，不知不觉中拉近了与听众的距离。许多生动形象的群众语言、生活语言，常常脱口而出，一些典故、俗语也是信手拈来，运用得恰到好处，使得评论深入浅出，平易近人，亲切自然，理解起来也不费劲。两位主持人个性鲜明，配合默契，相辅相成，为栏目增添了人格魅力。

4. 多媒融合形态创新，互动多层角度多元

来自媒介市场研究机构的调查数据显示：广播的非居家听众以男性居多，占60%以上；以20~39岁的中青年居多，具有一定的学历并拥有稳定收入。这就是通常所说的相对高学历、高收入、高消费的"三高"群体，他们具有理解能力强、需求多元化、欣赏水平高的知性特点。同样，据浙江传媒学院新闻与传播学院广播节目创新调研课题组《杭州私家车主广播收听情况调查报告》：通过对杭州五城区洗车店、汽车4S店、公共活动中心等地拦访，每城区样本200~220，得到的样本特征为：中青年为主，年龄介于20~40岁；学历一般在大专以上；职业以企事业单位管理、个私老板、教师、医生、律师居多；收入水平在月收入3000~5000元；男女比例在2∶1。上述调研结果都表明，当今广播移动收听的主力人群与最活跃的手机上网用户完全吻合，这就为广播更好地与多种媒体特别是手持终端、网络媒体相融合，开展更加顺畅的多元互动提供了极好的便利条件。而评议所关注到的广播言评论节目也很好地发掘了广播这方面的优势，融合多媒体，创

第四章 视听评议的方法

建主流传媒与民间舆论相结合时代主流传媒与民间舆论相结合相交融的新渠道,并创造出了全新的节目形态,设置多层次的互动平台,吸取多元化的评论角度。

浙江之声《方雨大搜索》就设有"连通微世界""微信平台"等专栏,与网上互动的内容占有相当份量。网上最新热议话题常第一时间在节目中出现,运用多媒融合,让受众"倾听全世界每一分钟的声音"。节目利用微信平台,设置话题,引来众多网友参与。如3月26日,配合杭州整治交通大行动,节目请网友发表如何劝阻那些不听指挥乱闯红灯横穿马路的行为,多位网友给出了很好的建议。3月28日在微信平台,让网友说说淘宝购物是否买到假货的经历,很快就有7人在线上讲述自己的故事。节目主持人开设微博、微信,节目内外保持与受众的互动,听取网友对节目的看法,交流对当下社会热点问题的意见。还通过微博,组织众多网友参加社会公益活动,完全打破了以往新闻节目和听众的距离感。节目从多媒体中特别是网络互动中,及时掌握社情民意,捕获到有价值的新闻线索及新颖的观点理念,从而使节目更具针对性。此外,《方雨大搜索》还巧借流行元素,努力探索新闻新"说法",增强了节目的可听性。比如各条新闻之间的串联用旋律优美、主题贴切的歌曲衔接,植入经典歌曲的多条不同特色的宣传带在节目中巧妙穿插,主持人在说故事亮观点时,不经意间冒出几句当地方言,尽可能地多用新闻现场的原声,包括新闻人物的同期声和采访记者的播报,等等,实现了让听众"以听音乐的心情听新闻"。浙江电台民生资讯频率《民生第一线》也根据主题内容设置了听众热线、短线参与环节。

杭州电台新闻广播《博闻天下》与网络融合,将评论与微博互动。通过网络媒体寻找有价值的新闻信息资源,丰富新闻评论的内容。注重草根声音,开放微博、微信平台,通过微博、微信发动舆论参与新闻评论,深化了评论的广度和深度，扩大了评论的社会影响。多层次的互动平台设计，带来了题材内容的丰富性，也直接影响到新闻评论视角的多元化。从评论视角来看，可以把《博闻天下》新闻评论归纳为：解释型评论、启发型评论、劝导型评论、褒扬型评论、贬责型评论、建议型评论、警示型评论、质疑型评论等。这些不同类型的评论指向多元，不仅改变了传统新闻评论注重说教、功能单一的状况，而且使评论形式丰富、生动活泼，拓展了评论的社会功能，适应了现代受众利益多元、价值多元、信息需求多元的现实需要。如3月27日对"深圳最美女孩"假新闻的评论，从社会心理层面对这一事件进行条分缕析的解释和分析，提供了独特的观点和意见。认为，现实生活有太多的冷漠，人们总希望看到"人间自有真情在、人间自有好人在"这样的报道，于是造假者利用人们向善的心理乘虚而入，用"最美"一类的假新闻装点粉饰我们的生活，警示媒体和人们要自觉抵制假新闻。这一评论确实从另一视角挖掘出全新的、独到的观点。同样，杭州西湖之声电台《新闻八卦掌》在力求发出自己独到见解的同时，周末引入微信网友的言论也较为精彩。

三、省会城市省市广播言评论节目存在的一些问题

从集中收听收集的情况来看，这次评议的八档广播言评论节目中也发现了一些或仅存在于个别节目，或较普遍存在于某几档节目的一些问题。

1. 主持人情绪化表达，时现"语言暴力"现象

正如前文所述，一些极具个性的广播言评论节目主持人，不喜欢和喜欢他的人几乎一样多，褒贬之间，存在较大的争议。而这次集中收听，较为普遍的发现就是，一些主持人确实存在着情绪化表达的问题，主持过程中时现"语言暴力"现象，而这也正是这些主持人经常为听众诟病之所在。

第四章 视听评议的方法

　　《我的汽车有话说》主持人以说话直率、犀利著称，但在保持个人风格的同时也需要在平衡和多方尊重方面多加考虑。就对待被投诉的企业来说，3月20日的节目，车主投诉宝马、奔驰车内有异味影响身体健康，主持人评论厂家和经销商时说："你要没脑子，你还没鼻子吗！"宝马属于欧系车，主持人话锋一转，引申到"一些日系车，你好到哪里去了，今天你笑话别人，明天就是你，也好不到哪里去！"3月18日的节目中第三条投诉，郑先生的速腾车因为交通事故引擎盖破损，4S店和厂家都没有配件，始终得不到答复。主持人联系4S店经理后说道："你说这么大一个一汽厂家，从别的4S店借了一个机盖过来，你什么玩意儿你是一个啊，真是这两年一汽大众上海大众车都卖疯了，感觉好得不得了……要不是我们今年'3·15'曝光……他们的鼻子都能朝天！"就对待企业的客服人员来说，主持人也应该多一些体谅和宽容。在3月19日的节目中，主持人就戴先生所说的一汽森雅油箱晃动并能听到声音的问题联系了一汽的客服，工号为6019的客服人员没有听到主持人说话或者是没有及时回答，主持人便说："6019，你耳朵没问题吧！"在主持人报出自己的身份后紧接着继续说问题时，客服询问主持人贵姓，主持人回答道："前面打招呼时你一直'你好、你好'，我刚才讲了一串你又不听！"客服人员在主持人回答后说道："于先生是吧？"主持人说："行不更名坐不改姓，杭州首席屌丝可以吗！"再比如，主持人在劝说企业主对待投诉者时，经常说到"摆平就是水平"，作为一位广播媒体主播说的话，听起来总让人感觉与其媒体立场、主播身份不合拍。还有，在接听群众投诉反映交警执法不公时，主持人一番"如果交警有问题，我一定严查不放"等语言，口气之大，令人咋舌。

　　收听发现，《我和e哥有话说》节目也同样存在着"重情绪化表达、轻问题解决"的现象，节目时现情绪化宣泄语言，缺乏对事件的理性分析和问题解决办法的探讨。如3月27日的节目中一则关于"西安等地民众排队抢购天然气"的评论,主持人点评:"发改委的一则天然气涨价的'朦胧派'消息,真是引得老大爷没了脾气,引得老大娘很生气,引得老百姓昼夜排队气不打一处来。"评论最后指出发改委在关乎民生的事情上应提前和老百姓通通气,但据评议人员从新华网核实,3月25日以来,"4月天然气价格将上涨"的传言已在全国多地掀起一股抢购的风潮。尽管国家发改委和各地燃气公司都出面辟谣,但抢购风还在一些地方持续。而这次事件的直接诱因是某报刊的舆论误导。这一新闻评论的落点理应落在做好对群众的解释工作、引导群众切勿信谣上,而大篇幅对群众排队购气的描述和对发改委工作的批评,片面地迎合了社会上的负面舆论,不仅无助于问题的解决,还会加重群众的不满。

《民生第一线》节目在收听过程中,也发现了主持人激愤表达过多、有时带出一些不得体的"过头话"的情况。如3月20日的节目中,主持人在评论电信营运商的霸道时说道:"电信怎么可以这样不要脸呢?"类似过激的不得体表达在其他节目时间也有出现。如3月28日晚上,主持人路过上城区公安分局时,发现两辆警车违规停放,想进局里反映被保安拦下,后打电话给分局副局长,打了五遍才打通,而接电话的副局长态度不好,只是敷衍。第二天(29日)早上节目就以此为主要话题,在一小时的节目中,多次反复点着那位副局长的名进行批评评论。这种敢于直面问题的精神是好的,但整个节目听下来,主持人多次强调自己的主持人和省公安厅特聘交通监督员身份以及与那位副局长认识等细节,而且言词比较激愤,显得不够冷静,客观上给听众造成个人受委屈后泄私愤的印象。而且当天节目以这一内容为主题明显是临时变更,这种在没有事先策划准备的情况下的"快速反映",显得过于仓促,如果对这一问题进行一些充分调查了解,就当前确实存在的警风问题进行点评,批评就会更加有理有据,效果可能更好一些。

2. 内容选择有失偏颇，节目编排不够严谨

集中收听中发现内容选择、节目编排方面的问题主要包括负面内容集中编排，选题不接地气、外省内容过多、本省内容偏少以及编排不够严谨、精练等。

首先是负面内容集中编排，重丑恶、不公揭露，轻正面展示的问题。如3月25日《我和e哥有话说》的节目内容编排：

（1）国务院针对新一轮机构改革敲响警钟，机构改革有四种"换汤不换药"的怪现象；

（2）27岁"官二代"徐韬涉嫌违规提拔湘潭副县长；

（3）上海工作的白领一年不吃不喝才能换得上一块车牌；

（4）肯德基被诉公开11种神秘香料，暂未回应；

（5）专家说，超市里绑进口水果、蔬菜的胶带和粘贴的标签里含有苯和甲醛；

（6）"e哥有话说"：铁路票价市场化，如何避免只涨不跌，如何做到公正透明。

——上述六条内容，所评点新闻全是揭露批评政府不正之风、社会丑恶现象、社会不公现象的，看不到社会的阳光面。

其次是选题缺乏"接地性"和"延续性"。据评议人员粗略统计，《93酷评》和《安皓开讲》两档节目涉及的新闻事件有三分之二是省外内容，同时对重大新闻事件缺乏跟踪关注，缺少延续性。

第三是节目编排不够严谨、精练。收听中发现，《民生第一线》节目时长一小时，但有效信息量并不大。主要原因是过程过于冗长拖沓，有的内容主题并不复杂，但节目进行过程中相同内容重复次数过多，如温州小灵通用户转网中的问题，连续五天涉及并用四天作为主话题进行讨论，每

视听评议：机制、尺度和方法

天插播广告后、中间热线和插入短信后、翌日继续话题时，都反复复述事件来龙去脉、细节和重复前述观点，最多时一个话题重叠达五六次，而且有的并无新意，有时还插入一些与主题无关的话题，分散了主题。热线电话互动时重叠的相同观点和无关内容太多太乱，虽然增强了现场感，但却稀释了主题。内容过于碎片化，听众听起来感到太累，也给听众一种凑时间拉长节目的感觉。由于广播"稍瞬即逝"的特点，同一话题复述回顾前述内容是需要的，但应简练，择其要点和关键词，能让听众明白即可。从3月下旬收听的内容看，节目缩短为半小时即可。如仍保持时长，则应在简化浓缩的基础上充实内容。

同时，作为直播节目也要处理好即兴性和编排的严谨性之间的关系。前文所述《民生第一线》主持人在节目中即兴加入大量对上城区公安分局某副局长对其反映问题轻慢态度的批评，就直接破坏了节目编排的严谨性。《我的汽车有话说》直播过程也时现不够严谨之处，如3月21日的节目中，当事人为"高先生"，而记者在介绍沃尔沃发生的召回事件时说道"而丁先生的车子出现的正是同一问题"，对当事人的表述前后出现不一致。3月19日的节目中，关于一汽森雅油箱晃动并能听到声音的问题，主持人说完"听听记者张扬怎么讲"，随后出现了一段音频，为配有背景音乐的女声，而随后主持人再次请张扬介绍国内常用车型塑料油箱的比例时，出现了张扬的声音，为男声。同时，《我的汽车有话说》双休日播出精编版的编排也存有问题。这一节目常态播出为周一至周五每天11：00至12：30，周六、周日播出的是精编版，这个精编版是挑出周一至周五播出的部分节目组成拼盘，播出的时间要比平时短。拿出平日播出的旧闻，已经得到处理的投诉热线作为精编版再次播出，评议人员认为是不合适的。虽然在周末推出精编版，作为一周的总结，漏听的听众可以通过这两天精编版大致了解一下一周的重要投诉事件，但基于热线投诉类内容的特殊性，为了避免对被投诉对象在已经配合处理投诉后造成"二次批评",可以作出一些改进,如采取替班主持人接听投诉热线,或周六、周日节目改为对一周来接听热线的事件回顾和处理结果反馈等。此外,个别节目还存在对国际新闻,特别是一些敏感国际新闻擅发评论的问题。

3. 评论轻、浅,"随口荡荡",案头功夫和团队支持显不足

一些节目重述轻评,评点内容"避重就轻",缺乏有价值的信息量,评论话语轻、浅,缺乏力度和分量,显示出节目采编主持没有做足案头功夫,以及节目背后团队支持的不足。如《方雨大搜索》就存在重盘点、讲述,轻分析、评论的现象,尤其是重要新闻的点评,感觉缺乏力度和分量。有时评论过于简短也会影响听众的有效理解,如《93酷评》节目中,专家评论仅有1分钟时间,缺乏伸缩性,这对有些新闻事件的解读难以做到透彻清晰。

作为新闻评论,其首要任务是把基本的事实搞清楚,然后再有针对性地开展评论,对部门单位的公开批评尤要注意。《博闻天下》3月20日的节目,在谈到央视"3·15"晚会与何润东"大概8点20分发"的微博时,认为苹果公司似乎不存在售后服务歧视政策,并认为央视曝光苹果公司是"斧头砍歪了",是"强逼人家,牛不饮水强按头,是不是有点霸道",指责央视"3·15"晚会"为什么不去关注老百姓关注的问题,偏偏关注高端人群消费的苹果呢?",等等。苹果公司违反了中国的有关规定,对中国大陆消费者实行的售后服务歧视政策恐怕是不能否认的事实,评论没有必要为苹果公司辩护,对央视的批评是否也有不够慎重和片面的地方呢?

同时,作为主流媒体的言评论节目,在选择评论对象即新闻事实时,应该有一定的标准。有的新闻虽然有新闻性,可以报道,但是并不具备评论的价值,这是因为,一是新闻本身的价值和意义不大,不值得评论,二是缺乏评论的空间,不具备展开评论的条件。目前,时长90分钟的《博闻

天下》节目的评论对象中，有些就属于不具备评论价值的新闻，在评论力量有限的情况下，精编精评是其应努力的一个方向。

《新闻八卦掌》节目在主持评论的时候，还时见"随口荡荡"的现象，显示案头工作和前期准备的不足。如3月21日《新闻八卦掌》说到奔驰等品牌车内有异味，主持人用了"贵族式的谋财害命"，是啥意思？最后还说奔驰到了亚洲就带了"纳粹基因"，什么叫"纳粹基因"呢？两个概念纯属杜撰，"纳粹"一词也帽子太大。又如3月22日的节目评点凤凰古城收取140元门票，说是"地方政府有管理权，没有经营权"，这一提法也显然不够准确，地方政府当然要经营，至少人力、物力要地方政府去投入，凤凰古城的门票问题不是收费不收费，而是收多少的问题。最后的发问"古希腊人在干什么"似乎也扯得太远，是说古希腊文物多、保护好而且没收费呢？还是说没有保护好？和凤凰古城有什么关系？说此话的意图不明确。

4. 互动环节把关不力，存在对听众的情绪误导

个别节目对听众热线、短信参与等互动环节把关不力，存在着对听众的情绪误导。如收听中发现，《民生第一线》节目有的互动内容设置不恰当，互动环节中有时对听众的不当言辞也缺少把关。如3月29日的节目中设置的话题是主持人就公安分局门口警车违规停放向副局长反映后，"副局长会如何反应？请听众预测。"主持人的情绪也带动了听众的情绪，结果互动环节由对个例的"预测"，变成了对整个公安系统的声讨，除了一片骂声，没有一位听众正面预测，个别听众甚至说出"宁波的警察很坏"，有的还扯出与主题无关的"有多少警察在毁坏和破坏人家的家庭"等。互动环节设置的目的是引起各种观点的相互碰撞，集思广益，明辨是非，引导舆论。如果设置不当，就会成为一些听众不良情绪的发泄口和缺乏客观性的、一边倒的"吐槽"。因此，对一些敏感话题和导向性话题的设置上

要慎重考虑，对互动中的一些不当言论应采取措施予以把关。

四、对省会城市省市广播言评论节目的改进建议

1. 言评论节目要更加强调政治责任、社会责任和价值观导向

主流新闻媒体是党委、政府和人民的"喉舌"，评论和监督的目的是解决问题，推动社会进步，因此，评论发声一定要立足于善意、理性和建设性原则，要从传播效果考虑选题，从传播效果展开评论，有助于引起党政部门和全社会的重视，有助于问题的披露和解决，有助于党政部门作风的转变，有助于社会文明的进步。可以肯定，这次集中评议的八档广播言评论节目，其社会责任意识是明确的，推动社会文明进步的态度也是积极的，但在具体的评论过程中，却出现了一些这样那样的问题，关键还是没有把政治责任、社会责任落实到具体的日常采编、主持工作中。应该说，一档优秀的言评论节目的生产，从题材的选择、内容的编排，到评论的视角、引导的方向，都需要以严肃的政治责任和社会责任以及价值观的引导予以考量，只有这样，才能把节目真正锻造成推进社会进步的力量。

2. 立足评论规范，先搞清楚事实，以真实性为基础展开评论

新闻评论的基本规范是立足于清楚、明白的新闻事实开展评论，事实表述真实、准确，是正确把握评论方向的前提。而这次集中收听所发现的问题，如个别节目事实表述不够充分、准确，事实调查不够精准、严谨，甚至罔顾事实、滥发评论的现象，都使得节目的权威性大打折扣，甚至影响到所在媒体的公信力。有些省外新闻，其新闻来源必须取自权威新闻单位的报道，不能单纯地依赖网络传闻和微博、微信传言，在真相得到权威报道之前，不要妄加评论，更不要借题发挥。评论国际新闻，关系到我国对外方针，搞不好会引发外事争端，这方面的教训不能忘记。作为地方媒体最好不要评论重大或敏感的国际新闻，如果要评，必须与我对外宣传口

径保持一致，或者干脆采用新华社的评论稿。

3. 从"改文风"的高度，力除情绪化表达，严防"语言暴力"

广播节目主持人的语言表达风格所体现的就是一种文风，有理不在声高，尖锐辛辣与理性评判并不矛盾，个人风格应建立在理性之上，特别是知名主持人更应该明白，真正的力量来源于思辨和理性，而不是情绪化和激愤的话语表达。如这次集中收听所发现的现象，一些主持人看到社会丑恶、不公现象，就勃然大怒、口出脏话，须知，以不文明的话语批评不文明的言行，只会让当今社会更加混乱，只有以文明的言行担当引领表率，才能推进全社会文明的进步和国人文明素养的提升。

4. 注意评论题材比例，加强言评论节目的贴近性和延续性

从集中收听的情况来看，一些广播言评论节目负面内容集中编排和外省新闻占比过多的问题较为突出，因此，节目编排一定要注意对社会的影响性。整档节目展示的全都是丑恶和社会不公现象，从对社会面的客观反映要求上来说，也是不全面、不准确的，在评论题材选择的时候，一定要注意正面、负面内容的适度配比，一档节目当中，尽可能地安排有能够展示社会阳光、正面的题材，让听众看到社会的多面。同时，也要加强言评论节目的贴近性，多讲身边事，让节目接上地气。还要注意评论的延续性，不能像"猴子掰玉米"，掰一个扔一个，永远跑在追逐热点的路上，关注、评论一起事件要做到有始有终，这也正是"负责任媒体"应有的题中之义。

5. 处理好即兴性和编排严谨性的关系，加强采编案头工作，充分做好节目准备

近年来，广播节目主持人的即兴性表述大大增加，使得广播语言交流充满了鲜活性。但须知，优秀的即兴表述须以扎实的语言功底和深厚的人文涵养为基础，即兴性表达和严谨的案头工作并不矛盾，特别是一些点睛

之"语",不可能靠"随口荡荡",说出来看似随意,实质上经过千雕万琢,因此,建议主持人要更加注重案头工作,充分做好前期准备,并加强自身的人文修养。

6.加强团队建设,重视对言评论节目的智力支撑和人力支持

从收听情况来看,除杭州电台交通经济广播《我的汽车有话说》有明确的团队协助,其他几档节目都没有发现背后相应的智力支持或团队支撑。要办好一档广播言评论节目,绝不是一支笔随便划划、一个人"随口荡荡"的低成本制作,需要建设一支精干的节目团队,从策划到采访或搜索、到汇编、到音响、到导播等各方面的配合,都需要集体智慧的支撑和基本人力的支持,否则,节目持续的创优必将举步维艰。

2013年3月针对杭州的省市广播电台部分言评论节目所开展的团队协作评议《坚守社会责任 追求有效引导——省会城市省市广播部分言评论节目评析》长达18000多字,确实显示了团队的力量。这一团队协作评议涉及八档广播言评论节目,按照专门的评议计划,每位评议人员需要收听当年3月下旬12天的节目内容,并且按照分工写出自己所负责节目的评议,再由一位评议人员综合成一篇大稿,确实评议工作的规模比较宏大。评议文章从八档广播言评论节目的现状、节目特色、存在的问题以及改进的建议四个方面进行了全面、细致的描述、反映和整体评价,各个层次的观点性表达案例佐证充分,就存在问题和改进建议的讨论保持客观和理性。针对广播言评论节目较为普遍的问题,2014年11月,浙江省委宣传部、省新闻出版广电联合下发了《关于切实加强广播电视言论类、评论类节目管理的意见》,要求这类节目切实加强选题把关、切实加强导向管理、切实加强播出环节规范、切实加强主持人教育、切实加强嘉宾选用把关,把握正确导向,提升节目品质,增强舆论引导能力。

主题报道广受重视　策划和采制能力还需加强
——上半年四县（市）广播电视台"面对面"评议综述

【编者按】

主题报道，一般又被称为重大主题报道或主题宣传，主要是指围绕党和政府的重要决策部署、中心工作和时代主题所进行的报道。主题报道水平如何，是检验一家主流媒体舆论引导能力强弱的重要标志。近年来，我市各台在创新主题报道上有了良好开端，但不可否认，有的主题报道依然模式化、程式化现象严重，组织策划投入不足，对受众的吸引力不强。6月23日、24日，市广播电视节目评议中心再次组织部分评议专家，赴慈溪市、余姚市、宁海县和奉化市广播电视台开展"面对面"节目评议。在去年首次进行"面对面"评议广受好评的基础上，今年的"面对面"评议工作又有了进一步的创新。针对各台主档新闻栏目主题报道策划能力普遍较为不足的现状，集中围绕主题报道节目开展评议指导，以期收到促进各台在新闻宣传主业上补足短板的成效。本期内容就此次"面对面"评议进行综述。

【正文】

本次"面对面"节目评议，要求各县（市）广播电视台准备一小时左右的主题报道节目，请评议专家现场观看之后，当即作出分析点评，并回答采编播人员提出的问题。各台参与人员普遍认为，此次"面对面"评议，主要围绕主题报道内容，谈论话题集中，专家点评到位，所提出的意见富于建设性，对于各台主题宣传策划能力的提升大有裨益。

经过两天时间对慈溪市、余姚市、宁海县和奉化市广播电视台部分主题报道的评议分析，四家县（市）广播电视台在主题宣传工作的开展上，可以概括出这样几个方面的特点：

一、转作风，"走基层"报道展示诸多亮点

中宣部等五部门自2011年8月发起开展新闻战线"走基层、转作风、改文风"活动以来，对我市各台记者采访作风的转变影响深远，本次"面对面"评议，展现亮点最多的就是"走基层"和"最美人物"等主题报道。比如宁海台的《记者走基层·美丽乡村行》系列报道，不仅策划精细，记者采访也十分地踏实。提供"面对面"评议关于梅山村、海头村、龙宫村和王干山村四个村的报道，每一篇报道记者都精心选择出镜场景，从细节性的展示出发，多次出镜串起了全篇的结构，既有美丽乡村的场景呈现，也有丰富的人物采访，整个主题系列有很强的行进感。为了充分展示"美丽乡村"的美，还采用了航拍器拍摄，结合音乐的使用，让观众目光为之吸引。余姚台在《新春走基层》主题报道专栏中播出的《特写：风雪中的电力抢修队》，记者冒风雪跟随电力抢修队上山，全程记录了电力抢修队的艰难行动，记者不仅在汽车无法前进、抢修队只能徒步上山、抢修队行进难解、积雪已深没脚踝等关键节点及时出镜，摄像记者还及时记录了抢修队员们砍竹开路前行以及雪中攀爬杆木的场景，声画兼具，现场感很强。还有在《最美余姚人》主题报道专栏中播出的《女老师勇救车祸伤员》，也是采访精细，记者不仅电话采访了被救伤员（女老师施救之后才发现被救的是教师同事），女老师本人以及他们的同事、领导，记者还重返救援场地，结合群众提供的照片，讲述当时施救的过程，采访细致。

二、重调研，调查性报道显示良好起步

本次"面对面"评议中，受到评议专家好评的还有各台的主题性调查性报道。6月15日《慈溪新闻》播出的《记者调查：杨梅销售欢喜几家

愁》，调查了坐等客人上门的传统梅农和尝试网络销售杨梅的合作社里的年轻人，以对比的手法，体现了传统果品不同营销思路下不同的营销业绩。余姚台的《记者调查：春笋销售压力大》以三篇连续报道的形态，从清晨笋农挑笋下山跟起，到春笋交易，再到笋制品加工企业，串起了较为清晰的调查路径。5月30日、31日奉化台在《奉化新闻》中播出的《市建设局补短板》上篇《我市地下综合管线管理难题多》和下篇《统一管理，健全机制，我市统筹城市地下管线建设》，以及6月1日至3日播出的连续报道《绿色发展促农民增收：溪口镇四明山区从"苗木经济"转向"山水经济"》，虽然调查还很不完备，但题材选择具有很强的典型意义，显示了调查性报道问题把握上的敏锐性。上述这些调查性报道，虽然从调查路径设计、调查面的拓展以及调查推进的层次呈现等专业要求来看，还存在着这样那样的不足，但对中心工作推进中的问题把握是准确的，也有建设性的调研视角，显示了各台在这一类主题报道方面的良好起步。

三、强策划，经济类报道细化策划有了突破

2016年是"十三五"开局之年，省委省政府又作出了补"六大短板"的重要部署，因此，今年上半年以来，回眸"十二五"、展望"十三五"、"创新驱动、转型发展"以及"补短板"等经济性主题宣传任务较重。然而长期以来，主题性经济报道的组织策划，一直是各台亟须破解的难点，特别是一些经济名词和经济数据消化困难，很难做到生动可看和深入浅出。但在本次"面对面"评议中，让评议专家们感到可喜的是，看到了通过细化策划，报道面貌有了较大改观的经济类报道系列。如余姚台的《我的"十二五"》《姚商好故事》等主题报道专栏，以"我"或"故事"的视角来切入，使得"十二五"成就和"姚商"群体形象展示有了鲜活的人物故事承载。特别是三篇组成的系列报道《坚守主业的余姚

样本》，分别以《坚守主业，做强"单打冠军"》《钱散人聚，做活"内生动力"》《精准定位，做深"名配角战略"》为题，从产品研发、人才培育到企业定位三个方面入手，报道了舜宇光学科技（集团）有限公司坚守主业求发展的典型经验，主题提炼明确，场景呈现细致，收到了深入一家企业、解剖好一个样本的报道效果。慈溪台在《推进"二次创业"，力促"二次腾飞"，确保"十三五"开门红》主题报道专栏中，播出的《龙山：让机器红利替代人口红利》，从宁波市海仕凯驱动科技有限公司"一台激光切割机替换了管道精切车间"的场景开头，采用双层的点面结构，报道了龙山镇（慈东滨海经济开发区）工业企业不断加大自动化、智能化装备投入力度，努力实现减员增效、减能增效目标的典型经验，在"主题事件化、事件场景化"的展现中体现了较为成功的策划。此外，报道《中国联保助力慈溪家电二次腾飞》等能紧扣当地主导产业，在"二次腾飞"的主题开掘和电视化呈现上，作出了尝试。

四、推专栏，"聚焦"类专题推进中心工作作用明显

本次"面对面"评议，还看到了两个新近推出的"聚焦"类专栏——慈溪台的《三北聚焦》和余姚台的《四明聚焦》，每周一期，均安排在主档新闻中播出。这两档主"聚焦"类专栏，分别开播于今年的4月下旬和5月下旬，时长3~5分钟，主要围绕"五水共治"、"三改一拆"、文明创建、作风建设等方面内容开展舆论监督，以舆论监督推进中心工作的意图十分明确。从评议的两期内容来看，《三北聚焦》播出的《江边农田中有一处大面积违建，玻璃渣铺一地》，《四明聚焦》播出的是《废塑料非法加工死灰复燃》，一边是记者现场调查，一路追问"2012年作出的拆违决定，为什么到今天还拆除不了？"一边是环保人员的执法过程记录，两篇报道均曝光性比较强。据了解，从这两个栏目已经播出的内容来看，社会

反响良好，相关部门或镇街道整改也比较及时，较好地体现了推进中心工作的作用。

此次"面对面"评议，虽然四家广播电视台提交观看的主题报道总体数量较为充足，在选题安排和报道规模上，体现了各台"新闻立台"意识的进一步增强和对主题报道的进一步重视。但从评议情况来看，不仅台与台之间，主题报道播出的数量和策划采制质量不平衡性十分突出，而且同一家台内部，不同主题的报道质量也参差不齐。因此，下列比较具有普遍性的问题，仍然需要予以指出，并希望引起各台的重视。

一是主题宣传策划还缺乏常态化的机制保障。以宁海台为例，提交评议的《美丽乡村行》系列报道策划精细，质量很高，可看性也很强，但同时提交评议的《宁海智能汽车小镇》系列报道却"声画两张皮"问题突出，采访和制作都显得粗糙，两组主题报道的强烈反差，显示出主题宣传策划还缺乏一以贯之的机制保障。同样，余姚台提交评议的主题报道题材多样，显示了重视和深耕主题报道的全貌，但也有不同的主题报道系列质量差别较大的问题。奉化台今年上半年主题报道做得也不少，但整体上普遍显得策划缺失，报道主题的电视化诠释不到位。

二是主题性系列报道结构性策划还没有充分体现。从此次"面对面"评议接触的主题报道形态来看，较为普遍的另一个问题就是缺乏结构性的细致策划和设计，特别是由人物或场景导入，转入面上情况讲述和主题概括表述等，缺乏一种清晰的层次性结构框架设计，特别是主题性的系列报道，更缺乏一种能够一以贯之的格式策划，观众在收看过程中，难以清晰"解码"记者的表述层次，对记者提到的一些主题性概念感觉难以消化，对记者的表述意图不明白。

三是一些报道显示出采访作风还不够深入。一些主题性的调查报道只有"点"上的呈现，缺乏"面"上总体情况的分析，一些经济类的主题报道只有面上的泛泛而谈，又缺乏鲜活而具体的案例承载，一些人物系列的主题报道除了主人公的采访，没有任何侧面性的采访，凡此种种，都显示出做好主题性报道，还需要更多的采访时间投入，以及更加深入而细致的采访作风。

四是创新性的电视表达手段运用还不够娴熟。主题报道视听效果的达成，需要精心谋划创新性的电视表达手法，而不能仅仅依靠解说词贴画面的简单手段。比如说回眸"十二五"等经济类主题报道，必然会涉及"十二五"期间的成就性数据，如果仅仅用播报体来念出一连串的数据观众只会感觉到数据的堆砌，这时候就需要可视化的制作和演示手段运用。另外，细节呈现时"急推"等特殊拍摄手法的使用，音效的配合，记者现场出镜时工具或道具的引入使用，以及统一的评论员点评形态等，都可以起到较好的对比、强调、增强视听冲击力以及强化主题表达的作用，要结合表达需求，有效地运用起来。

主题报道策划水平进一步提升　电视语态转变还需着力探索
——下半年四区县广播电视台（中心）"面对面"评议综述

【编者按】

继今年6月下旬赴慈溪、余姚、宁海和奉化四县市区广播电视台（中心）开展现场评议之后，10月27日、28日，我中心再次组织省市评议专家赴北仑、镇海、象山和鄞州四个区县广播电视台（中心）开展主题报道现场评议。本期内容就此次评议情况进行综述。

【正文】

本次以主题报道为评议内容的"面对面"点评，北仑、镇海、象山和鄞州四个区县广播电视台（中心）均作了充分的准备，提供评看的一小时左右主题报道涵盖了经济报道、人物典型、突发灾害应对和聚焦类栏目以及重大主题访谈、对话等多种类型策划,体现了各台(中心)着力抓好主题报道组织策划和精心采制的成果。经过两天时间的审看和点评,省市评议专家对各台的进步给予了充分的肯定,并提出了一些具有针对性的建设性意见,受到各台领导和一线采编人员的欢迎。

综观北仑、镇海、象山和鄞州四个区县广播电视台(中心)今年以来主题宣传工作的开展,可以概括为这样几个方面的特点:

一、突出重大主题,经济建设和社会发展主题报道策划大为加强

2016年是"十三五"开局之年,省委省政府作出了补"六大短板"的重要部署。同时,自2015年全国"两会"上《政府工作报告》首次提出"中国制造2025"的宏大计划,宁波又被列为了全国首个"中国制造2025"试点示范城市,提出了未来主攻智能制造的明确目标。10月8日,宁波市委市政府召开动员大会,正式启动试点示范城市建设工作。因此,今年以来,"转型升级、创业创新""拉长长板、补齐短板"和"中国制造、宁波智造"等经济建设主题,以及"五水共治""三改一拆"等社会发展主题,成为各台重要的宣传报道任务。针对长期以来,主题性经济报道对于经济名词和经济数据难以消化,报道内容难以形象化表达的难点,各台(中心)都在策划上下了比较大的功夫,因此,经济类重大主题报道面貌有了很大的改观。如北仑广电中心今年以来就先后推出了《拉长长板、补齐短板》《改革攻坚甬探索》《年中经济观察》《梅山辐射力》等主题报道。这些主题报道系列都策划精心,电视化手段应用娴熟。如"拉长长板、补齐短板"系列中播出的《"流"向均衡,北仑提高医疗资源质量》上、下篇,记者跟着带孙子到北仑区人民医院看病的俞师傅,认真体验了排队诊疗的全过程,并采访儿科医生和医院领导,从病人看病的"时

第四章 视听评议的方法

间账"和医生诊治的"人数账"两个方面,直观地展示了"大医院人满为患,社区医院门可罗雀"的反差现象。特别是在《改革攻坚甬探索》等主题系列中,看到了整体的记者队伍娴熟的现场出镜报道能力,展现了北仑广电中心日常队伍建设中的训练有素。镇海台在9月份的《镇海新闻》中,也推出了《镇海制造》和《百日治污攻坚,推进"五水共治"》等主题报道专栏。如《达尔领跑镇海制造,打造行业高精尖》这一报道,从今年7月达尔轴承与大众汽车达成汽车发动机用涨紧轮轴承生产协议,从而取代了相应进口轴承的事实说起,进而挖掘了达尔轴承悉心研发高精尖产品的艰辛历程。特别是达尔轴承设备部负责人手拿部件指着上面的两条沟槽说其沟径差只有0.0002毫米、相当于头发丝的三十五分之一时,观众也不禁为这样的产品精度而感到惊讶。象山台不仅精心策划推出了"转型升级、创业创新"系列报道,还围绕象山创建省美丽乡村示范县和发展"全域旅游"进行了主题报道的策划组织。特别是"创建省美丽乡村示范县一把手访谈"系列,跳出了传统访谈报道"一访到底"的模式,访问和画面叙事相结合,主题明确,表达形象,既充分展示了象山各镇街道开展创建工作的"美丽成果",又较好地展现了象山县一批年轻的镇街道一把手干部以饱满的工作热情投入创建的良好精神风貌。鄞州台近期推出的"全面对接中国制造2025"主题报道系列,以电视化的直观手段报道了鄞州企业依靠自主创新迈向高精尖、为世界顶尖客户"量身定制"、凭借专利抢占市场等企业典型,多篇报道被《宁波新闻》采用播出。

二、重视人物典型,党员和平民典型人物报道强化故事挖掘

"两学一做"和"工匠精神"也是今年新闻宣传的重大主题,各台在这些主题的报道策划中,善于抓住基层一线的先进党员和宁波"工匠"等平民典型进行报道,以人物故事的深入挖掘,传递了重大主题的核心意

义。如北仑台推出的"我们身边的党员"系列报道中，关于"浙江省最美青工"、北仑国际集装箱码头有限公司高级技术员李圭昊，将"红领之家"打造成北仑城市名片的北仑区红领之家社会服务中心党支部书记陈军浩，攻克注塑机技术难关的海天集团技术工人叶成刚等报道，以精细的现场采访和有故事的叙事内容，被《浙江新闻联播》采用播出。镇海台的"镇海工匠"系列也对各行业一线员工的"匠人匠心"有较为系统的采访，如《马海峰：不为良相，当为良医》报道了镇海区人民满意十佳医务工作者、龙赛医院副院长马海峰悉心钻研消化道内镜诊治技术，减少病人痛苦的事迹。象山台的"最美象山人"系列人物展播，以人物专题展播的方式，精细化采访报道了浙江省第一个畜牧兽医行业博士、被农民们亲热地称作陈师傅的陈淑芳，服侍残疾小叔23年的好嫂子何宏女等一系列人物典型，事迹讲述感人至深。"老人节"前后，鄞州台在民生新闻节目《你拨拨灵》中播出的"寻访百岁老人"系列，虽然报道的并不是先进人物典型，但是从全区57位百岁老人中精选的9位健康百岁老人，无不家庭和睦、子孙孝顺，自身心态乐观、乐善好施，同样传递了满满的正能量。

三、推进中心工作，聚焦类栏目和监督性报道取得舆论监督实际效果

此次面对面评议，同样看到了围绕"五水共治"、环境整治等重要中心工作开设的聚焦类栏目和进行的监督性报道，通过脚踏实地的实证采访，取得了较好的舆论监督实效。此次提交评议的聚焦类栏目，主要是北仑台于今年推出的《聚焦》和镇海台的《直通车聚焦》两个专栏。此次评议中，北仑台《聚焦》播出的《生态景观河咋一夜变成了黑臭河？》上、下篇，记者一路追踪，层层追问，特别是抓住雨水井的盖子上写的"污"字、雨水井中还有大量污水等细节发问，具有较强的以事实说话的监督力

度。镇海台的《直通车聚焦》播出的《养殖户随意排污，刘家小河港污染严重》和《清水浦P+R停车场附近违停严重，谁来管？》等，记者都是从问题源头的现象展示说起，一路追踪问题的原因以及解决的路径，具有较强的建设性。镇海台的民生新闻栏目《民生第一线》也注重舆论监督作用的发挥，专门开设了《记者调查》专栏，如《湿地暗藏捕鸟网，警方利剑斩黑手》等报道，以监督报道的方式诠释了生态保护的主题。

四、转变电视语态，主题报道策划着力探索更多的创新表达形态

此次面对面评议，发现四个台（中心）在探索主题报道创新表达形态过程中，都着力在开发电视传播优势手段上下功夫，进行着电视语态的转变。如北仑广电中心的记者，在出镜报道中，尝试了多地出镜组合剪辑和带旧照片等道具进行现场比对的手法，使得现场出镜的展示更具规模形态或对比性。记者现场出镜不仅与场景结合紧密，还尽可能地走动了起来，使得场景的展示更具动态的效果。同样，镇海台和鄞州台的主题报道中，记者通过体验性出镜较好地传递了体验感受，具有较强的代入感。象山台的主题报道画面质量和拍摄技巧进步明显，航拍手段和广角拍摄的使用，在美丽乡村报道中发挥了较好的作用。值得一提的是，各台（中心）的主题报道片花制作也都有了明显的进步。与此同时，在报道方式上，各台也有积极的探索。如北仑广电中心充分利用全媒体新闻中心"中央厨房"多种媒体手段联动的优势，在《聚焦》专栏中充分调动了市民的参与。鄞州台在"补短板、强优势"一把手访谈的主题宣传中，首次探索了请企业家代表和相关部门一把手"面对面"的大型访谈形态，开启了真实对话的初始模型。《"用爱点亮希望"圆梦行动》也尝试了节目播出报道和线下开展现场活动紧密结合的活动化形态，使得重大主题的宣传有了更强的贴近性。

视听评议：机制、尺度和方法

此次"面对面"评议，四家区县广播电视台（中心）提交评议的主题报道系列总体数量较为充足，在选题安排和报道规模上，体现了各台"新闻立台"意识的进一步增强和对主题报道策划的进一步重视。如北仑广电中心把重大主题报道策划看作新闻宣传的"龙头"，中心编委会围绕区委、区政府中心工作，每月认真研究主题报道思路，力争月月都有出彩的主题报道推出。为了促进主题报道的精心策划和优质播出，还通过采取月度评选"最有影响力"新闻，并在分级评稿中对策划性主题报道给予倾斜等激励性措施，激发记者和编辑的策划热情，提高采编人员的主题报道采制能力。

总体上，此次评议的四个区县台（中心），在台和中心的层面上，策划意识和策划能力都大有加强，但从评议情况来看，仍然在这样几个方面还有着较大的提升空间，希望引起各台（中心）的重视。一是各台（中心）需要建立更加完备的主题报道策划机制。主题报道的策划，除了主题的确定、报道题材的排摸之外，还需要在结构形态上进行更加精细的设计，包括生活化视角的切入，主体的直观、形象展示以及报道结尾部分的精彩点题，都需要认真的探讨和布局。除了整体方案的策划，记者也需要围绕报道题材诠释中的难点破解和表现手法等，进行细致的讨论商量。二是要进一步加强新闻采编队伍业务能力的培养。评议发现，各台（中心）虽然不乏表现优秀的记者，但整体新闻采编队伍的业务能力仍显参差不齐，尤其是在现场出镜和清晰叙事的把握上，以及点题评论的业务能力上等，仍有较大的成长空间。三是要吸取更多新颖的视觉表达技术手段。近年来，视觉表达技术突飞猛进，除了飞行器航拍的使用外，可视化制作和AR虚拟增强现实技术等，均已成为电视新闻制作的全新技术，而在这些后期制作的技术上，各区县广播电视台（中心）存在着明显的短板，需要给予十分地重视，并及时地补齐。

第四章 视听评议的方法

2016年是宁波市广播电视节目评议中心组织开展现场评议活动的第二年，策划组织更加地成熟。这一年，他们将设有广播电视台（中心）的8个县市区分为上半年和下半年两批，围绕重大主题报道的策划和采制，组织专家到每一个广播电视台（中心）开展"面对面"的现场评议，评议综述也分上半年和下半年两期出刊。宁波市广播电视节目评议中心这一系列评议作品在浙江省新闻出版广播影视审读评议中心和浙江省广播电影电视学会监测评议专委会开展的2016年度全省优秀视听评议作品奖评选中被评为一等奖。

第五章 视听评议的特点和类别

就本质而言,视听评议就是一种针对视听传播内容的专门性评论,具有评论性、时效性、监督性和建设性等特点。就视听评议的大的类别,可以划分为以广播、电视与互联网视听媒介传播事件、作品与节目、栏目、频率频道与互联网刊播机构等具有明确评议目标对象的主体对象性评议和以现象、主题为中心开展的主题思辨性评议两大类。

◆第一节 视听评议的特点

一、评论性

就一般意义上来理解,评论就是批评或议论的文章。作为一种新闻文体,评论是针对新近发生的、具有普遍意义的新闻事件和迫切需要解决的问题,发议论,讲道理,直接发表意见的文章。评论文体的核心要义是观点表达,围绕作者观点的阐发,进行必要的分析、论证和说理的过程。视听评议针对广播电视节目和互联网视听传播内容,提出肯定或否定、表扬或批评的观点,具有鲜明的评论性特点。作为具有特定评议对象的一类评论性工作或文章，视听评议同样具有论点、论据和论证三要素，讲求观点鲜明，论据扎实，论证有力。视听评议工作者往往依据一定的价值尺度和评判标准，对某一广播电视节目和互联网视听传播内容，或某一视听传播现象或某一主题的视听传播产品作出价值判断，提出明确的观点。在提出论点之后，就评议的对象或内容展开分析讨论，在讨论的过程中引入价值尺度和评判标准作出印证，评析问题或成绩的具体表征，概括问题原因或成功经验，提出建设性意见或可推广性的启示。优秀的视听评议作品，往往能够抓住苗头性的问题或趋势性的做法，判断准确、观点新颖，同时论据充分，分析细致，说理明白，让人感受到问题把握的精准和确切，或者经验解析的前沿和独到，给人以茅塞顿开的阅读感受，让评议对象能够心服口服。

二、时效性

时效是指在一定时期内能够发生的效用。时效性最常用是作为新闻基本特征的描述，意思是说新闻引起受众接触兴趣和产生社会效果具有一定的时间限度，超过了一定的时效限度，它能够引起的受众接触兴趣和产生的社会效果就会大打折扣。视听评议的时效性特点是由广播电视和互联网视听传播媒介的媒体属性，以及其节目、内容播出或投放的时间性所决定。特别是在当今互联网传播环境下，广播电视节目和互联网视听传播内容，特别是一些大型综艺节目的播出或投放，具有很强的事件性和仪式感。同时，重要会议和重大主题性活动乃至春晚等节日性的收听收看，亦都具有"媒体事件"的特性，亦即经过某"组织"（政府、政党团体、企业、社团以及广播电视和互联网视听传播媒介自身等）有计划、有目的地策划并执行，以大众媒体为媒介和渠道，向受众进行有目的的传播事件及其过程。视听评议的时效性，则是指所评议节目、内容一经播出或投放，就及时进行收听收看，在一定的时间限度内及时作出评议评析，反映到管理部门或公开发表。与新闻报道的时效性相比较，视听评议的时效性具有一定的冗余度。一方面，需要评议的节目、内容一经播出或投放，需要评议的现象一经出现，就应该及时收听收看，开展评议分析，形成评议成果。但另一方面，从节目、内容播出投放现象发现，视听评议的反映又并不像新闻报道之于新闻事实的发生、发现那样快速，可能需要一定的时间多加观察和分析，以进一步确定评议的定性与定调。比如，某电视频道一档新栏目开播，除非第一期内容就发现有性质特别严重的问题存在，一般情况下需要多看几期再作评议比较合适。又比如某一电台节目或互联网视听传播媒介上的内容有某一现象发现，那么这一现象到底是一次性还是具有经常性或普遍性呢？就需要多收听几期节目或者多浏览几个互联网视听媒介平台进行界定或作出判断，以确定是否需要专门的视听评议进行反映或褒扬。

三、监督性

归根结底，视听评议工作是一项有着明确目的性的评论工作，无论是广电行政管理部门所属收听收看机构有组织地开展的视听评议工作，还是社会机构或个人针对视听传播内容所进行的评议活动，都带有明确的政府监管或社会监督的性质。特别是广电行政管理属下的收听收看机构，"收听收看"和"监听监看"两个概念较为经常地混用，其中"监听监看"的意思就是监督性的收听收看之意，以区别于一般的听众和观众的收听收看行为。遵循习近平总书记关于"受众在哪里，宣传报道的触角就要伸向哪里，我们的管理也就要延伸到哪里"的要求，在2018年3月国务院机构改革中，新组建成立的国家广播电视总局主要职责明确表达为"监管、审查广播电视与网络视听节目内容和质量"。长期以来，视听评议工作的重点监管对象一直是广播电视播出节目，但随着传媒格局变化的演进，视听节目内容逐渐成为互联网传播的主要流量，移动音视频服务成为互联网新媒体产业新的增长点。据权威发布，2011年到2015年这五年，我国网络视听新媒体节目市场规模年均增幅47%，到2015年12月，音视频内容成为互联网流量贡献率最大的应用领域，占70%以上。因此，国家广电总局将网络视听节目与广播电视并列为监管的两大重点领域。视听评议工作从传统广电节目向网络视听节目延伸，是媒体格局变化形势赋予收听收看机构开展视听评议工作监督评议的新职责。2017年8月，浙江省新闻出版广电局出台了《关于加强新闻报刊、广电媒体公众号建设和管理的意见》，为视听评议工作如何加强对传统媒体开办新媒体的监管提供了依据。目前，传统媒体开办的网络平台和部分持证网站之外，众多的社会民营网站、新媒体、自媒体纷纷投入互联网视听传播内容，特别是网络剧、网络电影、网络综艺的生产、制作和传播，秉持"一把尺子、一个标准、一条底线、一体推进"的要求做好传统媒体和新媒体的监管，广电行政管理部门所属收听收看机构开展视听评议工作的监管性特点更加地鲜明。同时，当前互联网平台上，一些研究性的社会机构和自媒体也将新媒体传播的触角延伸到了视听评议的领域，开展一些专业或社会性的视听评议活动，成为视听评议领域中有益的社会监督力量。

四、建设性

虽然新闻时评有时候也会涉及视听传播的议题，但区别于一般的时评，视听评议不仅仅是指出问题，还需要提出相应的改进建议，不仅仅是肯定成绩，还需要进一步概括相应的经验启示，因此，视听评议具有明确的建设性特点。李林（2000年）就曾提指出："无论是广播电视主管部门，广播电视宣传单位还是社会大众的评议都是建设性的，评议中既有批评性意见，也有表扬肯定的内容，都有助于总结经验，改进工作，提高宣传质量，繁荣广播电视事业。特别是对年轻的编辑、记者、文艺工作者的思想、政治以及业务素质会产生潜移默化的作用。"[1]视听评议的建设性，首先体现在提出评议意见的动机上，是怀着促进广播电视节目或互联网视听传播内容完善和改进的目的的；其次体现在表达方式上，就一般情况来说表现了和颜悦色地论对错、讲道理，注重说服，而非压服，更不是不讲道理的责备和讽刺；最后是所谓建设性还意味着在指出问题、分析问题之后，必须提供某种可以考虑的解决方案，以供评议对象的责任主体参考和借鉴，或引导向好的方向改进与完善的思路。

◆第二节 主体对象性评议

主体对象性评议就是具有明确的评议目标对象，以广播、电视与互联网视听媒介传播事件、作品与节目、栏目、频率频道与互联网刊播机构等作为明确的评议对象，开展视听评议。视听评议作为专门针对视听媒介开展的"时评"，具有时效性特点，因此，无论是评一起刊播事件或一个活动、一件作品或一期节目，还是一档长期播出的栏目、一个广播电台频率、电视频道或互联网专门刊播机构，都需要讲求一定的评议时机。为什么要在评议开展的这样一个时间节点针对目标对象进行听看评议？需要有明确的由头。一般情况下，一起刊播事件具有明确的发生时间，何时刊播，刊播之后造成了怎样的传播效果或后果？一个活动具有明确的开展时间阶段，何时开始？何时结束？成效如何？一件作品或一期节目都有明确

---

[1] 李林：《视听评议的意义和方法》，《中国广播电视学刊》，2000年03期，第41-42页。

的播出时间,因此,刊播事件或活动、作品或节目播出时效性比较明确,一般都是抓住事件发生或作品、节目播出之后马上评,也有可能形成一定的社会影响或造成一定的后果之后,抓住社会反响作为评议时机适时开展评议。相对而言,评议一档长期播出的栏目、一个广播电台频率、电视频道或互联网专门刊播机构,需要寻找由头和时机。如一档新办广播电视新栏目推出,一档开办多年的广播电视栏目改版,或开播、改版一段时间(如满一年),或者某一播出内容系列形成较好的社会影响,在重要的评奖活动中获奖,受到领导的批示肯定或批评,再或者网络点播量形成较大规模等可以作为社会反响良好、栏目成功的标志等。一个广播电台频率、电视频道或互联网专门刊播机构的评议,更加需要寻找由头和时机,如较大动作的整频率、整频道、整体新媒体平台改版,团队某一方面宣传工作获得较大荣誉、取得良好社会反响,或者发现其表现明显偏离广电行政管理部门审批核准的定位,也或者某一方面问题表现明显、爆发集中,都可以作为由头或契机开展有针对性的评议。

一、事件评析

视听评议"事件评析"中的"事件"主要是指广播、电视与互联网视听媒介传播事件,即广播、电视节目播出过程中、互联网视听媒介传播过程中发生的并造成较大乃至巨大社会影响的事件。就一般意义上来说,广播电视和互联网视听媒介所有的传播行为都可以构成"事件",只是一般的、普遍的传播行为,表现和传播效果都较为常态,没有专门评议的价值和意义。而只有那些造成较大乃至巨大社会影响的传播行为,才能够作为一起事件给予专门的评议分析,以起到褒扬优秀、指正错误的指导作用。视听评议中的事件评析,从评议的是非定性出发,可以分为正面事件和负面事件,导向正确、组织得力、行为积极、社会效果良好的传播行为,一般定性为正面事件。而导向偏差、言行失误、造成一定的负面社会影响的传播行为，可以定性为负面事件，需要予以批评并指出错误，提出改进性建议。

下面以浙江省2016年的评议《省级和杭州市级广电媒体及时发声"秋水山庄刷黄事件"舆论引导积极有效》和2017年的评议《直击抗洪一线 肩负媒体担当——金华、兰溪两级广电媒体抗洪宣传报道评析》等为例进一步就事件评析进行进一步的类型解析。

省级广电主流媒体及时发声
"秋水山庄刷黄事件"舆论引导积极、主动

3月30日，许多杭州市民的手机微信朋友圈被西湖边北山路上秋水山庄的两张照片刷屏，一张照片是秋水山庄门楼的旧照，"秋水山庄"四个灰色大字，以白色为底，灰色墙面斑驳，透露着岁月的痕迹，另一张是新近刷成这亮黄色的门楼，"秋水山庄"四个大字则改成了亮红色。突变的颜色对比，网民们纷纷转发并表示接受不了，这一事件迅速发酵为网络舆情。针对这一事件，不仅杭州市委、市政府领导积极应对，书记作出批示，副市长对市民热心参与城市建设表示感谢，省级广电主流媒体也都是及时发声，在社会舆论的引导上体现了积极和主动。

在"秋水山庄刷黄事件"网络舆情发酵之时，浙江电视台经济生活频道《经视新闻》即以《上午"黄"下午"灰"，杭州"秋水山庄"变脸引争议》作出报道，评论员舒中胜也在《经视新闻》和《新闻深呼吸》两档栏目中及时发声，作出中肯的评论："对杭州来说，G20峰会是一次机遇，更是一次大考，既考市民素质、人文环境、服务水平、社会风尚，也考政府的决策理念、办事效率、管理水平、民生情怀，某种程度上讲，后者比

前者更加重要。"——起到了较好的平衡舆论的作用。浙江电视台钱江都市频道《九点半》、教育科技频道《小强热线》、公共·新闻频道《新闻大直播》等栏目也及时组织采访，在当晚就播出了《秋水之惑》《杭州"秋水山庄"成网红，真相到底是什么？》等报道，采访到了业主方新新饭店的行政办负责人，挖掘山庄归属、门楼颜色的历史变迁及秋水山庄门楼"刷黄"的真相。广播方面，浙江电台FM99.6和经济频率等也分别于当晚节目和微信公众平台上发布真相报道。这些报道都起到了较好的解释性作用，使得许多原来在微信评论中言词激烈的网友，恢复了理性的情绪，一些跟帖评论开始从建议的角度展开了讨论。3月31日一早，浙江之声《今日关注》等又继续以《网友吐槽杭州秋水山庄外立面色彩整治，杭州市政府回应》作出跟进报道，FM99.6还在早7点的《激活早高峰》栏目的《观点峰会》版块，以及频率微信公众平台上，展开听友讨论"秋水山庄变色，你怎么看"，搜集更多的市民意见和建议。至此，在众多主流媒体的及时发声和积极引导之下，关于这一事件的社会舆论也转化为了更加开放、平和和建设性的讨论。评议人员认为，"秋水山庄刷黄事件"的整体舆论引导过程中，杭州市委、市政府的应对态度开放、包容，起到了主导作用，省级广电主流媒体的积极引导作用同样功不可没。

杭州的北山路是西湖景区的重要景观道路，2016年3月30日，北山路上古旧建筑秋水山庄在外立面整治中被刷成鲜艳亮黄色，引发杭州市民热议，面对突发的网络舆情，浙江省和杭州市的省市广电媒体及时采访，起到了较好的解释原委、沟通政府部门和市民的作用，对广电媒体及时发声、发挥作用的作为给予了肯定和褒扬。这是一篇针对"秋水山庄刷黄事件"中媒体积极行为进行评议的文章，具有明显的事件性特点。

直击抗洪一线 肩负媒体担当
——金华、兰溪两级广电媒体抗洪宣传报道评析

面对1955年以来钱塘江流域最大洪水,以及6月24日至27日兰溪出现入梅后又一轮强降雨和兰江洪峰过境险情,省委书记车俊,省委副书记、代省长袁家军,省委副书记唐一军分别作出批示,袁家军还明确指示"全省要把保兰溪作为防汛的重中之重",全省上下打响了一场抗洪保安全的硬仗。面对严峻的防洪形势,金华市和兰溪市两级广播电视台全力以赴,以强有力的责任担当和广电新闻队伍的"铁军"形象,充分发挥了抗洪宣传中广电主流媒体的作用,出色完成了抗洪宣传的重要任务。

一、奋战一线,抗洪救援凸显广电力量

6月24日,气象预报和水文预测25日仍有持续暴雨,兰江将遭遇特大洪峰过境,金华江洪水同样来势凶猛,当晚金华市防汛应急响应从三级升为二级,省、金华市和兰溪市三级防汛防台抗旱指挥中心层层发动,全力投入到抗洪救灾行动之中。金华市和兰溪市两级广播电视台立即启动应急宣传机制,全员行动投入到抗洪宣传之中。

6月24日,面对倾盆而下的暴雨,金华广播电视台全媒体中心30余位记者在台分管领导的直接带领下,分赴汛情最为严峻的兰溪上华街道、马达、许埠等地,通过电视频道和新闻客户端等新媒体平台,采用现场连线、视频直播、图文直播、航拍等多种方式,持续发布防汛动态报道。面对灾情点的不断增加,金华广播电视台民生频道集群也及时打通《百姓零距离》和《小马开讲》两档民生新闻栏目,派出8名民生突击队队员奔赴

抗洪一线。《金华新闻联播》24日当天推出"直击防汛抢险一线"专栏，《百姓零距离》和《小马开讲》25日同步推出《强降雨来袭，以人民为中心》特别节目，6月25日早上7时，金华之声《金广早新闻》打破常规，直播连线各路记者，开启了《防汛抢险，风雨同行》大时段新闻直播特别节目，持续直播长达9个小时。

此次抗洪战斗中，兰溪广电处在宣传报道的最前线。24日，台广电工作微信群里一道应急响应命令，就启动了全台的紧急动员，电视、电台、网站、即时报全面出击。新闻中心根据台党委部署，在原有的4组值班记者基础上，又增派4组记者，奔赴防汛重点乡镇、街道采访。从24日开始，兰江水位超过28米警戒线之后，制播中心打破常规，与市防指保持密切联系，在荧屏实时滚动水位情况及雨情相关信息，以便市民第一时间知晓全市防汛工作的核心内容，气象信息、防汛指挥部的游字信息、紧急动员令、市长电视讲话、市政府发布的人员转移令及《兰溪新闻》滚动播出等内容，及时有序地出现在电视播出中。24日晚，电视新闻中心三路记者奔赴上华街道等地，采写晚上镇街抗洪实况，《兰溪新闻》在18点30播出后，又在22点重播中及时编发晚上最新抗洪报道。《民生6+1》栏目推出特别策划《众志成城抗击洪水》专栏，全面报道全市干部群众、解放军战士、民间救援组织及志愿者团队在抢险救灾过程中不畏艰难、齐心协力、共渡难关的感人事迹。25日晚，洪峰到来，市民都想通过电视节目了解汛情、了解抗洪一线情况，《兰溪新闻》主播整晚带妆备播，《兰溪新闻》每隔一小时就编辑播出一个最新版本，一晚七次更新，《兰溪新闻》播了七个版本，开创了兰溪广电《新闻直播间》式的整点新闻编播新纪录。兰溪电台也充分发挥广播媒体作用，FM90.8从24日早8点开始，打通全天直播。25日兰溪市防指又将防汛二级应急响应升级为一级应急响应，电台随即实施调频和应急广播并机直播，与市交警部门密切配合，最新的积水路段及相关路况都第一时间发布,并在直播中及时解答市民提出的问题。25日晚,除了即时的新闻插播,广播也录制了三个版本的《兰广新闻》,编播人员录制完最后一版新闻已是26日凌晨5点30分。26日洪峰已过,水位逐渐下降,电台仍然坚持了全天抗洪直播,密切连线供电、公交、水务、环卫、疾控等各部门,第一时间传播救灾信息,整50小时的直播,电台直播间采用人员接力,与各部门密切联合,发挥了广播媒体及时、权威和直播的优势。

二、全媒传播,融合实践经受实战检验

此次金华、兰溪两级广电媒体出色完成抗洪宣传任务,还有一个显著的亮点就是充分发挥了全媒体发布的融合传播优势,较好地占领了网上的主流舆论。6月25日,由金华广播电视台广电全媒体中心开办的金华网、无限金华客户端和金华网微信公众号,及时推出了《暴雨来袭——金华全面防汛》大型融媒体直播,对金华市区特别是兰溪的水情和抗洪战斗进行了实时的滚动发布。

在兰溪,由兰溪广播电视台开办的兰溪之窗网站、移动客户端和"微视兰溪"微信公众号,还成功实施了"即时报"和"微直播"的新媒体传播策略,试水即时推送报道和网络、微信同步图文直播,全媒体融合传播实践同样经受了实战的考验。6月24日12时,兰溪广电融媒体联合智慧城管、交警大队,在兰溪之窗网站、移动客户端和"微视兰溪"微信公众号同步推出"微直播:兰城水情、路况即时报"。"微直播"实行24小时编辑值班,集全市雨情、水情、汛情、路况及防汛抗洪情况于一体,第一时间把短平快的各类信息整合发布。截至6月29日结束防汛三级应急响应,共发布信息800多条,是兰溪各类防汛抗洪信息发布最新、最快、最全的综合性信息实时发布平台,迅速成为兰城居民出行指南和"随身宝典"。如果

说"微直播"是短平快,那么"即时报"则是快稳深。《浑浊水流中的他们,却有最美的呈现》《兰溪香溪镇前畈出现险情,金华兰溪领导连夜赶往指导抢险》《刚刚,香溪镇前畈排涝站地段管涌坍塌封堵工程提前完成合龙》等,不少都是现场记者实时传回的口述报道和图片,编辑第一时间整理发布,赢得了时间,争得了效率,如"微视兰溪"微信公众号上面,《关注:无人机拍摄60年来兰溪最大洪水!》一经发布,阅读量快速攀升至"10万+",《第一现场:兰溪香溪镇洲上村救援首发视频》点击量一经发布也迅速突破5万,开创了"微视兰溪"单条转发阅读量的新纪录,较好地以主流媒体的正面报道引领了社交平台的网络舆论,把汛情发播出去,把干部群众奋战一线的感人事迹传播出去。

三、辟清谣言,主流舆论占领社交平台

此次抗洪宣传当中,对广电主流媒体还有一大考验就是谣言的辟清。面对60年一遇的兰江洪峰过境险情,一些谣言也在网络社交平台上不断滋生,比如:省防指决定"保杭弃兰""新安江水电站泄洪了""兰江大桥要断了"。就像这梅汛季节倾泻的暴雨,这些网络谣言,让抗洪战斗中的人们又增添了困扰。对此,兰溪广播电视台联手"兰溪发布"政务微博、微信和市防指等,通过广播、电视和兰溪之窗网站、客户端和"微视兰溪"微信公众号等,及时发布辟谣报道,有效地阻止了谣言的扩散和影响。

6月25日,不少兰溪人的朋友圈里就在传所谓的"最高指示保杭州了",谣言传得有鼻子有眼:"保杭弃兰了,新安江水电站泄洪,兰溪顶住。""富春江不放水,兰溪死定了。"同时,在兰溪还有一则谣言说是"兰江大桥要断了",还配上了所谓的"裂缝"照片。针对上述谣传,6月25日,兰溪市广播电视台及时报道了"兰溪发布"微博、微信公众号的权威发布《辟谣帖两则请收好:1.保杭弃兰?假的!2.兰江大桥要断了?

假的！》，两则辟谣帖以兰溪市网信办的名义发布，同时辅以盖有省防指传真专用章的省防指《关于商请新安江水库临时停止发电的函》和省防指调度令影印件，以及所传兰江大桥两道梁之间裂缝、实为桥梁伸缩缝的照片。这一权威辟谣信息迅速引起了广泛的社会反响，"上海辟谣"平台、"微视金华"微信公众号以及众多网络媒体纷纷跟进转发。经过广电主流媒体以及新媒体端的接力传播，进一步扩大了辟谣报道的传播面和实效性。6月27日，"微视兰溪"微信公众号又转发了兰溪市防指发布的《关于"上游水库大流量泄洪"虚假谣言一事的情况说明》，较好地发挥了广电主流媒体在新媒体端的公信力和传播力。

此次兰溪抗洪战斗，金华和兰溪市两级广播电视台反应迅速，组织有力，以横跨广播、电视、网站以及"两微一端"新媒体的融合传播手段，发挥了抗洪宣传的生力军作用，在告知汛情灾情、宣传抗洪精神、辟清网络谣言等多方面，肩负起了广电主流媒体应有的责任担当，其精神和作用值得充分肯定，其经验同样值得总结推广。

2017年6月下旬，钱塘江流域遭遇1955年以来最大洪水，特别是金华兰溪市出现入梅后又一轮强降雨，兰江面临巨大的洪峰过境险情。在此情况下，金华市和兰溪市两级广播电视台立即启动应急宣传机制，全员行动投入到抗洪宣传之中。对于广电媒体在抗洪救援中发挥的积极作用，特别是在新的传播环境下，以全媒传播的实战姿态，及时发布雨情汛情，报道救援行动，既及时传播信息，又鼓舞了士气，特别是为辟除各种网络谣言起到了至关重要的作用。这一评议文章既肯定了市县两级广电媒体的积极作为，又较好地概括提炼了两级广电媒体抗洪宣传的具体做法，为艰苦的抗洪宣传报道留下了记载，也为新媒体环境下广电媒体开启融媒传播总结了经验。

二、作品（节目）评析

视听评议中的"作品（节目）评析"指的是针对广播电视或互联网视听作品和节目开展的评议。小到一篇广播电视消息，大到一台综艺晚会，都可以称之为作品。而这里的"节目"则特指广播频率、电视频道播出的单期节目，或互联网视听传播平台上投放的单个节目。虽然单个节目也可以称之为广播电视作品，但之所以把作品和节目分开来说，主要是因为单个节目中，可能也包含了多个消息、专题、评论等体裁的作品。事实上，视听评议关注消息、专题、评论等单个作品的情况并不多，毕竟单篇的消息、专题、评论等能够引起较大社会反响的并不多。就传播效果而论，视听评议关注更多的是围绕某一重大事件所开展的连续报道、围绕重大主题宣传策划组织的系列报道以及特别节目等。

下面结合针对江西吉安广播电视台在第二十三届江西新闻奖评选中荣获广播新闻评论一等奖作品所作的评析《深度追问争戴贫困帽现象背后的"病根子"——广播新闻评论〈争戴贫困帽的背后〉评析》、浙江省2017年评议《回望前行历程　谱写浙江成就——浙江卫视〈还看今朝——浙江篇〉特别报道评析》，以及宁波市2019年评议《庆祝和见证宁波改革开放四十年沧桑巨变的生动呈现——2018年12月18日〈宁波新闻〉评析》三篇文章就作品（节目）评析作进一步的类型解析。

深度追问争戴贫困帽现象背后的"病根子"
——广播新闻评论《争戴贫困帽的背后》评析

一篇优秀的广播新闻评论，必须兼具新闻的题材新颖性和评论的评述独到性，以及整体行文口语化和采访音响丰富的广播特色等多方面优点。在第二十三届江西新闻奖广播、电视类作品评选中，由吉安广播电视台送评的广播新闻评论《争戴贫困帽的背后》，就是以强烈的新闻性和评述的深刻性，以及鲜明的广播特色，摘取了广播类评论一等奖的桂冠。

一、评论内容有新闻性，反常现象引发追问

按常理来说，"贫困县""贫困村"，戴上这些帽子的县村并不光彩。但是，恰恰在江西全省进行的"十三五"期间需扶持发展的贫困村遴选中，却出现了激烈竞争的怪现象，有的村甚至在评上了贫困村之后还要"热烈庆祝"。争选贫困村、争戴贫困帽，不以为耻，反以为荣，这一现象具有很强的反常性。因此，这一广播评论，能够迅速抓住这一不合常理的新闻，深究反常现象的根源，并深入探讨制度上的缺陷以及改进的措施。"怪现象"引发出来的追问，对听众同样具有吸引力。

二、评述紧扣时代背景，大小背景挖掘到位

广播新闻评论《争戴贫困帽的背后》，在全国的大背景和江西以及吉安地区的小背景两方面挖掘深入，紧扣了"精准扶贫"的时代背景。2015年6月，习近平总书记在部分省区市党委主要负责同志座谈会上强调，扶贫攻坚"特别要在精准扶贫、精准脱贫上下更大功夫"。同时，在江西省"十三五"贫困村遴选过程中，也暴露出了现行扶贫制度所存在的粗放"漫灌"、针对性不强等问题。吉安市经济工作暨脱贫攻坚工作会议也指出，要牢固树立"戴穷帽为耻，摘穷帽为荣"的观念，全力打好安居扶贫、产业扶贫和保障扶贫攻坚战。正是充分挖掘到了全国、全省和吉安本地三个层面的时代背景，这一广播新闻评论的立论主题价值才得到了充分的凸显。

三、录音采访层次清晰，论证过程逻辑严密

这一广播新闻评论采访安排有层次性。三位采访对象，从村党支部书记到县扶贫和移民办再到党校副教授，第一位是现象的表述，第二位是追

问背后原因的事实讲述,第三位是权威的专家分析,较好地体现了由浅入深,从现象到本质的论证过程深化。紧紧围绕转变扶贫观念这一主题,步步深入剖析反常现象背后的原因,再提出富有针对性的建议。同时,多层次的采访录音,使得作品声音丰富,以典型的采访录音进行论证,体现了广播媒体的固有特色。"新闻评论的写作要求很多,而最重要的一课则为判断",这一广播评论正是通过逻辑缜密的论证过程,对当下扶贫制度的缺陷作出了正确的判断,层层深入的分析论证,让听众在了解事件真相的同时,也一步一步被"说服",具有较好的说服效果。

四、评论观点明确新颖,观点提出水到渠成

评论的观点代表了作者的见解以及态度,而只有观点鲜明的评论才有可能发挥其应有的舆论引导作用。从最开始的现象讲述,到深入一步的原因挖掘,再到最后的分析评论,广播新闻评论《争戴贫困帽的背后》水到渠成地提出了扶贫要"扶智与扶志",摆脱信心、思想和思路"贫困"的新观点。在评论的最后,还通过相关专家的录音采访展望了未来,起到了正确而鲜明的导向作用。

江西吉安广播电视台2015年度所采制的《争戴贫困帽的背后》是一件广播新闻评论作品,对于这一获奖作品,评议文章从题材选择的新闻性、背景挖掘的深刻性和广播化论证的逻辑严密性,以及评论观点的新颖性与说服力四个方面进行了评析,是一篇典型的作品评析评议文章。作品评析的好处,是把一件好的或差的广播电视作品,进行细致的分析和评价,从而让相关的从业人员能够深刻领会作品的优良品质所在,或缺点表现,为今后的作品采制吸取经验、教训和启示。一篇好的作品评析文章,所能够发挥的作用往往不亚于一堂生动的相应作品采制培训课,让好作品的经验

视听评议：机制、尺度和方法

发扬光大，让差作品的教训不再重新出现。

回望前行历程　谱写浙江成就
——浙江卫视《还看今朝——浙江篇》特别报道评析

9月16日上午，浙江卫视与央视新闻频道联合推出喜迎十九大特别节目《还看今朝——浙江篇》，该节目用老百姓的话语讲述"八八战略"特别是党的十八大以来浙江大地发生的新成就新变化。节目有故事、有情感、有体会，引发了浙江百姓的强烈反响。

一、精心策划报道，呈现浙江成就

《还看今朝》是央视为迎接十九大召开而进行的特别策划，在十九大召开之前，每天与地方电视台联合推出近百分钟的直播节目，共持续31天。系列报道以"回望成就"为主题，9月16日推出的《浙江篇》是该系列的开篇之作。《浙江篇》以"勇立潮头"为分主题，全景式呈现浙江各地在政治、经济、社会、人文等领域取得的丰硕成果，展示了新型农业、浙江制造、科研创新、城乡统筹、人民安居乐业等方面的新气象、新变化，揭示了新时代的浙江温暖、浙江精神，内容丰富、层层推进。节目在报道物质文明建设的同时，更注重于精神文明的挖掘：如国际化战略、"拥江"发展理念等，并随着节目内容的推进，以递进式小标题形式加以概括提炼，使得这次直播的立意更为高远。

二、立足微观视角，诠释浙江精神

与一般的主题报道不同，《还看今朝——浙江篇》除了呈现新变化、新景象之外，更多地从微观视角探究浙江精神。首先从镜头中看钱江潮，指出潮是景观，也是一种精神，在节目的推进中，环环紧扣，把对于浙江精神的探求贯穿其中。同时，片中呈现了绿水青山就是金山银山的发展理念，带领观众一起探求浙江精神："浙江制造"一环中展示的高空作业平台、全成形电脑针织机、会跳舞的舞台、透气防水袜、超轻固态材料、货柜机器人、380米输电高塔；"科技创新"一环中展示了阿里巴巴信息园的人工智能黑科技，传达出认真生活、快乐工作理念；"人物采访"一环在与普通百姓、年轻创业者、商界巨头的对话中呈现出了浙江精神。节目用微观视角诠释了浙江精神，它不仅支撑浙江走在全国发展前列，也让观众从中寻找到了答案。

三、运用百姓语言，讲好浙江故事

节目运用航拍手段，展示了浙江的新颜，对浙江的山河景致、乡村风貌、梦想小镇甚至对于阿里巴巴的信息园区都实现了空地报道互相连接，描绘出浙江大地政通人和、欣欣向荣的生动局面，传达了浙江人认真生活、快乐工作的新理念。同时，节目还以记者体验方式报道了浙江"最多跑一次"改革实践，用记者出镜方式报道了"海铁联运"的义乌中欧班列、宁波港海运港口、舟山岙山岛的储油罐，传达出浙江人敢为天下先的创新理念。另外，节目在传达浙江的变化、浙江的富足、浙江的温暖时，都以身边的人物故事、以群众喜闻乐见的语言加以呈现，讲述了从城里返回山村生活创业的农民林森，助推创业的基层公务员、在横店追逐梦想的外乡演员蒿怡帆，做牛肉干出身的海洋能发电总工程师、热心于公益活动的义工林志兴，这些都从百姓的视角挖掘人物故事，真实可信、感染力强。

四、创新传播手段，展现浙江新貌

在整个直播报道中，除了采用电视直播手段外，媒体融合传播也有所呈现。浙江电视台记者秦原在施工现场用图示勾画甬金铁路，节目中拟人化的行政审批改革报道、动漫卡通形象、阿里科创园中的黑科技管家等都体现了融合采制传播的魅力。与此同时,在浙江卫视中国蓝网络平台同步推出的"浙一天看浙里"H5作品也在社交媒体上被广泛传播。该H5作品把节目分成几个小版块:"5个浙江人的故事""4次飞跃展新颜""厉害了word浙""梦想天空分外蓝""浙江精神·浙江温暖"等,适合新媒体的碎片化传播。可以说,这次直播从媒体采集到多平台播出都体现了媒体融合语境下的创新传播。

浙江省2017年评议《回望前行历程　谱写浙江成就——浙江卫视〈还看今朝——浙江篇〉特别报道评析》是针对喜迎十九大特别报道作品的评析。重大主题性特别报道一般策划性强,采编力量的投入也较为巨大,如果能够形成系列或多种媒体联动的话,传播的社会效果也会比较好。上述评议文章就针对浙江卫视"还看今朝——浙江篇"特别报道进行评议,关注的视野打得比较开,特别是针对特别报道作品的整体策划和内容选择、报道视角选择以及结构进行评析,对广电媒体做好相应宣传报道,能够起到更好的典型案例剖析作用和引导作用。

庆祝和见证宁波改革开放四十年沧桑巨变的生动呈现
——2018年12月18日《宁波新闻》评析

2018年12月18日,庆祝改革开放四十周年大会在人民大会堂隆重举行。当天,宁波电视台《宁波新闻》以全市各地干部群众收听收看大会直播为切入点,以见证、印迹、变迁、心声、纪念和喜报六个部分设计结构,策划组织了整档新闻节目的编排和报道。这一新闻节目编排作品,主题集中,编排思路清晰,编辑视野开阔,综合采制精心,生动呈现了庆祝和见证宁波改革开放四十年沧桑巨变的重大主题,再一次显示了主创团队围绕重大主题策划编排和组织报道的较高综合水平。

一、以层次化的编排思路，实现编辑主题的高度集中

新闻节目编排最首要的是要做到编排主题的集中，整档新闻节目的编排主题，既自然体现于各个部分的具体报道之中，又能够让观众看到各个部分集中于同一主题之下的交相呼应，优秀的电视新闻节目编排作品，能够体现一种独特的"编排之美"，一条接一条的新闻报道通过主播的串接，自然、流畅，无刻意、强扭之感，又让观众始终感受到一根主线的贯穿，从报道的接受中兴致盎然地理解并接纳编排者意图。2018年12月18日播出的《宁波新闻》，就是融宁波全市庆祝和见证活动报道于一炉，并纵深开掘四十年沧桑巨变和人们真实感受的一期新闻节目编排成功之作。这期新闻节目从"见证"切入，播出了《市委理论学习中心组集体观看庆祝改革开放四十周年大会直播》和《我市各地干部群众收听收看庆祝改革开放四十周年大会直播》两条报道。特别是后面一条报道，纵览全市典型地、典型人的收看情况，视野开阔。尔后以"印迹""变迁""心声"三个层次，从不同层面呈现宁波四十年的沧桑巨变。"印迹"层次，用好资料画面，细数《宁波改革开放40年大事记》；"变迁"层次，主持人结合数据的可视化制作，《数说宁波40年沧桑巨变》；"心声"层次，精选街头"海采"，以个体的感受表达《改革开放40年我印象最深的一件事》。三个层次，从"大事记"到"数说"再到"我印象"，最终落实到了个体人物的具事性讲述，由"大"到"小"，由"数据"到"故事"，将改革开放四十年巨变逐步"具象"，激发观众的共鸣。而"纪念"层次集纳《我市各地举行庆祝改革开放四十周年纪念活动》。以"喜报"层次结尾，既集纳了当日的新闻，又实现了与开头的"庆祝"相呼应的效果。六个部分的设计，实现了各自内容的块状集纳，又集中于同一编排主题，视野开阔，开掘纵深，首尾呼应，较好地体现了新闻作品的编排创作能力和水平。

二、以细致性的策划部署，实现综合报道的见人见事

重大主题统帅之下的新闻节目编排，最大的难点在于综合报道如何实现见人见事生动化的呈现。2018年12月18日播出的《宁波新闻》有三条综合报道，"见证"部分有《我市各地干部群众收听收看庆祝改革开放四十周年大会直播》，"心声"部分有《改革开放40年我印象最深的一件事》，"纪念"部分有《我市各地举行庆祝改革开放四十周年纪念活动》。这三条综合报道，除"海采"本身有人有事之外，其他两条要做到见人见事都有一定的难度。而主创团队通过细致性的策划和组织，精选采访地点和人物，统筹采访要求，使得每一路记者都能够采访到具体的人物和事件，从而为综合成文打下了基础。如《我市各地干部群众收听收看庆祝改革开放四十周年大会直播》就采访到了鄞州区百丈街道划船社区党委书记俞复玲、下应街道湾底村党委书记吴祖楣、浙江万里学院董事长徐亚芬、宁波舟山港北仑第二集装箱码头公司桥吊维修班组长夏天、十九大代表、北仑公安分局政治处主任胡朝霞、奉化滕头村党委书记傅平均等，在头条报道好市委理论学习中心组集体观看的基础上，城市社区到农村，从大学校园到港口再到公安警营，所到之处大多是改革开放四十年反映宁波巨变的典型地点，所采访到的人物，大多是具有一定知名度的先进典型人物，报道同时与这些地点的纪念活动相结合，使得综合报道既有开阔的视野，又有具象的人物与事件，避免综合报道成单纯"点名"的"流水账"，让观众在聆听采访对象激动的述说中感受共鸣。

三、以纵深性的资料盘点，实现巨变主题的深度开掘

庆祝改革开放四十周年纪念日的电视新闻节目编排，还有一大难点就是四十年巨变如何反映。四十年间，时间跨度长，可说的事情多，而主创团队迎难而上，把改革开放四十年大事记做细做精。在"印迹"层次，以

"致敬40年"为角标,从"1979年6月宁波港对外开放"到"2018年6月全国首个'16+1'经贸合作示范区在宁波正式启动建设",精选宁波改革开放四十年间40件标志性大事,挖掘出一幅幅历史性的影像画面再次呈现于屏幕之上,不由得让观众屏息凝视,找回记忆。紧接着,"变迁"层次,以"数说40年"为角标,推出《数说宁波40年沧桑巨变》。结合大屏展示的数据可视化制作,主持人从经济建设、城乡建设和社会建设等方面进行"数说",一个个上升的箭头,伴着主持人口中多个方面成百倍的增长,同样不由得让人感慨40年间变化的巨大。"印迹"和"变迁"两个层次的策划,较好地从"事件"和"数据"两方面进行资料盘点和计算,挖掘具有纵深性、翔实的列举,收到了强大的实证性说服效果。

四、以喜报化的巧妙构思,实现当日新闻的主题呼应

这一期《宁波新闻》还值得称道的是,最后一部分"喜报"的巧妙构思。新闻节目的编排,虽然并不能强求所有的报道都能够与编排主题相吻合,更不能为了编排主题的统一而强扭报道角度。这期《宁波新闻》对当日新闻的编排使用,恰恰体现了主编者驾驭重大主题的宏大视野和巧妙策划。这一部分中,《国内首条双层集装箱海铁联运班列在甬首发》《梅山口岸年度整车进口首破一万辆》《镇海区首座500千伏变电站正式投运》《宁波至萧山机场今起开通直达班线》《中山公园建成"最美花境"》5条报道,前4条都是当日新闻,时效性强,特别是前3条都具有宁波港城特色,其"首发""首破"等特有新闻价值性的表述,再一次让人们回到了"今天"——改革开放四十周年的纪念日,从"今日新闻"中感受到四十年的巨变,与当天的庆祝大会相呼应,与当天的大会盛况收看感受相印证,从而较好地实现当日新闻编排主题首尾呼应。

本期《宁波新闻》信息量巨大,策划组织和采访制作精细,但也存

在着一些细节性问题需要在以后的编辑制作中予以改进。首先是编辑思路的传递还可以更明确一些。"见证""印迹""变迁""心声""纪念"和"喜报"六个层次的表述，除了标题上层次的呈现，还可以在主播的过渡串词中有所体现，否则如此用心的编排设计意图，恐怕很难被观众所感受。其次是新闻选用与主题的吻合性需要更严谨的把握。"喜报"部分中《宁波至萧山机场今起开通直达班线》感觉就是一条常态的新闻，并不能够说明改革开放四十年后的最新成果，用在其中有突兀之感。第三是数据的可视化制作还可以更精细一些。"数说40年"的小窗和角标，与平面化制作的多种图示挤在右侧一边，观众看起来时有"冲突"之感，如果能够采用沉浸式的立体制作手法，让数据演示"站立"到主持人的面前，可能收视效果会更好。当然，这只是一些细微之处的改进建议，瑕不掩瑜，这仍然不失为一期综合水平十分高超的电视新闻节目编排作品。

如果把一期节目作为一个作品，那么最先体现是编辑的创作能力和水平，特别是其中内容的组织、形态的策划和整体的编排设计，以及整体节目团队的执行水平和相互协调成效等。在所有的广播电视节目中，时政性综合新闻节目和综艺晚会节目的编排设计可谓是最难以征服的两座"山峰"，需要考虑的环节多、协调的部门多，一着不慎，便难以取得满意的效果。2018年12月18日是我国改革开放四十周年纪念日，这一天，宁波电视台《宁波新闻》节目以全市各地干部群众收听收看改革开放四十周年庆祝大会直播为切入点，以见证、印迹、变迁、心声、纪念和喜报六个部分设计结构，策划组织了整档新闻节目的编排和报道，显示了主创团队围绕重大主题策划编排和组织报道的较高综合水平。评议人员抓住这一期的特别编排节目进行评议，条分缕析，"解剖麻雀"，既及时发现了优秀的新闻节目样本，又为各级广播电视台开拓时政性综合新闻节目编排思路提供了启示。

三、栏目评析

如果我们把节目评议界定为单个节目的评价分析，那么栏目就是广播电视媒体与听众、观众或互联网视听传播媒介与用户形成"约会机制"的最基本的单位。传播者通过栏目的定期播出或投放，与目标受众形成相对固定的"约会机制"，在指定的时间和频率、频道或互联网平台，目标受众如约而至，通过收听、收看或者点播浏览接收传播者的信息和思想，并作出反馈。在新媒体的平台上，受众可以把栏目的某一具体节目推荐给网络好友或转发到自己的朋友圈等，还可以添加评论。一档视听传播栏目在最新推出、最新改版，或推出、改版后经过一定的时间阶段，不仅栏目人员会关心和搜集受众的反馈与评价，评议人员也会关心和搜集相应的社会评价，特别是社会评价意见较为两极化的栏目，更需要给予重点关注。栏目评议的时机，一般为新推、改版栏目播出一至三期节目，或栏目播出到一定时间阶段，获得较好口碑，或社会评价普遍反应问题较大。新推、改版栏目如果观察一至三期节目还吃不准的，可以适当多听看一些时间，比如一个月、两个月甚至一个季度。栏目播出或改版满一年，也是比较好的评议时机。此外，栏目获奖、出现重大偏差等，也可以及时抓住由头，开展针对整档栏目的评议，总结经验，或指出问题。

下面结合浙江省2017年的几篇评议文章《优化内容编排　拓展传播路径——宁波电视台新闻综合频道〈看看看〉栏目评析》、新版改版节目系列评议《匠心打造主持人IP有效传递个性化声音——浙江之声〈飞扬访谈〉栏目评析》和《脚踩泥土　创新不断——奉化电视台〈乡间小路〉栏目评析》就主题评析作进一步的类型解析。

视听评议：机制、尺度和方法

优化内容编排　拓展传播路径
——宁波电视台新闻综合频道《看看看》栏目评析

到5月下旬，宁波电视台新闻综合频道民生新闻栏目《看看看》改版播出已满两个月。自2017年3月20日改版以来，这一陪伴宁波观众长达十一年之久的名牌栏目，以全新的传播理念、全新的主持方式、全新的专栏设置，做出了更加适宜于电视频道和新媒体端融合传播的民生新闻，给观众和网民以耳目一新的观感。

经过两个多月来的持续收看，全新改版后《看看看》栏目可以概括出以下三个方面的特色：

一、优质内容专栏化播出更适于新媒体端投放

近年来，"知识财产"概念（英文全称Intellectual Property，简称IP），与"粉丝经济"在语义和事实上完成了合流，其影响从文学、影视、游戏、出版向新闻传播领域发展，成为融合传播的一大现象。《看看看》栏目此次改版正是把优质新闻内容进行了专栏化的投放设计，使得一个个定位明确的小专题成为专栏IP，从而凸显出全媒体传播的理念，更适宜于新媒体端的投放和传播。

虽然电视新闻栏目在传统的频道播出方式上也有培育"忠实观众"的诉求，但这是一种以栏目为本位的"约会机制"，不仅有收视时间的限制，还有栏目捆绑的局限，因此，并不适合在网站和新闻客户端以及微信、微博等新媒体端的传播。而此次《看看看》栏目通过多样化的原创专栏设置，使得每一个贴有鲜明标签的专栏，都可以成为新媒体端单独投放、圈粉的专栏IP。这样一来，观众不仅可以在电视的宁波新闻综合频道

与"NBTV新闻中心"微信公众号同步收看直播，还可以在手机新闻客户端"点看宁波"APP的"新闻"一栏中找到《在现场》《姐妹帮》《纪实派》等专栏的标签点播观看。与此同时，此次改版也给予了主持人更大的发挥空间，专门为主持人量身定制了《开场SHOW》专栏，打造主持人IP的意图明确，十分有利于主持人形成自己的主持风格，让观众迅速认知，并成为主持人各自的"粉丝"，转化为可持续的收视率和点击量。

此外，在常态的栏目采制中，《看看看》也兼顾到了电视频道直播和新媒体端不同媒体介质的特点，进行专栏化的系列报道和连续报道策划设计。如4月7日至14日宁波市"两会"期间，栏目和宁波广电网就联合推出了《两会互动帮您问》，就观众关心的事情，多媒体联动采访"两会"代表及委员，"家门边的南塘河治理好了，怎样保持治水成果？""医疗资源怎样保障均衡化？""厨余垃圾混装混运，垃圾分类如何推进？"……互动化的专栏设置，有利于观众关注和参与。自3月22日世界水日全省"剿灭劣Ⅴ类水"誓师大会开启的《"剿灭劣Ⅴ类水"系列行动》也一直延续了下来，5月29日播出的《提升水质，从源头把关》报道了记者跟随江北区综合行政执法局工作人员对沿河企业排污和违章搭建进行细致排查，保持了对剿劣行动的持续关注。

二、多样化原创专栏彰显"短视频"魅力

《看看看》此次改版在专栏设置上面下了较大的功夫，它既可以让各专栏在电视频道上拼版播出，保持整体性和连续性，也可以让各专栏在新媒体端条块拆解播出，彰显"短视频"的魅力。

按照改版设计，《开场SHOW》由主持人"梳理每日最新鲜的新闻资讯"，《在现场》"带观众走进有价值的新闻现场"，《姐妹帮》主打"小姐妹暖心帮忙"，《讲述者》"由新闻当事人讲述新闻背后的故

事"，《纪实派》"真实记录甬城点滴，带你领略宁波大美"。这些专栏设置，分类明确、标签清晰，不仅有利于观众在新媒体端的关注和点看，还十分有利于观众的参与，求助帮忙或提供线索，甚至直接参与到短视频的拍摄制作，为栏目与观众展开良性互动打下了良好基础。

改版两个多月时间来，这些专栏的特色正在努力地打造之中。如《在现场》记者全现场的串接报道方式，使得报道的现场感大为增强；《讲述者》请出新闻事件的当事者，娓娓道来的故事化讲述增强了专栏的吸引力。特别是《纪实派》持续推出的《醉美乡村行》系列报道《花开南岭》（3月30日播出宁海桑洲油菜花节报道）、《横街竹经济"火"了》（4月8日播出海曙区横街镇竹生活文旅节报道）、《东吴生态文明示范线开启》（5月26日播出鄞州区东吴镇生态文明示范线开线报道）等，较好地吸取了网络"短视频"制作的优点，并配合音乐的使用，突破了传统新闻报道的手法。包括栏目在4月8日起连续播出的《发现宁波之美》系列短片，利用各方面的镜头积累，展示了宁波"从千年古城到文明之都"的发展之美，都充分体现了纪实类"短视频"的可观赏性。

三、个性化主持风格融入"脱口秀"色彩

《看看看》栏目此次改版，还有一个鲜明的特色就是更加着力地打造了主持人的个性化主持风格。双主持的设置，让话语权交接更加顺畅，也赋予了主持人自主说话更大的空间。特别是为主持人量身定制的《开场SHOW》专栏，一开场便以主持人说新闻的方式，梳理每日最新鲜的新闻资讯，不仅突出了时效性和信息量，而且主持风格也更加鲜明。例如，3月20日新版播出当天，主持人沙瑛雪说："现在我要傲骄地宣布《看看看》正式变脸，……重要的事情说三遍，……生活虐我千百遍，我待观众如初恋……"快节奏的语速，略带调侃的语气，十分具有交流感和亲和力。同

第五章 视听评议的特点和类别

样,在说新闻过程以及对每条新闻的串接过渡中,主持人的话语风格也颇具"脱口秀"色彩。总之,脱离文稿播报状态的轻松语态,更具自主说话性的鲜活气息,有时候主持人秒变"段子手",更增强了对年轻观众的吸引力。

《看看看》改版两个月多时间来,已逐步形成了栏目新的风格。但在肯定成绩的同时,也需要对主持人《开场SHOW》专栏滥用网络语言的问题提出批评。作为主流媒体新闻栏目,在普通话规范性运用方面应当以身作则,刻意使用或滥用网络语言,只会拉低栏目的品位,其传播效果也将适得其反。如4月21日的《开场SHOW》,说《遮挡号牌还怪风!大风:这个锅我不背》,主持人沙瑛雪说鄞州交警在巡逻的时候,发现有辆汽车号牌后几位被一张烟盒遮挡,拦下一问,司机说是风刮上去的,主持人就说:"警察叔叔呵呵一笑而过,大家都是千年的狐狸,你玩什么《聊斋》呀!"——在这里,调侃"警察叔叔呵呵一笑而过"显然与新闻事实不符,而把警察调侃成"千年的狐狸",显然不够严肃;4月25日的《开场SHOW》,说宁波市不少医院建立起入院管理中心,以减少无处安放的病人。但主持人胥可非得从"大家都知道,挖掘机技术哪家强,中国山东找蓝翔"这句话说起,然后扯到"谁家的床位最紧张,那么答案永远是医院的病房和走廊",如此表达显得过于刻意和啰嗦;5月22日的《开场SHOW》,主持人郭雪玲开场说:"悟空问:土地,快告诉俺,俺的金箍棒在哪里?你的金箍——棒就棒在特别配你的发型。"估计主持人也没太搞明白此话怎么讲,在这里尴尬地揉了一下自己的鼻子接着说:"问:你家的油烟机棒在哪里?"——原来是要说一条央视对宁波制造的方太油烟机进行的一次炒辣椒测试。然后又说到意大利一商店专门立牌提醒华人顾客挑选西瓜不要"敲",也非得把外国人说成"歪果仁"。主持人形成成熟而有魅力的主持风格,不是靠简单地使用网络语言,而是要凭借对新闻内容准确、深刻的把握，深入浅出的分析，以及通俗生动的评论来逐渐养成，滥用网络语言的弊端还需引起重视并注意避免。

匠心打造主持人IP 有效传递个性化声音
——浙江之声《飞扬访谈》栏目评析

《飞扬访谈》是浙江之声2017年夏季栏目改版后重点打造的午间访谈栏目，在工作日中午11：00至12：00播出。栏目由浙江省新闻名专栏《新闻直播室》更名而来，以浙江省十佳播音员、主持人飞扬名字命名，并由《新闻直播室》原班人马组成。更名改版之后的《飞扬访谈》已播出30多期，约访了来自社会各界的30多位嘉宾，话题涵盖时政、经济、民生等领域。栏目以"倾听每个人的声音"为诉求，致力于打造带有主持人鲜明个性的新闻访谈栏目，也体现出精品化制作的特点，自推出一个多月来已形成一定的社会影响。

一、专访新闻人物 解读热点话题

《飞扬访谈》的片头和片花都力求给予听众一个清晰的栏目定位。"新闻事件中的焦点人物，热点话题中的权威人物，社会关注中的公众人物，时代变迁中的普通你我——浙江之声《飞扬访谈》专注倾听每个人的声音""以对话记录事实，以人物解读新闻"——在这一定位当中，"人物"既是访谈的主体对象，也是栏目抓取新闻核心的主要抓手，"以人物解读新闻"才是栏目的核心诉求。

在栏目定位的四类人物访谈对象中，焦点人物和公众人物本身就是新闻人物，具有鲜明的新闻性特征。如中国青春宝集团有限公司和胡庆余堂集团董事长冯根生于2017年7月4日凌晨去世。这位风云浙商最令人称道的是其一生都在潜心开拓中药现代化产业，重塑胡庆余堂"江南药王"的地位，是现代中药历史发展的见证人和创造者。冯根生的去世在浙商圈内产生了很大的震动。栏目组第一时间专访了和冯根生有过交集的浙商如浙江康恩贝集团董事长胡季强、浙江金华寿仙谷药业有限公司董事长李明焱等，通过对他们的专访，追忆冯根生作为优秀浙商的难忘瞬间。

栏目定位的另两类人物——热点话题中的权威人物和时代变迁中的普通你我，前者重点着眼于权威人物对热点话题的解读，后者则是以普通人物的身份映照出时代的变迁。如8月7日的节目对第十三届全国学生运动会筹委会常务副秘书长、省教育厅副厅长鲍学军的访谈，从多个方面介绍了即将于9月在杭州举办的全国学生运动会的筹备工作，特别是关于孙杨、叶诗文将代表所在大学参赛以及全国学生运动会会歌《动如潮》、会徽和会标的产生等，都颇具新闻性与可听性。又如，8月1日为中国人民解放军建军90周年特别策划的《老兵和小兵的故事》，邀请了两代军人代表共同走进直播室：老兵是来自老山前线的战士诗人陈灿，他退伍不褪色，用文字和诗意表达对从军历史的铭记；小兵是东部战区陆军72集团军战士李师峰，他全程参与了最近兰溪的洪灾救援，因为其写的一篇篇抗灾日记而被大众所熟知。访谈中，老兵用诗句铭记和缅怀战争的记忆，小兵用质朴的情怀珍惜这一身军绿，两代军人以普通士兵的视角讲述了他们的从军故事和对建军90周年光辉历史的感悟，以人物观照历史，彰显了人民解放军的本色。

二、正面引导舆论　彰显媒体担当

在已播出的30多期节目中，《飞扬访谈》就时政、经济、社会、文化等多方面的热点话题，与各个领域的知名人士进行了深入探讨。畅谈的话题不仅紧紧围绕时事或相关行业领域，更以人物的经历、感受为切入点，抽丝剥茧层层设问，以成败得失、人生百味抒发生活感悟。同时，栏目注重新闻特质和人文关怀的有机结合，以媒体的社会责任担当引导社会舆论。如6月22日，杭州蓝色钱江小区发生火灾，导致一位年轻母亲和三个孩子死亡，而涉嫌纵火的正是他们雇请的保姆。案情一经披露，公众为之哗然，社会舆论几乎谈论的都是保姆的背信弃义。但如果只把这起案件理解为现代版的东郭先生和狼的故事，只满足于指责保姆，不但无济于事，且很有可能造成更为严重的社会矛盾。正是基于这样的考虑，《飞扬访谈》栏目第一时间邀请了浙江家政服务行业协会会长、三替集团董事长陶晓莺走进直播室，深入分析了浙江家政保姆市场存在的问题及需要应对的措施。由于策划及时、采访到位，节目以建设性的思辨有效引导了社会舆论，并对浙江家政市场的健康可持续发展进行了深入探讨。又如28岁的长兴小伙邹新飞身患尿毒症8年，但他从未向命运低头，靠着创业养鸡自救。除了创业卖鸡蛋，他还积极投身于长兴百灵公益事业。栏目组邀请邹新飞走进直播室，亲身讲述这些年他自助助人的心路历程，并精心设计了他和场外嘉宾的对话，其中有帮助过他的平凡好人，也有多年来默默支持他的母亲，一段段质朴的对话让人动容。像这样的人物访谈，具有传播正能量的积极作用，彰显了主流媒体的社会责任担当。

三、打造主持人IP　凸显栏目个性

就当前新媒体的发展态势而言，以具有鲜明个性特征的IP已成为吸引受众注意力、壮大新媒体用户规模的有效途径。广播节目主持人具有天然的IP特性，而浙江之声此次改版以主持人名字命名，打造个性化主持人IP的意图十分明确。就飞扬本人而言，其公众形象阳光、积极，富有社会责任感，已具有一定的影响力。

另一方面，经过多年来主持岗位的历练，飞扬提问挖掘力强，善于在

追问中挖掘访谈对象的经历故事。如8月7日关于第十三届全国学生运动会筹备情况的访谈，面对筹委会常务副秘书长鲍学军，主持人提问就展现了其过硬的新闻挖掘力，其铺垫性地念了微信平台上的一条评论之后，话锋一转，巧妙地以听友的口吻问道："既然在省会杭州办，那么像孙杨他们这些大家非常熟悉的体育明星，他们会参加这次学生运动会吗？您给大伙儿一个权威的说法。"面对这一提问，鲍学军明确回答了孙杨、傅园慧"都代表他们所在的大学参赛"，这些内容首次披露，颇具新闻价值。与此同时，飞扬还擅长为访谈对象"补台"。如鲍学军在谈到此次全国学生运动会开幕式由著名导演崔巍担纲时，主持人马上补充说"她也是去年参加了G20文艺晚会的导演之一"，即兴的补充说明及时地介绍了崔巍导演的背景。就是在这样的"追问"与"补台"的过程中，完成了节目的进程，也树立了主持人良好的公众形象。

对于这样一档听众喜爱的广播访谈栏目，大家都寄予了厚望。在收听了多期节目之后，评议员认为还可以从以下几个方面做出努力。首先是栏目与听众的互动还不够充分。栏目围绕访谈设计策划较为充分，但在访谈过程中回应微信平台上听友的同步提问较少，如何处理好主持人"专访"和听友"参访"的关系，需要思考。与此同时，作为在传统广播媒体首播的大版块访谈栏目，同样也需要考虑如何更好地实现与新媒体传播渠道的对接，毕竟在新媒体平台上，时长一小时的音频很难让听友完整地收听。因此，在中国蓝新闻客户端、浙江之声微信公众号及微博等新媒体平台上，栏目需要挖掘节目中的新闻点进行二次编辑，如像孙杨、傅园慧、谢震业将参加全国学生运动会的新闻，可以当作访谈节目中的首发新闻，在多平台上进行二次传播，进一步扩大节目的社会影响力。

《优化内容编排　拓展传播路径——宁波电视台新闻综合频道〈看看

看〉栏目评析》和《匠心打造主持人IP 有效传递个性化声音——浙江之声〈飞扬访谈〉栏目评析》两篇评议文章都是关于改版和新推栏目的评析，前者是于栏目改版两个月之后，后者则是于访谈栏目推出一个多月时间之后进行的评议。就这两篇评议文章所评的两档栏目而言，《看看看》是一档每日播出的民生新闻节目，《飞扬访谈》则是每周工作日直播的新闻访谈栏目，播出频率都比较高。但是为了评得更准确和细致，评议人员都进行了较长时间的听看和观察，因此积累的案例也比较丰富。而经过较长时间的收看，在充分肯定栏目播出所取得的成果的同时，也对栏目所存在的不足进行了认真的思考，因此，所提出的一些意见和建议富有针对性，可操作性也比较强，被栏目的采编主持人员欣然采纳。

脚踩泥土　创新不断
——奉化电视台《乡间小路》栏目评析

本年度全省广播电视对农节目服务工程建设考核，重点抽查了2016年8月22日至8月28日一周内各台播出的广播电视自办对农栏目。奉化电视台《乡间小路》自2015年6月改版后，栏目从原来的每周5档、每档20分钟，扩展到每周6档、每档25分钟，实现了电视对农栏目的日播。同时，栏目还探索了小版块结构化的电视对农杂志编排模式，设置了《乡间播报站》《乡间新视点》《乡间致富经》《乡间服务站》《乡间超市》《乡间加油站》《乡间故事会》《美丽乡村我的家》等版块，今年又新增了《食在好源头》、农村"三权改革"宣传方言快板书等内容，每档栏目以3个至4个小版块的编排设置，构建为一档电视对农杂志。栏目以日播化的编排和每晚20：00档的首播黄金时段，以及每天四次的重播率，确立了电视对农栏目在县级电视台自办节目中的主体地位，形成了电视对农栏目的影响力。

第五章 视听评议的特点和类别

本次抽评考核和评选8月22日、24日和25日三档《乡间小路》的代表性栏目，主要表现出以下三个方面的优点：

一、双脚踩进泥土 节目接上地气

《乡间小路》栏目自2012年推出以来，一直以深入田间村头的扎实采访作风为人称道，较好地体现了电视对农栏目记者身体力行"走、转、改"的良好形象。此次栏目评选中，8月22日的《乡间小路》中，"食在好源头"系列播出的《泥涂寻宝》，说的是记者白玫来到莼湖海边的滩涂上，跟随当地老渔民陈国存用泥船和竹桶的传统方式捕捉跳跳鱼的过程体验。在这一报道中，只见记者白玫不仅双脚踩在几乎没至膝盖的滩涂泥浆中艰难地行走，还使劲地帮渔民推着泥船，用心地体验着"与跳跳鱼斗智"的辛劳捕捉过程。当夕阳西下，潮水涌来，记者随老渔民提着沉甸甸的收获踏上回家路的时候，已是一身的泥浆，让观众深切地感受到，这确实是一档"双脚踩进泥土"的电视对农栏目。同样，在同一档栏目的《乡间致富经》报道《当传统农业撞上新型直播》中，主持人孙颖也是一头钻进了葡萄大棚，和正在用手机进行直播销售的90后年轻农民周波蹲在一起进行采访，就是这一"钻"一"蹲"，让主持人和农民的距离拉得更近了。

与此同时，《乡间小路》的接地气，还体现在了栏目内容的诸多方面。比如，8月22日的《乡间超市》专栏推出的是"团购土蜂蜜"，不仅让农民直接上电视屏幕用奉化腔的普通话推荐自产农产品的"黄金60秒"，就连专栏主持人禾禾姐也直接用奉化方言解说和采访。抽评到的一周节目中，为配合当地农村"三权改革"宣传而特地请奉化的曲艺演员录制的快板书《"三权改革"要支持》也用的是方言，正是这样的一些元素，让栏目充满着乡土的气息。

二、关注"三农"前沿 创新持续不断

尽管有方言的小专栏，观众的互动也时不时地夹杂着奉化味道的普通话，但《乡间小路》接地气却又没有"土"气，而是以对"三农"前沿的关注和持续创新的节目形态，散发着属于电视对农栏目特有的时尚气息。

首先是在栏目内容上体现出对"三农"前沿把握的敏感性。8月22日《乡间致富经》专栏中播出的《当传统农业撞上新型直播》，敏锐地抓住了奉化的青年农民和当地的旅游公司，以当下时尚的网络直播方式进行农产品销售的新生事物，栏目报道做出了新意。这一报道主要说了两件新鲜事，一件是90后青年农民周波利用网络直播进行葡萄拼团促销活动，短短半小时内拼团成功销售了100多箱葡萄。另一件是"宁波首个乡村旅游服务平台"——阿拉乐乡推出的"村红直播找土货"，两件新鲜事让农村观众为之眼界大开，原来农产品还可以这样卖，真是好看又实用。

其次是栏目形态的创新。《乡间小路》在与观众的互动上与微信的使用有着较好的结合，一是每周推出"微话题"，让观众参与话题讨论，比如抽评的这一周推出的"微话题"是"网络直播销售农产品，大家觉得行不行"，与周一的主打栏目报道《当传统农业撞上新型直播》进行了关联编排处理，并将"微话题"的讨论延展到一周的栏目中，每天播出几条微友的参与语音，在互动之中进行农产品营销新理念的传播，同样体现全新的传播形态。二是充分利用栏目建立的"小板凳田间课堂"智囊团，200多位农民朋友加入微信群，在《乡间服务站》专栏中开辟"微信群专家在线"，进行在线答问，同时开辟"供求在线"，让观众、微友通过栏目和微信群的结合，实现供求信息的自由发布和有效对接。除了融合传播业态的探索，《乡间小路》还尝试了除报道之外的多种传播形式，如现场活

动、快板书等，使得栏目的形态尽可能地丰富多彩，更显生动活泼，好看实用。

三、融进流通领域　架起城乡桥梁

近年来，《乡间小路》栏目组还在农产品流通领域的融入上进行了颇有成效的探索。尽管其他的版块每天都会轮换，但栏目有一个版块却是雷打不动地每天都会安排播出，那就是深受奉化农民和市民喜爱的《乡间超市》。每天播出的《乡间超市》，已经成为奉化市民团购优质农产品的"电视超市"。比如此次考核抽评到的8月22日至25日这一周，周一至周五的团购农产品分别是土蜂蜜、土鸡蛋、新鲜的菱角、月饼等。每次农产品团购，都由专栏主持人禾禾姐出发拜访农产品主人，然后由农产品主人进行"60秒黄金时间"自我推销，然后再由禾禾姐考证质量并商量团购价格，每期时长25分的节目中，《乡间超市》只占用3分钟时间，就好像是在栏目的一角开辟出的电视农产品"超市"，架起了优质农产品购销的桥梁。据悉，自《乡间超市》2015年6月开播以来，受到农民和市民的同时追捧，一年多的时间已帮助农民销售农产品500多种，销售额达到500多万元。

《乡间小路》开办五年来的坚持不懈和努力探索，成就了栏目的影响力。从《乡间小路》的成功实践中，我们看到了广播电视对农栏目在县域传播中所能够发挥的巨大能量。广播电视对农栏目既是县级广电媒体服务"三农"的主阵地，也是在目前环境下与省、市台错位发展的"杀手锏"。以奉化台的成功探索为启迪，各地都要在城乡统筹发展的大背景下进一步确立对农栏目的重要地位，健全对农宣传组织机制，加强对农栏目的采编力量配置和设备保障，拓展对农传播的领域和内容，为县级广播电视台的自身发展赢得更大的空间。

2016年度，奉化电视台《乡间小路》栏目在浙江全省广播电视对农节目服务工程建设考核暨对农节目政府奖评选中，再次名列全省县级电视台考核优秀第一名，并荣获广播电视对农节目政府奖电视对农栏目一等奖。这是奉化电视台自2012年4月对电视对农栏目实施改版，推出《乡间小路》以来，连续第五年蝉联全省广播电视对农节目政府奖评选的电视对农栏目一等奖。为了更好地推介奉化台电视对农栏目的创优经验，评议人员对奉化电视台当年度参评栏目进行评析，并通过评议将这一栏目的创优经验传播到了全省11个地市级台60多家县市区台，起到了十分良好的推广作用，为浙江全省广播电视对农栏目的创新创优提供了典型以及经验评价分析。

四、频率、频道等刊播机构评析

除了广电行政管理部门针对播出机构进行的综合评价，一般针对广播整频率、电视整频道或互联网视听传播媒介平台整体开展的评议并不多。因为评价一个广播频率、电视频道或互联网视听传播媒介平台，涉及的栏目总量大、类别多样，其中的栏目质量有高有低，因此，频道、频率等刊播机构评议比较难以定性，如果需要进行专门评议的话，一般抓住主要的栏目类别——比如频率、频道作为定位性质类别的主要栏目，如新闻综合频率、频道的新闻类节目，专业对农频率、频道的对农节目等。

下面结合浙江省2016年针对浙江电台新闻广播连续两年持续推出的评议《探索融媒体创新发展　提升新闻台引领能力——浙江新闻广播节目评议》和《个性播报有亮点　新闻自采需加强——浙江电台新闻频率节目评议》，宁波市2018年评议《打造强交互性的广播融合传播新业态——镇海电台FM104.7融合传播创新实践评析》，就频道、频率等刊播机构评析作进一步的类型解析。

探索融媒体创新发展　提升新闻台引领能力
——浙江新闻广播节目评议

我省首家专业新闻频率——浙江新闻广播（FM98.8）开播两年了。经过两年的探索实践，该频率已为广播新闻资讯的集纳、互动、引导、服务搭建了较好的传播平台。最近，省局节目评审中心组织评议员集中收听了该频率3月下旬播出的节目，现评析如下：

一、结构合理，突出新闻

该频率能主动融入移动互联网，汇天下之精华，全天候不间断地播送新闻，让受众"在杭州，听天下"。在新闻栏目的结构设置上，突出新闻专业频率特色，每逢半点整点时间均有"新闻锐搜索"播出，全天有30多档新闻节目，新闻时段占播出总量的八成以上。无论是本地的还是外省的，中国的还是世界的，只要有重要新闻发生，用户在这里总能较快地收听到不同时段推出不一样的"今日头条"，第一时间告知受众最新的重要消息。如3月28日8点报道了山东处理问题疫苗的最新进展。"988环球眼"则扫描世界风云大事，如3月30日习近平主席访问捷克当天，详细报道了这次访问的重大意义。还有"城市新闻"，快速浏览国内各地刚刚发生的新闻，"连线现场"则派出记者到新闻现场报道所见所闻。海量的信息、独特的视角、快捷的传播，让受众享受到快捷全面的新闻服务。

二、勇于担当，快速反应

浙江新闻广播坚持主流媒体的责任担当，在海量信息汪洋中"与大事件同行"，为党的执政实践、民众的追求与奋斗鼓与呼，在引领社会舆论中发出正确的声音。从信源、文本、主持、语境，到传播、渠道、全环节规范大气，不仅求快，而且做深，许多新闻报道不止于简要的信息层面，更有知识、政策、价值、建议等丰富内容。如3月31日16：40播出的"蒋承仁勇救坠楼女子"的现场报道，不仅时效快，而且有层次，有思想，音响丰富，现场感强。日常的主题报道、典型报道、应急报道以及热点引导、舆论监督等，该频率都有精心策划。如3月31日播出的"习主席出席核安全峰会"专题，有3次核峰会的背景介绍，有时事评论员的评说，还有习主席出席这次峰会的最新信息等，有份量，有深度。

三、探索新路，精细服务

探索"新闻+"服务的路子，放下架子，真心诚意为受众提供主动精细的服务，这是该频率的一大特色。"你若遇到困难，遇到急事，请及时联系，我们来帮你"，这是该频率对受众的公开承诺。节目每小时均有天气、交通、路况等方面的实时报道，不只有笼统简单的信息概况，还有具体实用可操作的应对措施和办法。如天气预报告诉老百姓气象变化的节点，提醒大家穿衣着鞋的变换。交通路况则具体到方方面面，包括铁路民航最新动态，市区、景区道路，国道、绕城线、高速公路等，哪里有拥堵、有事故，如何绕道避行，如何保证安全等。股市、楼市、旅游等与百姓日常生活密切相关的诸多问题，均有专门时段答疑释惑，提供帮助。服务更多地在"新闻+"上着力。如"山东问题疫苗"案发后，社会产生恐慌，节目就请来专家详细介绍相关知识，消除人们的疑虑。杭州今年小学升初中的情况有变化，节目即时推出"聚焦小升初 名校面对面"直播热线，请来校长解答家长的问题。4月1日有一些法规条例开始实施，节目提前几天介绍与群众生活密切相关的内容。新闻和服务的有机结合，为新闻广播创新发展探索出一条新路。

四、依托网络，增强互动

利用移动互联网多媒体平台，增强互动，让广播"动"起来，是浙江新闻广播尤为出彩之处。目前，该频率已覆盖蜻蜓FM、喜马拉雅、蓝天云听等网络收听群体，通过微信、微博、微视等新媒体新渠道，与广大用户互动共享，线上交流，线下体验，现已拥有千万铁杆粉丝。许多网友源源不断地报料，提供丰富鲜活的报道线索和策划点子。在互动的过程，节目不断穿插网友发自现场的音频视频，大大增强了节目的现场感、可信度、可听性。浙江新闻广播还运用自身APP平台，组织主持人与网友同场的社会公益活动，如"锐主播为创客加油""直击大寒潮""回家过年"等。去年参与阿里巴巴天猫"双十一"网络大直播，单日点击量过亿，创造一项新纪录。

五、几点建议

1. 加强顶层设计，精心策划活动

要通过大数据进行科学推算，对频率的整体和局部进行准确定位。目前推出的几档栏目的定位及名称不够准确，如《焦点不妨谈》《房不胜房》《行走范特西》《童鞋你造吗》《二狗有思想》等，既不适合广播特性，也不符合语言规范。同时，每年应力争策划几项重点报道、重大活动，努力扩大影响力。

2. 扩大自采数量，加强原创能力

目前播出的新闻报道中，频率记者自采的比例还很低。作为一家以新闻为主业的专业新闻广播，仅靠"拿来主义"为生，而缺乏大量的原创新闻支撑，既难以可持续发展，更谈不上产生独树一帜的影响力。

3. 注重评论建设，提升引导能力

新闻的力量取决于又快又准的事实报道和权威公正的观点评论，两

手都要抓，评论尤其要加强。应发挥网络优势，在选好专家评论员的基础上，发现培养一批"草根评论员"，针对新闻事件及时发表独家观点，澄清谬误，明辨是非，引导舆论。

个性播报有亮点　新闻自采需加强
——浙江电台新闻频率（FM98.8）节目评议

开播近两年的浙江电台新闻频率（FM98.8）以"在杭州，听天下"为宗旨，全天各时段节目聚焦热点新闻事件、播报最新时事新闻。近两年来，浙江电台新闻频率坚持正确导向、确保安全播出、不断求新求变，在新闻运作、新闻行动、品牌打造上下功夫，补短板。

一、版块设置个性化

FM98.8的节目编排以版块式呈现，主要设有《新闻+早高峰》《新闻+财经》《新闻+民生》《新闻+午高峰》《新闻+热点》《新闻+科技》《新闻+晚高峰》等几大特色版块，使节目具有可听性、服务性、特色性，较好地契合了听众的个性化需要。如在《新闻+民生》版块中有两个小节目《消费非常道》和《消费007》，在帮助消费者解决问题的同时，还对消费权益相关的政策法规进行深度解读，提升消费者的维权意识和维权能力。

FM98.8在各个时段的节目中都有《新闻锐搜索》和《新闻锐评论》这两个版块，《新闻锐搜索》为听众搜索国内外最新资讯，从韩国前总统朴槿惠受审、西安地铁安全等国内外重大事件到本省考生高考报考咨询、杭州各家共享单车之争等本地热门话题都有所涉及。《新闻锐评论》则是对最新、最热新闻事件的解读评说，既援引其他权威媒体报道来评述新闻，对新闻事件进行多视角、多方位的解读，也推出节目自身的特色点评。如在3月20日播出的节目中，对北京动物园事件提出了监管和治理方面的看法，同时也提醒游客应加强安全意识、遵守相关规定。

以上这些个性化的版块设置，为听众带来不一样的新闻播报、解读和评论，基本做到了"在杭州，听天下"的频道传播宗旨。

二、节目播报有速度

FM98.8一直尝试创新新闻报道模式，力求把最新、最热的本地新闻，特别是突发新闻快于网络客户端播发。节目团队将"快"和"准"作为目标，遇到突发事件及时反应、快速行动，第一时间赶赴现场，为听众呈现新闻事件的最新动态。如3月21日晚在节目中插播的一则突发新闻：当晚21：50左右杭州市区解放路一老房子发生火灾，19辆消防车赶赴现场灭火，记者第一时间发回了现场报道，转述从消防中心、现场目击者了解到的情况；节目又于3月22日上7：12至7：16播出记者在火灾现场发回的后续报道。3月22日，节目组在得知杭州市民吴先生骑共享单车意外受伤引发脑溢血的消息后，当日上午就对这一事件进行了播报，并在后续的节目中对该事件进行了持续关注。

FM98.8的以快见长不仅体现在对杭州当地新闻的采制中，对国际重大事件的播报同样也做到了快速反应。韩国前总统朴槿惠于当地时间3月21日上午9：00前往首尔中央地方检察厅接受调查，并在受讯前接受媒体采访。节目在当天上午的新闻播报中密切关注这一事件，为听众传递最新资讯，并及时转播了央视记者的现场报道，介绍相关情况。面对重大国际新闻事件，频率迅速反应，让听众能够"在杭州，听天下"。

三、媒体融合展新意

FM98.8积极探索媒体融合途径，用好"两微一端"，将微信作为线上

视听评议：机制、尺度和方法

广播节目的融合窗口，把节目中无法完全呈现的图文、视频、音频、游戏等放置到微信公众平台，并加入如浙江省高速路况信息、移车查号等服务功能；同时，在蓝天云听APP上网友能够实时评论，并与主播进行互动。

节目以H5页面更生动地呈现新闻事件，并注重突发新闻和策划性新闻在微信朋友圈的二次传播，使广播节目也具有可视性。同时，结合现有节目资源，频率在微信平台上开设"小升初"版块，听众点击之后便可收听、点播相应节目并发表评论，也可通过网易直播进行观看，了解更多的"小升初"资讯。

然而，从收听情况来看，部分节目还存在一些不足。我们以3月20日、21日6：00至18：30，3月22日6：00至15：00这三个时段播出的节目为例。

1. 自采新闻占比低

在上述三个时间段内，FM98.8所播出的节目范围较广泛，但在这海量的新闻信息中，频率的自采本地新闻却不多。如3月20日6：00至18：30共计750分钟的时间内，自制新闻时长共计222分钟，仅占节目播出时长的30%左右，其余内容均来自于中央电视台及其他新闻媒体；3月21日7：00至8：30播出的《新闻+早高峰》栏目，在总时长为90分钟的节目中，只有13分钟的内容是对本省及杭州本地新闻的自采报道；12：30至14：30播出的《新闻+午高峰》栏目，节目总时长同样为150分钟，也仅有43分钟为省内新闻的自采报道，其他均为国际、国内其他地区的新闻资讯、道路、交通、天气状况等内容。

2. 节目内容同质化

对于一个新闻频率而言，24小时的新闻直播须强有力的新闻内容生产来支撑。目前，FM98.8新闻生产能力还不强，各版块新闻内容仍存在同质化问题，在收听的这三个时段里，共享单车和小红车之战、楼市涨落趋势、小区空闲车位共享等热点话题频繁出现在各个时段的新闻节目中，报道的角度、探讨的话题都较为相似,有的甚至是相同的内容不断重复播出,亟须在新的层面上有新的拓展。

浙江新闻广播（新锐988,FM98.8）是经批准于2014年6月18日开播的、浙江广播电视集团旗下的第八套广播频率,定位移动互联网收听人群,主打"24小时新闻大直播"+个性化主播朋友圈,同频覆盖浙江省杭州、嘉兴、湖州、绍兴等地。为了更好地跟踪评议这样一个全新的广播频率,以促进频率的健康成长与发展,浙江省广播电视节目评议审查中心连续多年进行了对这一频率的持续性跟踪评议。在这两篇评议文章中,评议人员抓大放小,抓住整频率的版块设置、播出时段编排以及所定位旨在移动互联网收听人群的媒体融合传播策略等,展开听看评议,对频率的建设和发展提出了较为中肯的建设性意见。

打造强交互性的广播融合传播新业态
——镇海电台FM104.7融合传播创新实践评析

到2018年5月,镇海电台"1047开吧"上线已满一年。自去年5月3日镇海电台FM104.7在开吧APP上线以来,将电台直播与新媒体平台融合,较好地实现了广播节目直播与客户端发布的同步联动和"双线"互补,成功打造了强交互性的广播融合传播新业态。据了解,开吧APP是一款专为交通广播研发,集广播音视频直播、听友互动、汽车消费投诉和路况查询报料等功能于一体的融媒体工具。开吧APP于2015年12月在杭州交通经济广播率先启用,以声屏融合传播场景的构建,巩固了交通类广播在车载收听市场中的地位。考察镇海电台FM104.7一年来与"1047开吧"的融合传播实践,同样体现了多方面的优势。

视听评议：机制、尺度和方法

一、以实时互动增进强交互性

在"1047开吧"上线之前，FM104.7节目与听友的互动主要通过1047NiceFM微信公众号进行，每个工作日更新一次，每次推送3至5条资讯，发布次数和条数都受到限制。节目直播时的听友互动主要通过公众号下ifm1047朋友圈进行，每位听友报料路况或参与话题以点对点的方式与主持人交流。而在"1047开吧"上面，所有听友相互都能实时交流，并发布资讯。听友可以和周边的司机打招呼，相互了解路况等。比微信公众号更具优势的是，"1047开吧"上主持人发布资讯的条数和时间也不受限制，主持人可以通过开吧滚动头条实时发布路况信息，用开吧资讯和滚动头条两种形式实时发布道路维护、限行等预告类信息。同时，通过平台的语音转换软件，主持人可以实时看到大家发布的语音留言和视频转换成的文字，保证播出的安全性。据了解，"1047开吧"开通以来，FM104.7《爱上上班路》《爱上下班路》等早晚高峰节目，与听友的实时互动明显增加，话题参与和路况报料内容，除了在节目中直播选用之外，在APP平台上的呈现更加热闹。开吧APP还提供视频直播功能，2月13日，主播大艾、楚楚邀请禹桐一起主持《爱上上班路》，并首次尝试在开吧APP和一直播同步进行视频直播，吸引了不少听友收看。另外，开吧APP提供贴合电台媒体需求的全媒体（文字、图片、语音、小视频）互动，具有点赞、打赏等激励功能。可以说，主持人通过APP平台发布话题或调动听友报料，打造出了强交互性的广播融合传播新业态，让听友直接参与到节目内容的生产，资讯更新鲜，信息量更大，参与或收听的趣味性也更强。

二、以平台化强化垂直服务功能

除了节目直播时的互动交流，听友还可以把"1047开吧"当作一个服务性的平台使用。针对私家车主为主要目标受众，FM104.7在开吧平台定制提供了实时路况、交通资讯、违章查询、预约审车等多项垂直化服务功能。特别是实时路况的应用目前已十分成熟，分为两种播报形式：一种是听友实时进行地图定位，播报路况，其他听友通过开吧直接使用地图定位；第二种是路况播报人员头条播报，在开吧首页的滚动头条栏及时更新来自交警部门的权威路况消息。开吧APP准确的实时路况查询播报功能，可以说有效地减轻了智能车载导航系统对广播的冲击，增强了广播媒体对听友的"黏性"。由使用到参与和收听，灵活开放的开吧APP不仅是一个传播渠道，同时也成了将内容、用户与服务相互关联的平台。有学者曾经提出"新媒体的核心要素是终端、内容、关系与服务"，FM104.7借助新媒体终端从"线性传播"向"平台传播"转变，从"时间运营"向"用户运营"转变，将新媒体核心要素与传统调频广播融为一体，构建了全新的广播业态。

三、以融媒思维增强广播的伴随性

以"开车人、坐车人、出行人"为目标听众，FM104.7把频率定位为"快乐收听、音乐导航"，目标受众定位于25~45周岁之间热爱音乐的私家车主，全天24小时为听众提供及时、全面的新闻资讯、路况信息、汽车服务和音乐欣赏。按照上述定位，目前FM104.7周一至周五设置有《爱上上班路》《爱上下班路》《爱上车生活》《爱上家生活》《音乐无人驾驶》《音乐有重力》《Nice新声代》等十几档节目，双休日以《QQ音乐先锋榜》《Nice周末音乐派》《Nice游生活》《Nice周末在路上》等休闲类和音乐伴随类节目为主，整档节目主要突出车驾伴随和汽车、生活服务两大核心诉求。从服务方面来说FM104.7充分发挥了"1047开吧"的平台功能，让即时路况和实用资讯变得可见可读，且在融媒思维的指导下，把直播节目的播报内容相对减少，把话题和音乐的伴随功能进一步增强。众所周知，有趣的话题对于听友有较强的裹入作用，如今年全国"两会"上矿泉水瓶粘贴标签的做法就广受媒体和社会的好评。3月12日，《Nice新声代》就以"两会"上的矿泉水瓶引入，设置了"哪些小细节给你留下好印象"的话题，具有很强的可参与性。与此同时，节奏明快的音乐充分调动起收听者的积极情绪，也增强了听友的伴随感。据了解，"1047开吧"上线一年来，电台新媒体的用户黏性增进明显。截至2018年4月底，"1047开吧"的APP下载量达4.4万人次，注册3.2万人次，平均每日互动5000次以上，日均点赞量约8万以上，广播融合传播新业态的强交互性优势得到了充分的体现。我们希望镇海电台以"1047开吧"上线一周年为契机，认真总结创新传播的经验与问题，以期取得更大的进步。特别是创新实践中遇到的新问题，如"1047开吧"具有开放式互动的特点，APP本身已是一个即时传播的平台，如何处理好即时呈现与传播者把关责任的矛盾，需要及时破解；又如，直播频率和"1047开吧"的融合已成"双线"复合的新广播业态，如何更加有效地利用好"双线"平台不同功能的互补与联动，增强融合传播的吸引力和用户转化能力，同样也是一个需要深入思考的问题。

这一评议文章抓住镇海电台"1047开吧"上线满一年的契机，就调频电台融合传播创新实践进行评析。广播媒体与新媒体相融合，强化交互性、垂直性和伴随性功能一直是各地广播电台频率所追求的发展目标，镇海电台"1047开吧"上线满一年，受益人探索实践成效已经得到初步验证，因此，具有较强的典型意义，值得一评。而评议人员经过收听观察以及实地考察，所概括的利用专门的融媒体工具，以实时互动增进强交互性、以平台化强化垂直服务功能以及以融媒思维增强广播的伴随性的经验性做法，必然为各地县级融媒体中心建设中广播调频与新媒体平台的融合发展提供启发。

◆第三节　主题思辨性评议

如果说主体对象性评议具有明确的评议目标对象的话，那么主题思辨性评议则没有明确的评议目标对象。所谓主题思辨性评议，是评议人员在认真的听看和观察基础上，经过思考和辨析，提炼出明确的评议主题。主题思辨性评议就主题提炼的深刻性程度来进行分类的话，可以分为较为简单、浅显的现象观察性评析和较为深刻、深入的主题思考性评析两种类别，分别以观察性和思辨性见长。就评议文章的长短以及形态规制来看，大致可以分为现象性评析、主题性评析、系列和综述评析等类型。

一、现象性评析

顾名思义，现象评析是评议人员在听看观察过程中发现某一现象后，针对这一现象专门作出的评议。与事件评析相比较，事件评析所评析的事情往往是一次性的，事情较为重大，而现象评议所评议的现象，一般并不专门针对某一具体的事件、栏目、主持人或频率、频道等，而是经过一段时间观察发现的、比较具有普遍性的现象。只有具有普遍性的现象以及现象所反映出的问题，才有评议的价值和意义。

下面结合浙江省2015年评议文章《重视新闻编排中的四个结构性问题》和《电视娱乐新闻报道应注意社会导向》就现象评析作进一步的类别解析。

重视新闻编排中的四个结构性问题

新闻编排主要是指按照一定的编辑理念和编排原则，将零散的新闻素材有机地构建成一个整体，以达到传播效果最大化的目的，这是新闻结构性呈现的重要方式，也是从业者主观能动性及媒体舆论引导性的具体表现。其中，对新闻素材的选择把关、排列组合等的不同，能较为直观地显示出媒体在新闻制作、编排和播出等方面的定位，以及对新闻应该如何呈现的认识和理解，也会对社会和观众产生直接的影响，在新闻实践中具有举足轻重的地位。

但是，从近年的新闻编排实践来看，广电媒体的电视新闻，特别是城市电视台民生类电视新闻的编排，出现了一种结构性问题。

1. 负面新闻集中

将相关负面新闻集中编排，是一些民生类新闻节目惯用的编排方式。这种编排方式最大的危害，就是放大了社会丑恶，往往会给人们造成心理恐慌，甚至引发社会不稳定。如某省级台新闻栏目，在10月6日播出的22条新闻中，有21条为负面报道；10月8日播出的25条新闻中，有24条为负面，所占比例均高达95%以上。

栏目编辑主观编排，有意将负面新闻集中呈现，特别是对某类题材或某一地域负面新闻加以多次报道，会使这种危害更为突出。如某市级台新闻栏目10月7日节目中，将山东临沂"蒋学建涂写景区"、济南"动物园旁虚假抽奖"、青岛"天价大虾"、济宁"一家四口被杀"等新闻集中编排，极易使受众形成对山东省的不良印象；而这样的编排方式，也可能使该栏目被受众贴上刻薄、狭隘的标签。再如某省级台新闻栏目10月6日至8日报道中，均有关于"普拉达"品牌的负面新闻报道，分别是"穿了普拉达拖鞋，像是墨水里泡过？""'普拉达'的镜架、镜腿都有'磨损'？"等，这种编排方式，也存在对某品牌集中进行负面传播的嫌疑。

2. 外地新闻过多

重点关注本地新闻事件，报道当地市民的身边事，以本土化求生存求发展,这是城市广电台新闻制作和编排中应该遵循的基本原则。但在实际操作中,一方面由于当地新闻有限,难以支撑日播栏目的运营;另一方面也因为新闻从业人员对本地信息的深耕、挖掘不足,使新闻缺乏深度,流于表面,造成了城市广电台新闻节目日渐以外地新闻为主,本地新闻为辅,甚至干脆付诸阙如。以某市级台新闻栏目为例,10月5日该栏目7条新闻,仅有2条发生在本地,其他5条分别来自广东惠州、四川成都、安徽芜湖、江西新余和江苏江阴,可谓天南海北,跨越全国。而且特别要指出的是,这些外地新闻大多是负面新闻。

城市媒体的新闻报道"求多而不求精",这就放弃了传统媒体扎根基层、深入现场的公信力优势,转而与新媒体、自媒体在其天然具有优势的新闻数量上进行竞争,试图在有限的时段里插入更多新闻,这注定是要失败的;城市媒体过分倚重外地新闻,对城市形象塑造、城市信息传播、当地群众服务也难以发挥应有的作用,新闻从业者的新闻采访、调查等基本技能,也无法在实践中得到提高。

3. 新闻品质不高

所谓"新闻",主要是指刚发生的新鲜的事情,时效性是对新闻的基本要求之一。但不少电视新闻栏目为了吸引受众注意,在编排上有意将"旧闻"或未经证实的消息与新闻事实相互穿插,杂糅呈现,这不但违背了新闻的基本规律,容易误导观众,还会造成部分新闻缺少清晰准确的时间、地点、人物等基本要素或应有的新闻价值。如10月8日,某市级台新闻栏目播报余杭一位老人在ATM机上存款被人取走的新闻,发生于9月27日。在新媒体广泛出现、传统媒体时效性已有不足的情况下,这种发生在十余天之前的一般事件,早已没有了新闻价值。再如,某市级台新闻栏目在10月9日播报了"吃啤酒鸭也会检出酒驾",而这一"新闻"早在2010年就有媒体报道过,在五年后的今天已基本成为常识,也几乎不再具有新闻性。

而有的新闻栏目为了增强趣味性和吸引力,将一些网络上的国内外趣味视频予以集锦式编排,将其"打扮"成新闻。这类视频大多没有标注时间、地点、人物等,不但难以归入新闻范畴,也违反了不得直接转载使用互联网上信息的相关规定,使用互联网信息作为新闻线索,必须查证来源核实真伪。

有些强调"关注民生,服务百姓"的新闻栏目,部分新闻过于琐碎而显得新闻价值不足。如某省级台新闻栏目10月8日以头条新闻的编排位置,播出"'玫瑰金'到手,觉得很不值?"讲述一位女子以高于市场价的价格买了一台苹果6S手机,事后因退货时间太长,而同意店家以补偿礼品的方式了结纠纷。这样的信息,无论是从社会价值,还是受众需要方面,都不足以有编排在首条的新闻价值。

4. 内容取向低俗

低俗化是民生类新闻节目的痼疾,特别是在负面新闻集中编排的过程中,更容易滋生各类低俗化现象。

一是低俗表达。有的新闻栏目在播报新闻中,故意使用低俗化的语言表达方式,给人以格调不高之感。如10月9日,某市级台新闻栏目播报安徽某地油罐车在雨天侧翻,倾倒在一辆轿车上的新闻,使用"雨天狭路相逢,油罐车'激吻'轿车"为标题。

二是暴力猎奇。在电视屏幕上充分展示现场剧烈冲突的场景,满足一部分观众的猎奇心理。尤其在负面新闻报道上,新闻节目往往大量使用监控录像,对厮打、凶杀等场景加以反复呈现,客观上迎合了部分受众对此类信息的喜好。如某市级台新闻栏目10月9日播报"倒车指令误当谩骂,酒后行凶酿悲剧"一则新闻,连续两次播出行凶者拿刀捅向受害人的监控画面,显得颇为血腥。

三是"审丑"围观。在电视屏幕上过分展示人物的激动情绪和异常举止，满足一部分观众的审丑心理。如某市级台新闻栏目10月5日"酒后飙电动车，醉汉大闹交警队"的报道，将镜头突出对准满脸血污的醉汉，指着交警破口大骂；某省级台新闻栏目10月8日播出"辛苦钱被骗，感情打水漂"和"卖米大姐业绩差，想找同事说说理"两则新闻，用镜头和画外音播报的方式，反复呈现受害女性的哭泣表情。另外，部分省级台新闻栏目对于当事人的面部不作任何遮挡或侧（背）面处理，涉嫌侵犯他人隐私。

以上四个问题，对构建新闻良好结构和生态环境所造成的严重破坏，需要引起我们的高度重视。比如，负面新闻过于集中，必然导致正面宣传为主的缺失；外地新闻为主，必然挤压本土新闻报道的空间；旧闻当新闻，必然阻塞了最新资讯传播的通道；而低俗化明显，必然有损主流媒体的权威性和公信力。

如何有效改善新闻编排中的结构性问题？我们认为在具体的操作中，可以在以下四个方面作些改进：

其一，在节目编排时适当对负面新闻予以分散处理，将其控制在一定的结构比例之内，并应尽可能以突出正能量为落脚点。

其二，在具体新闻节目的编排中，应有意识地在每期节目中对1~2条当地新闻进行深入调查，挖掘出新闻背后的故事，用新闻细节和人物情感来打动受众，积极尝试优化新闻编排结构的新方式。

其三，在节目编排中，严格遵循基本的新闻规律，准确交代新闻发生的时间、地点、人物等基本要素，更多地以新闻价值体现其根本的导向，不断提升新闻品质。

其四，增强主流媒体的社会责任意识，自觉地摒弃一些低俗化的表达方式，为观众营造积极健康的视听环境。

电视娱乐新闻报道应注意社会导向

在当前电视新闻类节目中，娱乐新闻数量占据了相当的比例，娱乐圈的一些人物、事件成为每天报道的热门话题，部分频道还开设了娱乐新闻专题。这类节目对于丰富荧屏内容、服务群众文化生活有一定的积极作用，但其中也有部分节目把关不严，出现了一些错误倾向，需要引起注意。

一、量和度把控失衡，助推过度娱乐化和盲目追星潮带来的负面社会效应

社会上每天都会产生涉及政治、经济、社会、民生的大量新闻，娱乐新闻仅是其中的一小部分，适度报道是需要的，但在"量"和"度"上应有适度的把控，不能因此冲淡新闻报道的重心，更不能因此引偏和转移观众的新闻关注点，造成部分观众特别是青少年观众不关心时政，娱乐至上的负面社会效应。

一是数量过多。"汪峰上头条"类娱乐"爆点"成为一些新闻类节目乐此不疲的热点和"卖点"，甚至成为一些节目的常态和某些节目主持人的"口头禅"。如某脱口秀节目几乎每次报道娱乐新闻时，都要带出一句"汪峰上头条"，过度追捧娱乐界的热点人物热门话题，在一些社会民生类新闻节目和评论中普遍存在。据统计，部分新闻类节目每天娱乐新闻占比达到20%以上，个别的甚至达到30%。只要娱乐界发生一起热门事件、奇葩新闻，不论有无新闻价值，都会进行大量炒作，个别节目甚至对一件事连炒四五天，而且有同一频道的几档组合新闻在一个时段内同质化炒作四五次。

二是重心偏移。娱乐新闻报道与综艺娱乐节目不同，报道的重心应是娱乐界的主流动向，弘扬主旋律，传播正能量。通过对优秀节目、作品和艺人的人品艺德、艺术追求的介绍宣传，以正面形象的影响力"成风化人"。同时，通过报道引导观众正确地欣赏艺术和享受健康的娱乐生活。但当前许多此类报道都缺少对娱乐界的正面宣传，为了"眼球"效应，迎合部分观众不健康的猎奇窥私心理，把报道的重心放在娱乐界的奇葩人物、事件等八卦新闻上。如不久前发生的艺人包贝尔与柳岩的"闹伴娘"事件，成为大部分新闻类节目的卖点，视频反复播放，调侃评说不厌其烦，而且不少节目不是对这一陋习的批评，而是以"看热闹"的心态进行炒作，个别主持人、嘉宾还力挺这一陋习。这类新闻的过度炒作，除造成对娱乐界主流的误读、强化社会对娱乐界"贵圈真乱"的偏见外，也成为对观众娱乐欣赏取向的误导。在节目的编排上，有的把娱乐热点新闻作为头条，放在重要的社会民生新闻前，有的甚至"抢"了重大时政新闻、主题报道的"风头"，造成观众新闻关注点偏离社会主流，也变相助推了过度娱乐化倾向。

三是炒作失度。社会上一些人特别是青少年盲目追星成为一种不健康的潮流，有的甚至演化成一种社会问题。对此，部分娱乐新闻报道不仅未能正面引导，反而以煽情渲染手法变相助推。有的把重点放在"造星"上，如近日韩剧《太阳的后裔》大热，一些节目大肆炒作韩星宋仲基的"颜值""情商"，这是继对《来自星星的你》中"长腿欧巴"韩星炒作后的再次过度"哈韩"，以至于出现有人假冒韩星团队引发狂热追捧的事件。有的过度渲染追星气氛，如最近上海市区一个被明星鹿晗摸过的邮筒成"网红"，引发一些青少年排队几百米与这个邮筒合影、拥抱等；鹿晗到杭州某学校体验生活引发大量"粉丝"围观，都成为近日一些新闻节目炒作的热点，如某脱口秀节目报道一女孩喊了100多遍"鹿晗我爱你"，用嗓过度以致到医院治疗的奇葩新闻，营造出一种狂热追星的不健康氛围。而某新闻节目中，嘉宾还力挺这种非理性行为，认为"可以理解和包容"，应"去发现他们的善意""没什么盲目不盲目的，是正能量"，此类无节制的炒作，对社会公众理想追求产生了误导。

二、导向把关不严，偏离了社会主义核心价值观

娱乐的作用不仅是给公众带来快乐，更在于寓教于乐，传播社会主义核心价值观，引导公众向善向美。娱乐新闻报道坚守社会主义核心价值观取向，在传播娱乐资讯中坚持正面宣传为主，弘扬健康的娱乐主流，是一种应有的社会责任。

一是传播不正确的人生观价值观。部分娱乐界明星高调炫富，自曝醉生梦死、花天酒地的生活等，进行自我炒作。对此类行为，媒体报道中本应回避或加以批判，引导受众正确看待，但一些电视娱乐新闻报道却将此作为吸引眼球的看点和卖点，不加选择地宣扬炒作。如去年，韩寒策划一场"宠物狗见面会"，王思聪带狗捧场，为狗开微博，狗戴名表；一女明星用价值几十万元的名牌包装宠物狗招摇过市；年前，明星吴奇隆花费10.8亿元办婚礼，300万的婚纱，1500万元租用6架飞机；近日，明星章子怡花数十万元为女儿办百日宴。对这些社会影响不好的行为，大部分电视新闻节目都大量炒作报道，视频反复播放，而几乎均未对此类不健康的炫富炒作行为进行理性的评说和批评，个别主持人还表现出对此羨慕和推崇。对娱乐界的不良行为甚至是违法犯罪行为，一些电视新闻报道也时常出现一些错误观点，如一些明星吸毒被禁上节目，个别新闻节目引用"应允许犯错误""明星吸毒是因为压力大"等少数人的错误观点变相为其辩护。这类炒作不仅误导公众的人生观、价值观，也会造成社会心态的失衡。

二是宣传扭曲的审美观。娱乐界各类人物都看重自身形象，为此，不惜使用各种方式进行自我"塑造"，但这些塑造更多地是追求形体美和外在美，如整形、塑身、化妆等，其审美缺乏内涵，有的甚至成为扭曲的审美观。"主要看气质"变异为"关键看颜值"，审美的一些怪异行为不断出现。一些"追星族"盲目地将某明星的审美方式奉为经典，进行追随模仿。如瘦身瘦脸瘦腰成为明星的时尚，一时间，怪异的"反手摸肚脐""A4腰""iPhone6腿"等风靡娱乐圈，一些节目不加引导地炒作，引发不少年轻人不顾身体健康盲目减肥、整形，对身体造成伤害，甚至出现一女孩为"整"成范冰冰脸，先后几十次整形的极端事例。一些明星追求怪异造形，宁愿丑也要时髦，于是出现了如"杂草发型""七彩发""朋克装束"等，一些节目也当成时尚美进行宣传。某娱乐新闻节目还专门播出一期"二次元脸"专题节目，讨论"小鲜肉脸的比例"以及五官位置和如何做到"没有肉"等。还有的节目热衷于炒作审丑，如对小品演员宋小宝无节制地丑化，对一些"颜值"不高的演艺界人士调侃讽刺。这些错误的审美导向，造成审美庸俗化和审美情趣的低俗化。

　　三是炒作不健康的婚恋观。娱乐圈婚恋中的分分合合是正常的社会现象，但一些娱乐新闻报道热衷于对此放大炒作，而对于其中不健康的婚恋如多角恋、拜金主义等更是炒作过度，有的还随意使用网上传言造成虚假新闻。这类有关明星婚恋的八卦新闻几乎每天可见，使公众误生"婚恋随意化"是一种时尚的印象。近日，某娱乐新闻节目中，一个"星二代"男孩介绍自己在国外时交女友像"走马灯"一样，一个月换好几个。明星嫁富豪、大款成为一些新闻节目长期宣传炒作的常态内容。明星的婚前性行为、未婚先孕更是一些新闻节目追逐的热点。这类报道过多过频，引发许多人效仿，带来负面社会效应。

三、情趣和格调不高,"三俗"问题时有出现

一些节目媚俗倾向突出,报道内容偏重于娱乐圈的各种绯闻、丑闻。有的对明星的私生活特别感兴趣,一些"狗仔队"千方百计挖其个人隐私放大炒作。如明星出轨、劈腿、与人私会等。将偷拍的视频和从网上下载的明星穿着、动作不雅的视频放到节目中反复播放。如某些明星过于裸露的乳沟、大腿、隐私部位等成为一些节目追捧的卖点。某频道脱口秀节目反复滚动播出演员文章在演出舞台上强吻15岁少女的视频,在报道柳岩被"闹伴娘"新闻时,全过程播放不雅视频,如两男一女抓住柳岩强喂东西等。某节目在报道一些网络女主播低俗行为时,反复播出一女主播脱裤子至全裸和其他一些色情视频,而且马赛克似有似无。还有的节目热衷于传播娱乐界有违社会公德的行为,某节目在报道韩国影星宋仲基时,专门介绍宋的"撩妹"和"调戏女生"的技巧,如何卖弄眼神以及肢体动作等。多档节目在报道《超女》评委柯以敏骂选手"滚"的新闻时,反复炒作播放其粗口骂人的视频。对这些娱乐圈"三俗"的报道,部分节目的出发点明显不是揭露批判,而是为了吸引眼球。播出时重点放在"三俗"行为过程、视频的介绍展示和渲染上,而所谓的批评只是不痛不痒的几句调侃,有的连一句评论也没有,甚至还以煽情的语气、语言进行变相的追捧。这些问题的存在,降低了媒体自身的品位,更重要的是污染了社会风气。

上述两篇评议文章,从标题来看,虽然也具有一定的思考性,但更多地表现为观察发现现象之后较为直接的问题指证,因此,仍然属于较为典型的现象评析。《重视新闻编排中的四个结构性问题》主要概括当年度广播电视媒体新闻栏目编排中具有问题性的四种现象,虽然也有简要的针对现象所反映出问题的改进建议,但评议文章主体是指证这四个方面的问题性现象。《电视娱乐新闻报道应注意社会导向》则从三个层面指证了娱乐

新闻较为普遍存在的三大类问题性现象：量度把控失衡、导向把关不严、情趣格调不高，评议人员以较多笔墨描述了现象，也指出了问题，是一篇更多地以事实说话的现象评析文章。

二、主题性评析

主题性评析要求在现象观察发现和现象描述指证的基础上，更多地关注评议人员的思考和分析，并提炼出高于问题指证、具有一定深度的评析主题。就某种意义来看，视听评议中的主题评析，更接近于新闻传播专业期刊上刊发的实务性论文。主题评析的主题提炼，既可以从现象观察而来，在现象描述的基础上进行主题思辨，并进行定性与定量相结合的分析研究，也可以以主题统帅事实，在主题的思考中充实案例，以主题表达传达一种具有现实指导性意义的思想观念或运作理念。

下面结合浙江省2016年评议《反腐报道应有理性表达》和宁波市2018年评议《重大主题性新闻报道要避免直陈观点——宁波四区县台庆祝改革开放40周年报道抽评与探讨》就主题评析作进一步的类型解析。

反腐报道应有理性表达

党的十八大以来，党和国家反腐力度空前加大。紧跟反腐步伐的报道成为媒体的重要内容之一。我省广电媒体充分发挥喉舌作用，紧跟中央决策部署，不断加大反腐报道的广度、力度和深度，通过报道、曝光、解读等多种形式，对反腐败斗争进行了客观、真实、全面的反映，为深入推进党风廉政建设，聚集正能量，创造了良好的舆论环境。但是，我省各级广电媒体当前反腐报道也存在一些倾向性问题，主要是理性表达不足，在报道手法、角度及解读上出现一些偏差。在反腐败斗争逐步深入的当下，反腐报道应更加注重时、效、度，客观准确地把握报道分寸，严肃严谨地反映反腐形势，理性深刻地解读反腐意义，避免产生导向偏差。

一、应力避"三俗"，防止报道重心偏移淡化反腐败斗争的严肃性

反腐败斗争是一个严肃的报道主题。与一般的社会新闻报道不同，反腐报道在手法上不能以吸引眼球、迎合社会猎奇心理、取悦受众为目的，而应将重心放在客观真实全面地反映反腐败斗争成果、给受众提供正确信息上。

一要防止庸俗化。一些反腐报道过多碎片化地报道贪腐者的畸形人生、个人癖好，过多呈现案件中的奇葩细节、花边新闻，并用故事化手法讲述和渲染。如年前某地一官员被查，发现其办公室有避孕套。对此，除时政新闻外，大多数民生新闻类节目都把焦点放在"避孕套"上反复报道，并将"贪官办公室发现避孕套"作为新闻标题。一些媒体的反腐报道断章取义，"标题党"问题突出。如中纪委通报的一起反腐案件中，贪腐官员还有通奸、生活作风等问题，表达为某某"严重违纪和与他人通奸被双开"，但到了某新闻节目中，标题变成了"某某与他人通奸被双开"，这种庸俗化表达迎合了部分受众的猎奇窥私心理，却淡化了其腐败的主要事实和本质，使报道重心偏移失焦，模糊了主题。

二要避免低俗化。贪腐者的情色问题一直成为某些反腐报道的"兴奋点"，个别的竟将此作为"卖点"。凡涉及贪腐官员的情妇、"小三"和床、性等情节镜头，均不肯轻易放过，而且通过视频滚动、链接等手法反复播出。如早先的官员张二江的108个情妇、铁道部官员张曙光的情人、几个女性官员与人通奸等，无不成为一些媒体炒作的热点。如省级某电视新闻组合节目报道海南凤凰县一局长携女下属三亚度假被纪委立案调查时，几组节目都反复播出，其中一档节目1分钟内将7幅不雅视频滚动播出达14

次；个别节目将床上镜头作为背景，放大至整个屏幕，并贯穿该新闻的始终。近日，某电视节目以"奸似乎成了反腐重要内容"为题，在评论合肥住建局一官员在KTV与女服务员拥吻等不雅行为时，反复播出拥吻镜头，同时链接播放四川绵阳法官上班时间与女下属开房通奸的视频。类似"链接"甚至会将发生在3年前的重庆官员雷政富的不雅视频重播。这些低俗化表达造成反腐报道的失位，而且变相造成社会污染。

三要减少娱乐化。一些媒体竟在严肃的反腐报道中注入娱乐化元素，使之成为"搞笑新闻"。有的将腐败案件细节用调侃戏说的方式表达。如某脱口秀节目在调侃一官员与几个女性有染、三亚退休官员穿内裤走路投诉城管等时，屏幕上配上两只大大的螃蟹图案。有些节目在报道腐败案件时配上官帽的封建官员漫画形象，或随意使用网上的调侃语言，甚至在播放一些腐败案件视频时配上流行音乐歌词和打油诗等，将严肃的问题当成茶余饭后的"笑料"。这类娱乐化手法，冲淡了反腐败斗争的严肃性。

二、应坚持理性表达，防止"妄评"带来导向偏差

反腐报道涉及党纪国法，作为党的喉舌，在报道中尤应增强政治意识、把握正确的导向。但少数评论类节目理性不足，评论中的浅显化表达，片面解读较突出。有些在评论中过多加入道德审判，模糊法律与道德的界限。有些对原则问题随意质疑，发泄个人情绪，附和网上舆论，成为"妄评"，尤其是动辄拿"制度"说事，曲解反腐斗争的内涵。个别节目过多拿贪腐官员的过往政绩说事，成为变相美化；有的用悲情说事，变相为贪官鸣冤。还有的对参与评论的嘉宾选择把关不严，节目中任由个别嘉宾借媒体平台发泄个人情绪、表达出格言论。这些表现都带来了舆论导向的偏差。一要谨防"妄加评论"。今年年初，在评论一官员因在歌厅与女服务员的不雅低俗行为而被停职时，某评论节目的嘉宾评论员说："男女

之间两情相悦,因不雅视频被停职,官员冤不冤?这个官员是非党员干部,纪检部门是管党员,这样处罚不大合法。"主持人接上话说:"用约束党员的规定去约束非党员不合适。"嘉宾评论员继续说:"KTV这样一个地方为何被曝光?可能是圈套,我不是为官员说话,但这种告密,把人家隐私公之于众,侵犯隐私权。"主持人附和道:"这种设局不大合适。"而事实上,这起事件经当地纪委查实后,并非以纪委名义处理,而是由纪委转相关政府部门,并由相关政府部门做出了停职决定,纪委并未越权。再者,政府官员违反公德良序,与公民隐私权不可混为一谈,不能用"两情相悦"和"隐私权"为违纪官员打抱不平。主流媒体在此原则问题上模糊事实,质疑组织处分,很不合适。

二要纠正观点偏颇。某评论节目以"2015年那些被起诉的贪官"为题,列举了一系列数字后说:"以前以为最有钱的是老板,但实际上是官员。'三年清知府,十万雪花银'那真是太老太老的皇历了。"这里,最有钱的"实际上是官员"的表述以偏概全。贪官毕竟是少数,如果按评论所说,岂不是所有官员都成贪官了?有的用历史上的清官对比现在的贪官,有的赞美西方社会反腐制度如何健全、反腐力度如何大、官员如何廉洁,让人误以为今天的官员队伍比封建社会更腐败、我国的反腐不如西方国家。这无形中构成对我国现行制度的贬损。

三要控制过度情绪化。不少反腐报道过分"从众"掺入不恰当的社会谴责内容。在批评贪腐行为时,带出一些不文明的谩骂语言,如"混蛋""不要脸""丢祖宗八辈的脸""流氓""你妈怎么教的"等。个别评论带着情绪说"那些当官的,吃老百姓的,喝老百姓的,还要贪老百姓的",还有的主持人充当"道德煽动家",注入过多的"道德审判",对一些贪官的不检点行为乱贴道德标签,刻意放大腐败程度,将贪官"妖魔化",这些情绪化表达无形中挑动社会情绪,还可能助推社会舆论由"恨贪官"到"仇官"的错误倾向。

三、应把握好客观真实性原则，防止变相放大腐败现象

相对于我国党政干部的整体，腐败分子仍然是其中的极少数。党和国家的肌体虽然受到了严重损害，但主流依然是健康的。如何既充分揭露腐败，又真实反映我们党和国家健康发展的主流，维护党和国家的整体形象，是反腐报道应把握好的一个重要问题。

一要减少选择性报道带来的片面化。当前的反腐报道中，报道案件案例和"三俗"的细节很多，但对中央反腐败斗争的整体部署、反腐政策、反腐的重大意义、反腐的整体形势、反腐的成就等报道相应较少。对反腐斗争带来的党风、政风改变等正面的东西也较少反映。这种"重个例、轻整体"的偏颇使报道深度缺失，仅仅成为片面化的腐败问题展示，削弱了对社会的教育警示作用，也无形中淡化了反腐斗争的意义，使受众对反腐斗争的认知被误导。

二要防范以偏概全造成的扩大化。随着反腐的不断深入，各个地区、各个行业、各级领导干部、各年龄层次官员中都发现少数贪腐者，贪腐的形式也多种多样。对此，一些媒体热衷于"腐败重灾区""塌方式腐败""家族式腐败"等热词，以集群、链接等方式将同类型个体案例组合报道。如某省连续几位交通厅长腐败被查，个别媒体挖出近年来全国范围内被查的交通厅局长，组合成一张交通部门干部"腐败图"放到节目中，让人产生"交通部门的领导多数是贪官"的错觉。个别80后年轻干部中出现腐败分子，一些媒体因此片面得出"腐败官员年轻化"的结论。三年前有位专家讲到，95%以上贪官有情妇，这是根据当时少量数字的统计，但一些媒体至今一谈到贪官通奸等问题时都还在反复引用。这种所谓"大数据""归类法"和"标题党"方式进行的报道，给受众造成"无官不

腐""无官不丑"的错误印象。

三要避免信息源混乱带来的虚假化。由于互联网信息发布速度快，一些媒体为了"抢头条"不加核实和二次采访，违规照搬网上信息，造成反腐报道核心信息缺失，并不时出现虚假新闻，如对一些官员自杀、跳楼原因的"推理推测"，对官员贪腐数字的误报，等等。某评论节目多次出现第一天抢报信息，第二天以"对不起，我昨天说的某某不实"进行更正。某新闻节目字幕中出现"最高检：上半年立案审查25240万人"，多用了一个"万"字，信息明显有误。

重大主题性新闻报道要避免直陈观点
——宁波四区县台庆祝改革开放40周年报道抽评与探讨

编者按：重大主题宣传是指围绕党和政府的重要决策部署、中心工作和国家与地方的特别建设成就等所开展的规模化报道活动，是我们国家主流媒体开展新闻宣传工作的主要方式和重要任务。今年正值我国改革开放40周年，做好这一重大主题的宣传报道，当是各级广播电视媒体义不容辞的责任。观察发现，宁波市县两级广电媒体基本上都在今年年初启动了庆祝改革开放40周年的宣传行动，目前已经进入高潮阶段。本期以奉化、北仑、镇海、宁海四区县台庆祝改革开放40周年相关新闻报道为例进行分析探讨，谈谈在大众传媒和新媒体交相覆盖的传播环境下，如何做好重大主题性新闻报道，以达到更好的传播效果。

重大主题宣传是指围绕党和政府的重要决策部署、中心工作和国家与地方的建设成就等重大主题所开展的规模化报道活动，是我们国家主流媒体开展新闻宣传工作的主要方式和重要任务。今年是我国改革开放40周年庆祝之年，做好这一重大主题的宣传报道，是各级广播电视媒体义不容辞的责任。今年以来，宁波各县市区广播电视媒体都及早开设专栏，推出系列报道，及时启动了庆祝改革开放40周年的宣传行动。为了更好地推动各台做好重大主题宣传，11月中旬，宁波审评中心就宁海、奉化、北仑、镇海四县区庆祝改革开放40周年报道进行了抽查评析。经过评析，在肯定各台宣传成绩的同时，需要特别指出，在大众传媒和新媒体交相覆盖的传播环境下，做好重大主题宣传更要避免在报道中直陈观点，以免受众接受过程中产生"心理逆反"，达到更好的传播效果。

抽评发现，围绕庆祝改革开放40周年主题，宁海台推出了《40年间》专栏，奉化台推出了《一起走过的四十年》专栏，北仑台推出了纪念改革开放40周年主题报道《事件篇》《乡村振兴篇》《40年里说变化（海采篇）》和《人物讲述篇》《情怀篇》等多层次的系列报道和专题，镇海台分别在时政新闻和民生新闻中推出了《改革开放再出发》和《我们的四十年》专栏，宣传报道逐渐升温，并产生了一些成功之作和报道的亮点。比如，宁海台紧扣"亲历者说"和"我家40年"两个策划创意，让亲历者介绍经历、述说变化；奉化台以一家两代人的创业故事、四代电视人拍摄见证奉化的母亲河县江的变化等，展示40年的成就与发展；北仑台让记者走进大碶高端模具产业园、春晓双狮社等特定地点，体验一区一村的巨大变迁，走近普通百姓和北仑籍名人，记录他们的真实感受；镇海台以记者出镜走访的形式，感受乡村产业兴旺带来的改变和老百姓的获得感，以及交通、文化旅游等各方面的变化等。

概括四县区台已播庆祝改革开放40周年主题报道的优点，主要表现为：一是发掘了一批亲历40年的改革开放见证者典型，如宁海的宁波第一代民营企业家储吉旺、奉化的"阿国生煎"经营者汪志国父子、北仑的北仑港第一批码头工人以及北仑籍中国香港作家和老区长、镇海的"浙东港区第一路"见证者等；二是有一定时代跨越背景下的层次性结构设计，如宁海台《光影流转见证40年时代变迁》、奉化台《奉化广电四代记者用镜头记录县江水利发展史》、北仑台《大碶：从模具手工作坊到高端模具产业园》等报道；三是影像表达手段丰富，如记者现场出镜常态化，亲历者自述、航拍和延时摄影等新技术的使用、资料画面的挖掘等，给人以亲切感和新颖的视觉感受。

在充分肯定优点的同时，更需要集中探讨，在庆祝改革开放30周年已经取得较好经验基础上，在新媒体传播迅猛发展背景下，庆祝改革开放40周年宣传如何跳出"策划—采制—播出"封闭的传统报道模式，避免在报道中直陈观点，使重大主题宣传真正实现让受众在共鸣中接受的理想传播效果。本文将通过四台样本的剖析，试作探讨。

一、典型开掘要在深入采访、讲好故事上下功夫

典型报道是重大主题宣传的重要路径，典型选择得好，主题传播就有了良好的载体，在人物或事件典型的故事讲述中，主题的传播是受众在故事的听看过程中自然而然地感受到的，而不需要记者直接站出来直陈观点。

因此，重大主题宣传策划首先需要精选典型，必要时面向全社会开放式地征集和选择，以避免策划者视野的局限。北仑台纪念改革开放40周年主题报道《事件篇》之《梅山：小岛扬帆弄潮，争做改革开放桥头堡》在典型的选择上就不够准确。梅山从一个默默无闻的偏僻小岛，到如今浙江省重要的经济增长极，最具典型性代表的就是保税港区的建设，但这篇报道却以一户拆迁户的征迁作为切入的典型，与梅山"争做改革开放桥头堡"的主题缺乏直接的关联性，关于征迁工作的过多笔墨和镜头，使得巨大变迁的主题展现大打折扣，除了拆迁户和征迁干部的采访，展示变化的内容都是直接的介绍，缺乏具体亲历者的串接和讲述，无法实现"主题事件化、事件人物化"的转换，最终造成了报道叙事的凌乱。

选择好了典型之后其次还需要深入地采访,要在讲好故事上下功夫。宁海台庆祝改革开放40周年系列报道《40年间》播出的第一篇"亲历者说"《储吉旺:商海沉浮33年,缔造搬运车行业传奇》,主人公储吉旺是一个很好的典型,作为宁波第一代民营企业家代表,他抢抓机遇、主动适应发展新形势,把一家"三无"油毛毡工棚发展成为如今产值将近10亿元的搬运车制造企业。宁波如意股份有限公司董事长、全国慈善最高奖——中华慈善奖获得者、作家——储吉旺身上多重的社会身份,丰富的个人经历,有太多的闪光点可以挖掘。但报道中,企业发展脉落没有梳理清晰,主体故事不够饱满;几代产品也没有很好地展示,细节画面不到位……报道的故事性讲述明显地比较缺乏。同样,奉化台"一起走过的四十年"系列报道《奉化广电四代记者用镜头记录县江水利发展史》,县江的变迁这一典型事例找得好,四代记者的镜头记录也有了很好的影像载体,但报道一开始就说拍摄设备,县江发展史的主线被采访设备的变迁掩盖,导致重点不突出,没有把县江从1988年遭遇7·30特大洪水到历经一、二、三期防洪工程整治以及绿化建设之后,县江两岸成为市民休闲好去处的巨大变迁故事讲好,更像是一篇讲述电视设备变化的报道,有喧宾夺主之嫌。如果县江30多年变化以可视化"时间轴"制作呈现,结合珍贵的影像资料,完全可以把母亲河的变迁故事讲得更加的生动。在这里,几代人讲故事也很重要,晚辈人能说的话、老辈人能说的话是有区别的,如果抓住一条主线进行几代人的采访,就更具典型宣传的说服力了。

二、自述体要体现"真讲""真故事"

与10年前相比较,主流媒体最大的变化就是顺应新媒体发展趋势,向融媒体传播方向转型探索,重大主题报道不仅要在广播和电视中播出,还要适应新媒体平台的投放。在这次抽评中,报道形态上的问题主要有两类：一是单一地以记者视角进行报道，解说词贯穿全篇，语言量过于饱满，缺少配音的"留白"，让人看起来很累，这样的报道方式其实已经无法适应融媒体传播的需要了；二是一些台借鉴自媒体人物报道的方式，采用了自述体，但自述人物的身份缺乏必要的交代，摆拍痕迹明显。本来主人公直接的"自述"会让人们感到亲切，但报道中的自述明显说的不是自己的语言，感觉特别不真实。

以镇海台《镇海新闻》播出的"改革开放再出发"系列报道为例，记者出镜"带领"受众看变化，规范是做到了，但解说词的话语量特别满，而且较普遍停留于现状报道，缺乏历史性的纵深挖掘。《产业兴旺富农民　生态宜居美家园》还能够通过秦家小院民宿老板、美丽庭院示范户、糯米酒做酒人等典型人物的采访，反映出九龙湖镇秦山村、十七房村等生态宜居的新风貌。但《规划出炉！我区将新建一座综合体　打造"最炫乡村风"》等几篇报道，就是骆驼街道"花田果事"田园综合体"一环两轴三片五园"等情况的直接介绍，既缺乏故事性的讲述，也没有历史性的挖掘，暴露了传统时政报道通篇介绍性语态的弊端。

奉化台"一起走过的四十年"系列、宁海台《四十年间·亲历者说》和北仑台《人物讲述篇》等都采用了自述体的手法。奉化台的《汪志国和他的"阿国生煎"》报道了主人公阿国，从弃农经商的普通农民发展为在宁波地区开出7家分店的小吃经营者变化历程，典型选择故事性很强，但这一报道让阿国"自述"创业史，讲述生硬、不自然，念材料痕迹明显，摆拍剥夺了主人公真实讲述的权利，限制了主人公的发挥，也掩盖了他身上的闪光点，失去了自述体这一形式的鲜活性和自然交流感。宁海台《四十年间·亲历者说》只有个别报道的开头采用了自述体，但也显得比较生硬。北仑台的《人物讲述篇》人物典型选择包括北仑区老区长潘朝阳、旅港甬籍作家郑玫等，群众基础好，如果能够多拍摄一些他们和老百姓回忆交流的画面，形象展示将更饱满，但这一系列人物讲述普遍没有铺垫，缺乏背景交代，都是在办公室进行采访，介绍性语态多于回忆性的故事讲述。在此，必须指出，自述体的采用必须将话语权交还给主人公，让他在充分的讲述之后再来进行精剪制作，而不需要给主人公划定条条框框，甚至越俎代庖。

三、主题表述不是观点直陈，而是典型故事讲述之中的自然表达

在新媒体的冲击下，传统媒体人做好重大主题宣传，更需要静下心来把故事讲好。一是要处理好人和事的关系，有的是通过事件的发展来表现人物精神，有的则是通过人物故事来表现事件；二是讲故事就是讲事实，要处理好虚与实的关系，报道是为了讲事实，而不是向观众诉说你的观点，新闻一般不太主张评论，评要恰到好处，观点性的话要少用。

在这方面，北仑台纪念改革开放40周年主题报道《40年里说变化（海采篇）》，记者采访提问诱导性特别明显："我们这边社区变化也挺大的，对您来讲，有什么样的感受吗？""现在农村变化也挺大的，这几年的变化给您最大的感受是什么？""这些年来在你身边有没有发生很大的变化？"……虽然是庆祝改革开放40周年的主题报道，但也用不着每一位采访对象的提问都言必称"变化巨大"和"感受"，能不能让采访对象讲一些实实在在的经历和具体事例，而变化就在其中，不需要直接的感受和评价。镇海台《我们的四十年》系列中，像《大变迁：食物的购买和生产》标题过于直接和生硬，全篇记者出镜走动介绍，而且记者经常是倒进倒出，现场一些需要展示的场景点，反而是匆匆走过，给受众留不下具体的印象。主题报道需要通过场景的结合，将变化通过事件的讲述来展现，要注意新闻语言的运用，要注意新闻语言和广告宣传语言的区别，要注意防止"采访不足议论凑"的现象，记者要避免过多的自我观点表达性的

视听评议：机制、尺度和方法

侃侃而谈。

改革开放40周年这一重要时间节点具有时代的关联性，时间跨度长，可挖掘和选择的典型人物、典型事件很丰富，可以选择的报道角度也很多，通过四个台的抽查评析，可以发现各台都投入了相当大的采编力量，进行认真的思考和报道，整体来看，策划和采制多有可圈可点之处。但是，以四个台的抽评样本探讨所存在的主要问题以及改进策略，可能对于各台的进步具有更大的帮助作用。综合样本的剖析和问题的评析，做好重大主题宣传报道，更需要提醒：主题报道需要紧扣主题，也需要必要的"点题"，但是主题表述绝不是观点直陈，更不能硬性拔高。重大主题宣传报道要避免记者自己观点的直接表达，首先需要学会借他人之口、他人之事来进行报道；其次也要避免采访对象直接的观点表达，采访的首要任务是让采访对象讲述事实，而不是直陈感受和观点；最后是主题表述不是生硬地拔高，而是从报道故事和变化中自然地概括和提炼。只有真正地做到这几点，重大主题宣传报道才能让受众感到好听、可看、有共鸣，也才能在受众那里真正实现理想的传播效果。

这两篇评议文章就评议主题来看，都具有较为明确的主题提炼和表现。《反腐报道应有理性表达》虽然评议主题并不十分深刻，但针对反腐报道以猎奇心态报道、以无限链接进行集纳、以情绪化语言进行解读等偏离反腐倡廉宣传宗旨的现象进行了细致的观察描述，在此基础上针对反腐报道种种非理性的现象，提出了"反腐报道应有理性表达"的评议主题，体现了主题的思辨性。《重大主题性新闻报道要避免直陈观点——宁波四区县台庆祝改革开放40周年报道抽评与探讨》则是针对宁波市四县市区广播电视台围绕庆祝改革开放40周年宣传报道样本，进行细致分析和主题思辨，提炼了"重大主题性新闻报道要避免直陈观点"评议主题，具有主题的深刻性和更广层面的指导性。

三、系列和综述评析

系列和综述评析作为视听评议的一种类型，一般具有一定的规模性，或者多篇文章形成一组系列，或者文字规模较大形成体例较长的综述文章。系列和综述评析，就评析对象来看，要么是针对某一典型作细致的解剖分析，要么是针对某一类别的节目形态作综合评析，抑或是针对同一主题作品进行评议。把系列和综述评析归入主题思辨性评议，也是着眼于对这一类型的评议文章，同样应该要求具有较强的综合分析性和思辨性，并提炼出较为宏大的评议主题。

下面结合2018年评议人员抓住浙江省金华市"两会"召开契机，针对金华市广播电视台媒体深度融合探索实践推出的三篇系列评议文章《发挥"中央厨房"优势 提升两会报道传播力》《深化重大主题报道融媒策划探索》《以"五发"理念 打造移动客户端主流新媒体》和综述评议《发挥声屏、融媒传播优势 引领浙江乡村振兴战略伟大实践——2018年度电视对农栏目考核评优综述》，就主题评析作进一步的类型解析。

【编者按】2018年1月22日，金华广播电视台隆重举行启动仪式，宣布金华广电融媒体"中央厨房"和无限金华客户端升级4.0版启用。近三个月以来，以"新媒体首发、全媒体跟进、融媒体传播"的常态化传播格局建设为目标，金华广电着力深耕媒体深度融合探索实践，取得了新型主流媒体构建的重大突破。以广电新媒体平台无限金华客户端为考察对象，我们将推出一组系列阅评，对金华广电台今年以来的融媒传播实践作出评析。

视听评议：机制、尺度和方法

无限金华客户端系列阅评之一

发挥"中央厨房"优势　提升两会报道传播力
——无限金华客户端2018年金华两会宣传报道评析

金华市七届人大三次会议、政协七届二次会议分别于3月31日、30日开幕，4月4日、3日胜利闭幕。2018年金华市两会宣传报道，是金华广电融媒体"中央厨房"和无限金华客户端4.0版启用之后的首场重要会议宣传战役，对于金华广电融媒体中心来说，打好这场宣传战役是首次接受检阅和考验。考察此次市两会宣传，金华广电凭借"中央厨房"优势，无限金华客户端等新媒体报道"网感"十足，两会报道传播力得到了有效提升。

一、彰显移动端优势　精制两会"爆款"献礼片为两会开幕热场

两会宣传如何做到出新出彩？在今年的金华市两会预热阶段，金华广电凭借精心策划制作的几部献礼片有效触发了移动端的转发热潮，成功将金华风景刷爆网络，顺利拉开了以"新时代的春天畅想"为标题的2018金华两会专题宣传序幕。

2018年，金华美丽春色四次在央视《新闻联播》片尾"春天的中国"亮相，武义花田小镇樱花茶园、磐安新渥镇千亩贝母花也登上了央视《财经新闻》片尾。以此为契机，今年金华两会召开前夕，金华广电融媒体中心特别推出《献礼两会2018，从春天出发，金华春色六上央视，美爆全国！》短视频在无限金华客户端和广众网上线，截至市人代会闭幕日，全网点击量近100万，新蓝网、腾讯视频、优酷视频等平台转发，全网点击量达71万。而早在2015年年底，金华广电台广众网就组织20多名摄影志愿者

启动了《仙山婺水大金华》延时摄影纪录片的创作,他们耗时3年,用20多万张照片记录下金华四季美景精心制作,并把握了献礼2018年金华两会的良好时机,在网端一经推出,多天刷爆了金华人的朋友圈,新蓝网、浙江新闻客户端等也相继转发,金华两会期间全网点击量突破100万。此次金华广电推出的市两会献礼短片,制作周期虽然有长有短,但推出时机却恰到好处,献礼十九大后的首次金华两会,把握无限金华客户端4.0版的用户积累,再加上与"新时代的春天畅想"主标题紧密贴合,为市两会隆重开幕有效营造了热烈的气氛。

二、发挥"中央厨房"优势 打造第一时间两会融媒报道"直播流"

2018年1月22日,金华广电融媒体中心"中央厨房"启动运营,将传统的垂直线性新闻生产体系改造为多终端融合的交互型生产体系,较好地发挥了集群作战的优势。3月31日,金华市七届人大三次会议开幕式直播一结束,"两会最新鲜——中央厨房两会直播连线"节目立刻进行,广电融媒体中心主持人与会议现场主播连线,在各个终端打造了第一时间的两会融媒报道"直播流",成功探索了"集约化采集、即时化发布、多点化传播"的新闻直播传播体系。

除了广电集团内部的融合报道,金华广电还采取了跨媒体合作的联动直播报道模式。金华广播电视总台、金华日报报业传媒集团、浙报集团金华分社联合组成"金华融媒体"方阵,在两会期间推出了"全员大调研 当好答卷人""解读政府工作报告""解读两院工作报告""最多跑一次""乡村振兴""小眼看两会"等七场两会现场直播。这七场融媒体直播不仅在无限金华客户端、广众网等新媒体平台播出,还在金华之声FM104.4同步直播。三家媒体实现了"资源通融、内容兼融、传播互融",以优势互补、扬优去劣,提升整体报道能力和传播水平,达到了1+1+1>3

的效果，构建了金华新闻界的移动融合体、共享体和协作体。据悉，市两会期间金华广电融媒体中心每天进行的两会直播和现场连线，累计观看人数超过了140万，取得了"直播流"的有效"吸睛"效果。

三、张扬新媒体特色　精心策划两会报道"微产品"凸显传播力

2018年无限金华客户端4.0版上线后，APP下载量突破30万，金华网微信号拥有粉丝18万。在新媒体端受众不断增长的情况下，广电两会报道也更加注重新媒体特色的发挥，精心策划了不少极具网感的"微产品"。

首先是策划推出"主播跑两会"系列"微产品"首发新媒体端，20名主播对接市两会各代表团和政协委组，与代表、委员面对面交流采访，累计发稿97篇，不仅统一采访着装的红色冲锋衣成了会场和代表委员驻地穿梭的一抹亮色，而且凭借着主播们的"名人"效应，截至市人代会闭幕日，无限金华客户端上"主播跑两会"累计浏览量达到了281万次。同时，时刻关注两会进程，及时推出"立交立办"系列报道。与上述两个单篇系列不同，"两会三分钟"则采用集纳式方式编排，每天更新一次，每次三分钟，快速梳理当天议程亮点，让客户端用户用三分钟即可快速浏览了解两会重点。多种形式的新闻产品，适应了不同用户的阅读习惯。就此次市两会无限金华客户端的多种"微产品"来看，无论是"主播跑两会""立交立办"还是"两会三分钟"，又或者是两会闭幕后及时推出的"闭幕后头件事"等，都使用了短视频、短音频方式的"微产品"形态，特别是"闭幕后头件事"，让参会代表和委员当"主播"，直接面对镜头对观众报告闭幕后要办的头件事，这些具有"网感"的两会宣传"微产品"，让严肃的时政新闻接了地气，增强了用户黏性，方便市民关注两会并喜闻乐见。

四、强化新媒体作品创作　多种手段扩大两会影响传播两会精神

此次金华市两会宣传，为了强化新媒体产品的创新，金华广电融媒体中心还紧跟潮流，创作一系列H5、快闪、说唱、数据图解等富有趣味性的媒体作品。

金华市两会开幕之前，无限金华客户端发布《嘿，金华老乡，2017有话对我们说！》快闪作品，以平民化的视角盘点了2017年金华都做了哪些有利民生的事，在节奏明快的背景音乐中，2017年的成就不断映入眼帘，使人精神振奋。市七届人大三次会议开幕式刚结束，无限金华客户端即第一时间推出市长尹学群在政府工作报告中的十句话——《听，市长这十句话，句句都跟我们息息相关》，快速传播市政府工作报告精神要点。《金华两会：你的朋友圈有新消息哦！》《金华两会：听，浦江代表怎么说？》等6件H5产品画风活泼、接地气，受众不仅能读文字、听音频、看视频，还能互动体验点击"朋友圈"内容，链接到对应的新闻专栏版块。《报告精读》尝试采用了沉浸式视频效果制作技术，高清实景演播室结合数字虚拟技术，打造出炫酷的场景。这使得节目的屏幕展示效果具有十分强烈的立体感，更直观更逼真地向观众解读报告。除此之外，《报告精读》还使用了机器人摇臂摄录，可以说是软件、硬件双强升级，高端大气的包装让观众耳目一新。此外，他们还策划制作了原唱说唱MV《@金华人，为最多跑一次打Call》，全网点击量也超过了6.5万次。

在2018年金华市两会宣传报道中，金华广电融媒体中心深耕内容，创新"烹制技艺"，积极发挥平台联动、整合研发、系统集成等"中央厨房"优势，每日出品的系列爆款让人眼睛发亮，各类炫酷场景频频刷屏网端，焕发出了融媒传播的强大活力。以此为契机，我们期待，金华广电融媒体中心"中央厨房"两会报道模式能够进一步常态化，采制出更多具有"网感"的优秀新闻作品，进一步提升广电主流媒体的融媒传播力。

视听评议：机制、尺度和方法

无限金华客户端系列阅评之二

深化重大主题报道融媒策划探索
——以"不忘初心、牢记使命，当好新时代金华答卷人"
大调研主题策划系列报道为例

做好重大主题报道是广电主流媒体的重大责任担当，2018年1月，金华广播电视总台宣布金华广电融媒体"中央厨房"和无限金华客户端升级4.0版启用时，首先推出的就是以"飞越八婺·看综合交通廊道"为主题的大型新闻行动。今年2月下旬，为全面贯彻党的十九大精神和习近平总书记关于大兴调查研究之风的重要指示精神，金华市委组织开展了"不忘初心、牢记使命，当好新时代金华答卷人"大调研活动。大调研启动后，金华广电依托融媒体"中央厨房"和"无限金华"客户端，融通广播电视和新闻客户端等新媒体平台，深化重大主题报道融媒策划探索，取得了重大主题宣传融媒传播实践新成效。

一、融媒策划 启动迅速

大调研活动一经启动，金华广电即在电视《金华新闻联播》栏目和无限金华客户端以及广众网"两端"快速推出融合策划设置的《全员大调研 当好答卷人》重大主题报道专栏，及时跟进报道组织系统、宣传文化系统各系统、各部门，义乌、永康、兰溪等县市区积极动员，全员投入大调研活动的实际行动。专栏报道以"新媒体首发"理念，首先在无限金华客户端和广众网"两端"投放，采用短视频和图文结合的方式，做好大调研动态的快速报道。而在晚间的《金华新闻联播》栏目中，会播出相应更详细的视频报道。

除了广电媒体和"两端"一体策划的重大主题专栏,"两端"新媒体还开设了《大调研手记》专栏,记录金华市各级党员干部如何通过大调研转作风、抓落实、促发展的情况,以党员干部的第一视角出发,形象质朴地展现了干部们"大调研"活动的收获,获得了良好的宣传效果。为了更全面地呈现全市各部门大调研开展情况、成果以及来自基层的大调研好经验、好做法。这种有合有分的融合策划机制,融媒产品既充分开发了电视新闻团队采集视频素材的独家资源,又较好地弥补了原来单一电视频道播出必须等到节目播出时间发播的时效性劣势。而新媒体独家发布的《大调研手记》,则可以以新媒体文字处理更轻便的优势,传播好各级领导大调研所生产的调研手记。有合有分,广播电视频率频道和"两端"新媒体各展优势,充分彰显了"中央厨房""大灶""小灶"各有所为的齐备功能。

二、融媒互推 形成合力

在快速跟进市委重大部署,迅速推出多平台投放的动态报道专栏产品,以及新媒体图文报道产品的基础上,金华广电进一步深化大调研主题宣传策划,于3月下旬推出新栏目《大调研·政务面对面》,邀请各职能部门一把手做客融媒体演播室,畅谈大调研过程所闻所思所感。《大调研·政务面对面》不仅在主题表达上追求深度开掘,而且在融媒策略上也有进一步的改进,实行了电视播出和新媒体发布"互推"的策略。大调研访谈在无限金华客户端会先发精彩片段短视频预热,电视专栏在节目时间再播出完整访谈内容。如首期《大调研·政务面对面》主持人贺争怡对金华市交通运输局局长姜能的访谈,3月23日11时23分无限金华客户端就上传了精选片段,对民众关心的交通运输问题进行解答。而电视播出时间是3月25日晚上9点28分,留下了充分的栏目推广时间。有时融媒体中心还会围绕一期访谈,连续发布"预热"性报道,以增强扩散效果。各职能部门一把手走进融媒体演播室,当面锣,对面鼓,到底有没有真正"俯下身子"都有些什么样调研成果,全市百姓都成了"考官",这样的融媒互推,不仅扩大了电视专栏的影响力,也进一步形成了电视媒体与"两端"新媒体融合传播的合力,增强了主流媒体的传播力。

三、深度融合　逐步推进

从今年2月全市大调研活动开展以来,金华广电融媒策划大调研重大主题宣传也在不断地深化之中,随着重大主题宣传的逐步推进,以深度融合做好大调研宣传报道呈现出了渐入佳境之势。3月27日,无限金华客户端再推《大调研　开新局:一线直击　破解难题》融媒策划报道系列,第一步走进民政部门,就市委书记陈龙在大调研中了解发现的一些证件办理时限过长问题,采访民政部门立行立改的新举措,推出了《大调研:从"半个月"到"即办即领"市民政局这次大调研干了啥?》。就《大调研　开新局:一线直击　破解难题》融媒报道系列来看,以问题导向策划组织,以重在"走基层"、重在"解难事"、重在"开新局"为关注点,与第一阶段动态层面报道相比,主题开掘深刻,融媒形态也更加完备。无限金华客户端快发"告知用户",当晚《金华新闻联播》详细播出。在"两端"新媒体的发布上,图文和短视频结合的融合文本形态也逐渐完善,短视频重问题破解、重采访原声话题,图片着眼特写展示,文字简洁说明,告知电视播出时间,融合文本传播效能凸显。

此外,大调研重大主题宣传报道中,无限金华客户端新媒体创新手段的使用也引人注目。如3月2日发布的《一图看懂大调研》,将大调研的重要信息放在一张图片上,简洁明了。又如客户端发布的《[大调研—现在发布]老年优待证办理"零跑腿"补证换证即办即领》等,不仅有对老年证即办即领详情内容的短视频介绍,还有办理人员和手续的文字及图片呈现，内容丰富生动，视觉效果强。

总之，今年2月以来，金华广电围绕"不忘初心、牢记使命，当好新时代金华答卷人"大调研活动策划推出一系列重大主题报道，充分发挥了"中央厨房"的作用，取得了主题持续深化、融媒效果初显的阶段性成效。当然，在重大主题报道的融媒策划中，如果能够及时开启用户反馈渠道，让客户端用户以及全市群众更加直接地参与到大调研活动的互动，融媒报道的传播力和说服力将进一步增强。

无限金华客户端系列阅评之三

以"五发"理念　打造移动客户端主流新媒体
——金华广电无限金华客户端4.0版评析

2018年1月，金华广播电视总台宣布金华广电融媒体"中央厨房"和无限金华客户端4.0版启用，提出"以首发、快发、优发和连发触动用户转发"的"五发"理念，打造"新媒体首发、全媒体跟进、融媒体传播"常态化传播格局的新型主流媒体。无限金华客户端4.0版上线以来，在广电融媒体中心的机制架构支撑下，面貌焕然一新，在今年以来的重大主题宣传和重要会议报道中发挥了重要的作用，在常态化的界面和内容建设中，也初显了广电主流新媒体的传播力。

一、融合电视新闻团队，打造客户端"新闻+"视频传播新势力

无限金华客户端作为主流媒体运营的新媒体平台，依托融媒体中心，融合电视新闻综合频道栏目矩阵，重点打造"新闻+"平台，形成了客户端视频新闻传播的新势力。该平台重点聚焦金华新闻、时政新闻，既有客户

端独家上线的栏目，如《八婺新闻眼》《大调研手记》等，也有电视频道在新媒体端发布的新闻栏目，如《头条来了》《政务面对面》等。通过台网新闻采编的整合，发挥了频道集群的优势，"新闻+"矩阵形成了全天候、多层次的推送格局。

《头条来了》是每日滚动更新的新闻栏目，平均一天的更新量在40~50条左右。通过"中央厨房"的集成运作，前方记者发回的新闻素材能够快速进行编辑，在电视屏播出之前先被制作成头条新闻发布在客户端，这样做规避了电视端必须等到特定的新闻时间段才播出的尴尬，充分体现了新媒体的即时性。内容方面，该版块对市委市政府的方针政策、重大举措进行及时解读，对当下新闻热点进行个性化点评，从而强化了广电主流媒体的舆论引领作用。如在2018年金华市两会期间，该版块不间断推出"主播跑两会""两会进行时""报告精读"等内容，全方位报道两会，营造了"八婺大地共商大事"的良好氛围。

《市民问政》栏目在保留原有风格的基础上，推出了《政务面对面》融媒体高端访谈，采用电视屏、客户端双向贯通传播，从而聚焦放大传播效应。如首期《政务面对面》对话金华市交通运输局局长姜能，3月23日客户端推出访谈的视频片段合集进行预热，3月25日电视频道节目播出，3月26日则再次在客户端发布完整访谈内容，并梳理出文字稿的"收阅导航"，配合视频方便受众阅读。通过这样的跨屏互动、融媒互推，在提升宣传效果的同时，也提高了电视的收视率与客户端"新闻+"的影响力，增强了主流媒体的传播力。

二、发挥跨媒联动优势，打造客户端融媒传播"直播流"

新媒体快速发展的今天，受众对于现场感的要求越来越强烈，直播也越来越成为手机客户端引流的重要窗口。无限金华客户端4.0版上线以来，开辟活动直播窗口，对全市范围各大活动、重大会议等进行现场直播，较为成功地打造了客户端吸引流量的"直播流"。广播媒介作为伴随性媒体，具有天然的直播优势。2016年市两会，金华之声率先发起联合多家媒体的融媒直播，联合电视媒体和浙江日报金华分社，并组织各县市区电台组成金华广播联盟，邀请金华9县市区领导做客"融媒体直播间"。在随后2017年召开的金华市党代会、金华发展大会等重要会议上，融媒体直播间又多次启用，点击量累计200万以上，单场平均收看人数达10万人次。2018年金华两会期间，金华广电总台、金华日报报业传媒集团、浙报集团金华分社再次联合组成"金华融媒体"方阵，由金华之声主播主持，将无限金华客户端作为直播主平台，实现了声屏报网微端全媒体直播。同时，无限金华客户端作为直播窗口，还推出了"两会最新鲜——中央厨房两会连线直播"专题，主持人在"中央厨房"连线记者，记者在前方对嘉宾进行采访，进行现场连线直播，传递最新的代表委员声音和两会资讯。

三、深耕新媒体传播特色，打造客户端爆款微产品

在"移动先行"理念指导下，金华广电融媒体中心还注重了无限金华客户端和广众网"两端"微产品的开发生产。《八婺新闻眼》是由金华广电融媒体中心打造、无限金华客户端独家上线的一款集纳式新闻产品。从新闻来源看，《八婺新闻眼》取材广泛，以金华台的自采新闻为主，同时广泛搜集其他各级各类媒体有关金华元素的新闻消息，如3月30日消息《企业名称在手机上申报 兰溪企业家全省第一个"吃螃蟹"》便来源于浙江新闻。时效性方面，《八婺新闻眼》选取当日最新的新闻资讯，于每天16点到16点30分之间推送，这一时段正好处于晚间新闻之前，填补了一天之中集纳性新闻播报的空白。形式方面，《八婺新闻眼》单期字数在1300~1500字左右，采取短段落、多图片的方式，合理控制版面密度，符合

新媒体阅读习惯,同时根据需要与音视频相结合,丰富报道形式。根据观察,单期《八婺新闻眼》篇幅为5~6篇,正常情况下3分钟左右即可阅读完毕,受众只需利用碎片化的时间快速浏览,充分提升了传播效率。值得一提的是,《八婺新闻眼》由一位有着二十多年广播新闻采编经验的老编辑操刀,新闻内容选择和标题的二次编辑也十分精到,较为符合新媒体的传播调性,每天点击量达2.3万人次左右,最高可达3万人次,成为无限金华客户端点击量最高的栏目之一。

此外,《我们爱朗读》《梁子百科》等也是无限金华客户端独家推出的常态化新媒体栏目。在《我们爱朗读》中,每期都会邀请一位热爱朗读、音色较好的读者朗读文学作品,周末版则会由金华电台主播为受众分享有声小说。经过几个月的运营,该节目目前平均单期点击量维持在6000人次以上,与受众形成了良好的互动。而《梁子百科》则通过3分钟左右的短视频,主持人以个性化的语言讲解金华典故,以现代人视角审看历史故事,同时添加了小鸟"子曰"这一电视动画形象与主持人互动,注重趣味性、传播性和互动性,也正处于成长之中。

考察无限金华客户端4.0版,上线近三个月传播力已得到初步显现。但与此同时,也还存在着一些短板需要及时弥补。如某些交互体验的设计功能尚未实现,或并不便捷;个人中心位于页面右上角,但显示图标过小且不明显,容易让人忽略;页面最上方的搜索框需要二次点击才能进行搜索;内插视频在小窗状态下无法自由拖动进度条,等等,都有待于进一步跟进用户体验,作出改进设计。期待无限金华客户端进一步优化互动方式,推动广电融媒发展迈上新的台阶。

2018年是金华市广播电视台融媒传播的起始元年,在全国、浙江全省广电媒体积极探索和推进媒体融合传播的大背景下,金华市金华广电融媒体"中央厨房"和无限金华客户端升级4.0版正式启用,并且经过近三个月的运行,取得良好的社会反响。抓住当年3月底4月初金华市"两会"召开的契机,评议人员及时组织进行了"解剖麻雀"式的系列评议,围绕市级广电融媒体如何做好"两会"等重大会议宣传、如何做好重大主题策划性系列报道,以及如何以"首发、快发、优发和连发触动用户转发""五发"理念,把新闻客户端平台打造成"新媒体首发、全媒体跟进、融媒体传播"常态化传播格局的新型主流媒体等主题,进行分主题评议,三篇文章在市级广电融媒体团队和新闻客户端平台建设的大主题下,形成系列评议,细致地解读了一个初见成效的市级广电融媒体的典型经验,为全省的市县广电媒体加快融媒体中心建设提供了参考案例和典型经验。

发挥声屏、融媒传播优势　引领浙江乡村振兴战略伟大实践

——2018年度电视对农栏目考核评优综述

党的十九大提出了实施乡村振兴的战略部署。中央农村工作会议进一步明确,实施乡村振兴战略,要按照产业兴旺、生态宜居、乡风文明、治理有效、生活富裕的总要求,让农业成为有奔头的产业,让农民成为有吸引力的职业,让农村成为安居乐业的美丽家园。2018年是全面实施乡村振兴战略的第一年,纵观2018年度浙江全省电视对农栏目考核的总体情况,让人欣喜地看到:省、市、县三级电视媒体,以引领浙江乡村振兴战略伟大实践的自觉担当,充分发挥声屏、融媒传播优势,进一步加强了新时代对农宣传的阵地建设、内容拓展和业态创新,加强与涉农等各有关部门合作、协作,狠抓对农宣传队伍专业素质和作风建设,对农宣传业务有了新的提高,对农栏目播出展现新的面貌。经考核,浙江电视台新闻·公共频道达到2016年浙江省新闻出版广电局《关于进一步做好广播电视对农节目

服务工作的意见》提出的要求,绝大部分市、县级电视媒体也都达到了文件所要求的每周至少自办对农节目3档以上(县级台允许非自采通用性节目或编辑类内容不超过20%)、播出时长不少于45分钟的要求,并进一步增加播出总量、提升内容质量、创新传播形式。围绕乡村振兴战略20字总要求,2018年度全省电视对农栏目普遍做到了,典型报道更加鲜活,调查报道更加成熟,对农服务更加多样,融媒互动更趋常态,衢州、丽水、温州等地区一些传统意义上的经济薄弱县市区,凭借生态优势,电视对农栏目采编有了长足的进步,因此,就全省来看,无论是自办节目数量,还是质量水平都比过去更显平衡。在嘉兴、台州、瑞安、海宁、永康、奉化、平阳台等老先进保持优势的同时,常山、衢江、龙泉台等一批新秀在考核中也崭露头角。

一、围绕乡村振兴20字要求,拓展了对农宣传内容的丰富性

2018年电视对农宣传的重要主题是乡村振兴和庆祝改革开放四十周年,今年考核抽评到的是8月13~19日这一周,绝大多数台都紧紧围绕这两大重大主题,特别是乡村振兴的20字要求,开辟专栏,推出系列报道,做好典型宣传的同时,拓展了对农宣传内容的丰富性。

乡村振兴战略实施以来,许多台紧跟中心,对栏目和专栏进行了专门的改版和调整。如浙江电视台公共·新闻频道在继续办好《新山海经》《翠花牵线》《政策面对面》《新农村纪实》等对农特色栏目群以及"浙江乡村振兴带头人""浙江农民创富大赛""新农村冲击播"等对农品牌活动的同时,与省农办合作推出了《乡村振兴浙江行》栏目,集乡村旅游、特色民宿展示以及传统村落展示于一体。嘉兴台《小马跑乡村》栏目乡村振兴主题突出,推出了《纺织大镇脱"衣"记》等专题报道;绍兴台《三农一线》栏目记者深入全市乡村,采制了连播5期的系列专题《乡村蝶

第五章 视听评议的特点和类别

变的绍兴样本》，报道了新昌县沙溪镇生田村等一批空心村的蝶变；杭州台《庆丰村》栏目推出聚焦"三农"系列报道，重点关注杭州农旅结合促进"美丽经济"的发展；宁波台2017年年底由《田野》改版为《农道》栏目，以《寻道新农业》《问道新农民》《论道新农村》三个专栏为架构，重点宣传一批投身现代农业创业并兼具管理创新、业态模式创新的农创客，以及农业龙头企业典型，报道了果蔬大户姚健康父子矢志不渝改良盐碱地，把过去寸草不生的盐碱地建设成了精品果园，以及宁海梅花村开发红色革命根据地资源带动乡村旅游；舟山台《渔农天地》去年改版之后每周六档日播，围绕乡村振兴主题，推出了"犁海耕田话品牌赋能"系列和"我家来了乡村振兴指导员"系列等报道。海宁台《今日新农村》栏目，主持人化身"小村姑"，推出"小村姑"体验游，带领观众"走乡村、看振兴"。同时推出《乡村振兴青年说》《乡村振兴书记说》等"套餐"专栏，从各个侧面建言乡村振兴新策；奉化台《乡间小路》栏目以主持人小孙命名的《小孙下乡日记》专栏，推出"乡村振兴样板村走访记"系列报道；平阳台《十里八乡》栏目推出《乡村振兴人物故事》和《乡村振兴你来代言》等专栏；德清台《新农村互联网》栏目针对当地民宿经济发达的实际情况，《乡村大咖秀》专栏重点关注了民宿达人沈蒋荣助力乡村振兴的人物故事；桐庐台《农民之友》栏目开辟《美丽乡村行》《乡村振兴在行动》《我们这四十年》等多个主题性专栏；玉环台《金色港湾》栏目专门推出《乡村振兴 我们这样做》专栏，为各地提供乡村振兴典型经验；龙泉台《剑川热土》栏目也专门开辟《乡村振兴青年说》专栏，报道乡村振兴的"圆梦者"；临海台《种田垟》栏目《乡村振兴路》《村里有能人》等专栏集中关注了返乡青年"农创客"的主题；富阳台也专门把原来的对农栏目改版更名为《乡村振兴》，开辟了《乡村振兴一起走》《乡村振兴追梦人》《乡村振兴画中游》《乡村振兴大家谈》等专栏。

视听评议：**机制、尺度和方法**

　　整体上，各市、县级台都把乡村振兴的报道放到了重中之重的位置，并结合庆祝改革开放四十周年做好了报道。如台州台《山海经》栏目《乡村新视点》专栏以连续报道的形式，深入报道了仙居上横街村蜕变记、嘉兴台《小马跑乡村》栏目庆祝改革开放四十周年报道播出了《老市长的荷花梦》等。瑞安台《吾乡吾土》栏目庆祝改革开放四十周年报道播出了《番茄村的两代"掌门人"》；诸暨台《乡村道地》栏目在《乡村故事会》专栏推出"亲历四十年"系列报道，播出了《徐金兵和他的茶马古道》《大唐镇：从手摇袜机到自主智造》等；平湖台《金色田野》栏目关注了粮食机械的大变迁以及全民社保带来的获得感；平阳台《十里八乡》栏目《产业兴旺看平阳》专栏，着眼"产业兴旺"，报道了南麂岛大黄鱼"畅游"四方的十年蜕变；兰溪台《金色田野》栏目庆祝改革开放四十周年专栏推出了《稻花村里稻花香》的报道；龙泉台《剑川热土》栏目也在《乡村振兴进行时》专栏中播出了《"南乡粮仓"之变》；桐乡台《绿色田野》推出《我们的四十年》专栏，报道了改革开放之初嘉兴市第一家皮鞋厂诞生地洲泉镇东田村的"变形记"，等等。

　　同时，立足对农定位，许多台还围绕乡村振兴20字要求，尽力突破了单一的农业报道局限，拓展了对农栏目内容的丰富性。如安吉台近年来持续关注"治理有效"主题，《生态家园》栏目以习近平总书记对《坚持自治法治德治相结合　推进新时代乡村治理的生动范例——关于浙江"余村经验"的调研报告》圈阅为契机，蹲点余村，细致讲述了余村22年来自治、法治、德治相结合的乡村管理经验；同时报道了董岭村建立游客党员支援服务驿站，农家乐村的乡村治理新模式；海宁台《今日新农村》栏目《乡村关注》专栏则重点关注了"海宁乡厨"的专业化和品牌化，打造农村家宴放心厨房的问题和相应的建设经验；永康台《乡土乡约》栏目在《乡村深一度》专栏中，深入调查乡村"交界地"存在的纠纷以及得不到有效利用的问题，播出了《破除"交界地"樊篱　共建共享振兴乡村》；围绕"乡风文明"主题，奉化台《乡间小路》栏目还推出了《奉邑学堂》专栏，以"走乡间"（用乡音、用最接地气的方式）宣讲婚葬新风，帮助农民树立革除陈规陋习，树立喜事新办、白事简办、厚养薄葬的新观念；鄞州台《农村新天地》栏目也播出了《"细节决定成败"——陆家堰全国文明村炼成记》，重点报道了农村文明创建的全国性典型。

此外，瑞安、平湖、江山等电视台坚持舆论监督报道，较好地维护了农民权益和农村社会的公平正义。瑞安台《吾乡吾土》栏目《乡村监督哨》专栏以记者调查的形式，关注瑞安农村建设进程中出现的各类问题，抽评的一周中，《生猪养殖企业偷排污水　村民抓现行》一经播出，环保部门立即介入立案，凸显了舆论监督的作用；平湖台《金色田野》栏目在《三农新观察》专栏中曝光了新仓镇秦沙村树桥头自然村因为垃圾填埋堆场选址太近，苍蝇成群，农民苦不堪言的现状，推进了问题的解决；江山台《须江农话》栏目同样以舆论监督报道见长，先后播出了记者调查《一本产权证　难产十二年》和《如此违建附房　到底能不能拆》等监督类报道。

二、大兴深入"三农"一线的调查研究之风，增强了对农节目传播的思辨性

2018年度全省对农节目服务工程考核还让人感到十分欣喜的一大变化，就是各台普遍重视了调查类报道，以问题为导向，以建设性调查和思考为着力点，全省各级电视对农栏目兴起了深入"三农"一线的调查研究之风，使得对农节目的思辨性和引导力大大增强。

着眼"产业兴旺"，嘉兴、常山等台把调查报道的着眼点放到了粮食生产上。嘉兴台充分发挥系列调查和蹲点调查的优良作风，推出系列报道《浙北粮仓　稻米之困》，深入调查了素有"浙北粮仓"之称的嘉兴所存

在的"嘉兴人不吃嘉兴米"困境，调查报道步步深入，深刻挖掘了嘉兴稻米难成品牌的原因并探讨了对策；常山台《柚乡新视野》栏目关注到粮价下调的问题，《走乡村》专栏专门采制了《丰收时节访粮农：粮食收购价格下调如何应对？》。8月份正是各地葡萄上市的季节，金华台推出了金华葡萄产业发展专题调查，从销售、物流、种植技术和品种四个环节，选取典型户调查剖析，为葡萄种植户突破产业发展瓶颈探讨路径；长兴台《走乡村》栏目《乡村微调查》专栏也针对长兴葡萄今年销售收入大减的问题，调查原因，寻问长兴葡萄发展的新出路。此外，瑞安台《吾乡吾土》栏目以《乡土调查》专栏推出系列报道《让田野美丽起来》，关注了田间农具用房整治，建设美丽田园的主题；桐庐台《农民之友》栏目关注了村级集体经济的"化债消薄"和新型农机操作运维人才缺乏的问题，先后推出了调查报道《山村"消薄"记》和《植保无人机无人飞 农业机械化遇尴尬》；平阳台《十里八乡》栏目《乡村大调查》关注"扶贫贷款真正扶贫了吗"；衢江台系列调查报道重点关注乡村游发展中的留客难问题，一周内连续播出了《发展了十年的农业观光园为何留客难》《皇后故里发展乡村游如何留人》《天脊龙门受到游客青睐的秘诀何在》三篇报道，等等。这些调查报道或者以连续、系列报道的形式，或者以专题报道的形式，重点关注乡村振兴建设进程中遇到的新情况和新问题，投入时间大，调查深入，体现了良好的采访作风和以事实说话的朴实文风，值得进一步提倡。

三、统筹选题策划和编排设计，提高了综合性对农栏目的编排水平

2018年度全省对农节目服务工程考核看到，全省各台综合性电视对农栏目的整体编排水平也有明显提升，许多台抽评到的主档综合性电视对农栏目，内容丰富，组合安排合理，统筹选题策划和编排设计，信息量大，

编排主题明确，电视特色和融媒手段运用出色，既有思想性，又有可看性和可参与性，体现了编排业务的进步。

如嘉兴台8月16日的《小马跑乡村》栏目，以《乡村调查》《乡村蹲点》和庆祝改革开放四十周年系列报道为主干，兼顾开设了《乡村新鲜事》《乡村发现》《乡村达人》《乡村新技术》等专栏，既有主体调查思考和典型报道，又有趣事看点；既有新鲜事、新技术，又有人物故事；在此基础上再叠加与网络直播和微信朋友圈相结合的融媒专栏"4G直播课堂"《专家来了》《小马朋友圈》《我是村里代言人》，半小时的节目中，布局安排了10个专栏16条报道，长短结合，既不失厚重又轻松可看，体现了较高的编排水准。又如台州台8月16日的《山海经》栏目，定位日播直播类电视对农杂志，半小时的节目中，安排了8个不同类型的版块播出了13条报道，兼顾新闻性和服务性，信息量较大。这一节目以"农业专家下乡"和"上横街村蜕变记"两条记者走基层蹲点报道为主干内容，布局了《乡村蹲点记》《乡村微直播》《乡村新视点》《乡村资讯站》《乡村新农技》《乡村小创意》《记者调查》《乡村服务社》等专栏版块。特别是《乡村微直播》专栏，充分发挥栏目直播的优势，在节目播出过程中，两次连线台州首届乡村戏迷大赛现场记者，成功尝试了对农栏目中的直播连线报道形态，丰富了对农栏目的表现手段。其他市级台的对农栏目编排也有一定的进步。如金华台《乡村发现》栏目的主档节目，也有意识地尝试了围绕一个主题进行组合式报道编排的手法，湖州台《美丽乡村》之《绿野仙"众"》节目，号称以动漫风格和美丽乡村元素相结合，策划设计了《"仙"人指路》《"仙"睹为快》《"仙"来厚道》《娱乐在"仙"》四个版块的组合式编排结构，虽略显娱乐化，但蕴含其中的编排设计创新精神值得肯定。

县级台中，瑞安台《吾乡吾土》栏目保持了自全省电视对农栏目考核实施以来的优秀成绩，十分难得。十多年来，栏目多次改版升级，始终瞄准"三农"需求，此次抽评到的节目，突出了信息服务强、创新能力强、监督力度强和直播反应强等特色，再次获得了考核优秀和电视对农栏目评选一等奖。8月15日的主档《吾乡吾土》节目，以《乡土调查》和庆祝改革开放四十周年的重点报道《番茄村的两代"掌门人"》为主干，同时编排了《田欢农友圈》《农事直通车》《乡村监督哨》《瑞安农产推荐》等专栏，近20分钟的节目编排紧凑，转换自然，兼具厚重性和可看性。主体专栏《乡土调查》紧抓美丽田园建设主题，运用单反和航拍，精心设计出镜记者的巧妙转场，策划推出系列报道《让田野美丽起来》，大大提升了主题性调查报道的可看性。此外，还有相当一部分县级台在电视对农栏目的编排上也进步明显。如海宁台《今日新农村》栏目除通用版外，其他的一周三档原创版节目统合编排，体现了较强的对农采编团队力量。而在编排中，从《乡村关注》到《改革开放四十年》、到《乡村振兴青年说》，再到《致富帮》和《资讯播报站》等，主持人"小村姑"串接过渡自如，并且突破了传统的资讯播报"打头"的做法，有所创新；临海台《种田垟》栏目也巧妙地以编排主题把《乡村振兴路》《村里有能人》和后面的《三农会客厅》专栏关联了起来，从前面专栏报道中的人和事引出话题，进入《三农会客厅》关于"乡村振兴路上的农创客"的讨论主题，显示了关联性编排的用心。又如德清台《新农村互联网》栏目拍摄精美，《乡村大调查》专栏记者全程出镜跟踪了农村厨余垃圾从收集到生态资源化处理中心的全流程，编排中凸显了踏实的采访作风，等等，都较好地体现了编排设计的编辑意图。

四、紧密结合新媒体平台创新传播业态，强化了对农栏目的互动性

随着媒体融合步伐的进一步加快，电视对农栏目与新媒体相结合，也是发展的大势所趋。此次考核中看到，不少电视台也都注意到了与新媒体

平台的紧密结合，在融合传播中创新业态，强化了对农栏目的互动性，让对农栏目可看、可参与。

如嘉兴台《小马跑乡村》栏目采用网络直播和自拍手段，以发现的眼光和调查的手段，采制大量鲜活的报道，《鱼唇马嘴说乡风文明》《小马微直播》等专栏，利用gopro等自拍设备，发现评说农村变化；《我是村里代言人》让农民也拿起了自拍杆，成为主角，向观众推荐自己眼中的美丽乡村。依托"直播+网络"模式，推出农技培训类网络直播活动《专家来了》，通过线上线下课堂互动，让农民直接受益。抽评到的一周中《专家来了——农业废弃物　变废为宝》按照垃圾分类回收的理念，对农业废弃物如何变成绿色有机肥进行解答，据悉一小时网络直播点击量超过了3万次。2017年年底，瑞安市广播电视台首创三方合作模式，与市农合联、瑞安市寨寮溪富硒紫山药专业合作社联合，开出了第一家"瑞安农产"品牌形象店——"瑞安农产"广电店。在此基础上，瑞安台还成功探索了"广电+互联网+实体店"的融媒助农新模式。电视对农栏目《吾乡吾土》中的《瑞安农产推荐》版块，与线下"瑞安农产"实体店和微信公号"云江翼"直播平台相结合，开启了"助农直播"服务的新篇章。同时，《田欢农友圈》结合新媒体手段，快速发布实用信息，打造电视对农栏目主持人微信平台上的农民朋友圈。无独有偶，诸暨台《乡村道地》等一批栏目同样开辟了《微信农友圈》，并在节目播出中设置互动话题，增强了对农栏目的互动性和可参与性。此外，桐庐台《农民之友》通过大数据挖掘还推出了《大数据看乡村》专栏报道等，也开启了对农栏目创新的新路径。

2018年度的全省电视对农栏目考核，发现了不少亮点，但也还存在一些问题需要引起重视。一是还有极少数台对办好对农栏目缺乏足够的认识与定力。如某县级市台电视对农栏目停办被发现，此次考核就没有节目能够送上来，还有若干台虽然有增办，但仍然没有达到省局提出的巩固、提高、升级发展的要求；去年提到若干台以"打擦边球"态度，把非对农栏目拿来冒充对农栏目接受考核的情况依然有所发现，在此再次强调重申，党建、平安建设等非农口部门的联办栏目，不能作为对农栏目申报考核。还有少数"老先进"原地踏步甚至有所滑坡。二是对农宣传的内容拓展把握不准。此次考核发现，对农栏目内容的把握有"两极化"的趋势，一方面，一些台仍然局限于农业乃至农技内容，缺乏必要的拓展，导致对新时代对农栏目目标观众定位不准的问题；另一方面，一些台在对农宣传的内容把握上又过于宽泛，以至于把常态的时政新闻、民生新闻拿来填充节目，完全迷失了对农宣传的特定性定位。在实施乡村振兴战略的新时代，各台对农栏目要跳出单一的农业、农技报道，牢牢把握乡村振兴战略20字要求，以农村居民和涉农人员为目标传播对象，办好电视对农栏目，做好对农宣传与服务。三是对农栏目采编力量依然不足。考核中发现，一些台存在着对农栏目采编力量"抽空"的情况，人员流失没有及时补充，导致对农栏目常态播出"空心化"，内容不够充实，编排较为粗糙，需要引起各台领导足够的重视。四是融媒发展进程中要考虑如何增强对农栏目的地位和作用。对于广大市、县级广电媒体来说，积极投身乡村振兴热潮，既是主流媒体的责任，又是媒体发展的机遇，特别是各地在市、县融媒体中心的建设过程中，既要勇立乡村振兴的潮头，又要站到媒体融合的前列，各台要积极研究新情况，迎接新挑战，把握新机遇，办出对农栏目更强的传播力和影响力。媒体融合发展进程中，对农栏目只可加强，不能削弱。省有关部门也要进一步研究完善抽查考核和评优引导的机制和策略，以更加公平、公正、公开的方式，促进各台加强对农栏目投入，发挥广播电视媒体在全省乡村振兴战略伟大实践中的引领作用，省级广电媒体也要更好地发挥乡村振兴宣传中的"龙头"示范作用。

《发挥声屏、融媒传播优势　引领浙江乡村振兴战略伟大实践》是针对2018年度浙江省电视对农栏目考核评优的综述评议。自2006年以来，浙江省广电行政管理部门以全省各级播出机构对农节目检查抽评为抓手，持续实施了全省广播电视对农节目服务工程建设。为了激发全省各级广播电视媒体的对农宣传积极性，省级广电行政管理部门每年8月都要针对省、市、县三级广播电视台开办的广播电视对农节目进行抽评考核，并进行专门的对农节目政府奖评选。在考核评优的同时，广电行政部门还委托评议专家对全省抽评到广播对农栏目、电视对农栏目、送评的广播对农节目和活动、电视对农节目和活动进行综述评析，以通报考核评优情况，并交流做好广播电视对农宣传的经验，指出问题并提出改进性建议。特别是针对考核中发现概括的问题，具有较强的警示作用，在下一年的专项考核中如果再有发现，那么基本上就没有进入全省市县台16名优秀等次的希望了，因此普遍受到市县台广播电视对农栏目采编人员的重视。

第六章 视听评议的写作

视听评议是针对广播电视节目和互联网视听传播内容的专门评议工作和一类文章的总称，就体裁而言属于专业评论范畴。视听评议的写作既服从评论写作的基本规范要求，又有着专业评论的特殊性。视听评议文本从它的结构安排来看，与其他论说文一样，要具备论点、论据、论证这三个基本要素。但评议对象的专门性，又要求运用相应的尺度和标准，进行评析和论证。同时，区别于一般性的评论文章，在充分论证观点之后，基于监督和监管的特殊用途，视听评议还有着特别的建设性要求，就是在提出批评之后，需要就批评的内容给出建设性的改进意见，或总体表扬之后，就仍存在的不足或需要注意的地方给予必要的指出，以促进传播主体的改进和进步。

◆第一节　主题性观点提炼

视听评议的主题性观点，亦即视听评议的论点或论断，是视听评议人员对所评述对象或问题提出的主张和看法，是评议作者所要阐述的观点和见解。

一、视听评议主题性观点的特点

1. 观点鲜明

虽然视听评议讲求一分为二地看待评议对象和内容,并不主张"一棍子打死",但观点鲜明是第一要求,特别是在是非褒贬上必须做到倾向明确,而不能含糊不清。一篇视听评议文章,是肯定与表扬,还是否定与批评,必须立场分明,表达明确。

2. 针对性明确

视听评议是有着专门评议对象的一类评议文章,有着明确的评议针对性,或针对一期具体的节目或栏目,或针对一档栏目或一个频率、频道等,再或者针对某一种现象或问题,针对某一位主持人或一种作风,等等,总之,具体的视听评议文章,总是有着明确的评议对象,提出观点和看法,并进而展开论证性分析和评论的。

3. 思想集中

尽管有时候所评议对象问题很多,而且有重大问题的节目或视听传播内容等,往往各种问题都会集中表现于一身。同样,一个优秀的栏目或作品,往往也是各方面的积极因素共同造就,并不只是因为单方面的因素就取得了成功。但视听评议仍然需要归纳主题,集中思想,抓住主要问题或重要经验展开评述,而将其他的问题或经验略写或稍加提及带过。

4. 站位要高

视听评议有着明确的监督使命,特别是收听收看机构所开展的视听评议活动,更是直接为广电行政管理部门监管所用,评议观察的立足点必须要尽可能地站得高一些,要站到政治的、社会的、历史的高度,进行观察和分析。当然,视听评议主题观点的站位要高,并不是无条件的上纲上线,而是要基于基本的事实表现,尽可能从政治的高度、社会的影响和历史的发展等,以更高的立足点,更加全面的视野,来定性问题的性质和可能产生的影响，从而起到更好的警示或倡导的作用。

二、视听评议主题性观点提炼的方法

1. 恰当定性

视听评议的监督性质，特别是收听收看机构所开展的视听评议活动，直接用作于广电行政管理的依据或参考，因此具有监督管理的严肃性，对于评议文章的主题性观点必须做到恰当定性。在表扬与批评之间作出明确判断之后，如果是表扬性质的评议，是导向把握的正确还是作风的优良抑或作品质量的优秀，需要归类明确，然后达到什么样的程度，也需要把握表达的分寸；如果是批评性质的评议，属于导向性质的错误，还是工作作风的不踏实，抑或作品质量粗糙，等等，也必须做到尺度把握明确，问题程度判别得当。

恰当定性的主题性观点提炼方法，主要需要把握四个步骤。首先是认真听看评议对象，认真做好听看实录。特别是对于涉嫌违法违规表现的评议内容，需要逐字逐句如实记录，所在节目或播出时段、投放平台的位置以及相关话语或表现的语境、情境也需要有所关注或记录。其次是做好阶段性的持续跟踪观察。对于一档节目、栏目或某位主持人的具体表现，切不可以一次观察就下结论，而是给予一定时间阶段持续观察，所表现出来的优点或问题，到底是一次性的还是持续性的，也需要经过阶段性的观察才能够有所定论。第三是准确把握定性评判的标准和尺度。根据观察发现或分析概括的优点或问题，到底是属于什么样的性质、达到了什么样的程度，需要以适当的价值评判标准和尺度予以测量，这种测量虽然大多仍然是定性的，并不能具体量化为数据的表达，但必须保证标准和尺度运用得当，程度表达准确。特别是对于问题出现的程度，必须确保不是一次性的，而是三次以上或更多次的，才有批评和提醒的必要。当然，如果一次性出现的问题性质已然十分严重，并足以让同类节目或内容制作播出时引以为戒，为了避免同类问题的出现或别人再犯，也可以作出必要的提醒性评议。第四是经过价值评判和定性之后，进行主题性观点的恰当提炼和准确表达。主题性观点的表达一般表现为判断句式，肯定或否定褒贬分明，或直接定性肯定，或直接指明违反某一条款的法律或规定抑或某一方面的伦理要求，从而达到观点鲜明的目标。当然，仅有观点的表达是不够的，好或者差的地方，还需要在正文当中提供足够的实录证据和相应的标准、尺度对照，并加以必要的分析和论证。

2. 抓大放小

一档广播电视节目或一个互联网视听传播的具体内容，优点或不足往往是多方面的。抓大放小的要点是：在认真听看记录和持续跟踪观察的基础上，把各方面可以给予定性判断的观点全都罗列出来，然后一一排除，从而达到逐步把握其主流性质的目的。俗话说，人无完人，金无足赤。一档节目、栏目也好，一个频率、频道也罢，说成绩和社会作用肯定都有，要找缺点和问题不足也一定存在，关键是要观其主流，是成绩突出还是存在问题更大，要学会抓大放小，把握主流，可以针对其最大的成绩或问题提炼观点，开展评议。其他需要提及的经验或问题可以略加提及，或一笔带过。通过抓大放小的方法，达到主题性观点表达集中和明确的目的。

3. 概括集中

相对于日常收听收看过程中的随时发现和自选评议选题，视听评议活动还有相当一部分内容具有一定的命题作文性质，比如各种视听作品方面的评奖与抽查考核等，需要进行必要的综述评议，以达到通报情况、引导创新创优的目的。就一般情况而言，各类评奖评优和抽查考核类别多、作品数量庞大，要在一篇文章中进行综述评议确实很难做到观点集中。概括集中方法的运用，主要在于首先进行亮点或变化的判别，先概括出各个方面的分主题；其次再观察各个分主题的共性特征，抓住其共性表现进一步往一个明确的主题方向进行概括提炼，从而达到主题的集中。在这里，需要跳出局部细节，尽可能地以较高的立足点把握其总体主流大势，可以从创新发展的趋势评判、整体作风的进步或退步等较为宏大的视野来概括集中，最终达到明确主题的目的。

◆第二节 视听评议的文本结构

视听评议文本的长短，差别是比较大的。一般性视听评议文章，如果只是简单地指出某一问题或肯定某一方面成绩，400字或500字左右已经足够。但如果是稍具规模的评议，如对某一广播电视节目、栏目或某一类评议对象进行评议，就需要较多的文字，2000字或4000字左右也是有需要的。就收听收看机构刊用的视听评议文章来看，为了增加整体刊出的信息量，一般短稿和长稿组合，并总体上控制单篇稿件的长度，一期评议刊物上面，往往长稿一二篇，短稿三四篇。但一些具有较长时间跨度，或策划性主题的评议，篇幅就会很长，如一些季度性的综述报告，或专题性的评议文章，长的一二万字也是有的。

视听评议的文本结构整体上有一定的规范格式，即较为严格地按照提出观点、论证阐述观点、提出建议或指出不足三部分结构。下面就以2017年刊发的《做贴近社交平台、引导网络舆论的特色微媒体——浙江之声微信公众号和微博评析》为例，进行一般性视听评议文本结构的讲解。

做贴近社交平台、引导网络舆论的特色微媒体
——浙江之声微信公众号和微博评析

在众多微信公众号、微博把关不力、饱受诟病的网络环境下，浙江之声微信公众号和微博以主流媒体的责任担当，坚守阵地，坚持做既贴近微信群、朋友圈社交平台，又能够引导网络舆论的微媒体，并且在不断的探索中彰显了时效优势和音频特色，受到了受众的喜爱。今年以来，评议人员持续关注了浙江之声微信公众号以及他们的新浪、腾讯微博，本文就今年4月以来浙江之声微媒体启动迎接党的十九大和省十四次党代会宣传报道以来的内容推送进行评析。

一、坚持重大主题融媒策划，微媒同步发布

为迎接党的十九大召开，2017年以来，浙江之声利用微媒体进行融合式传播，全景展示五年来浙江城乡面貌、百姓生活等多方面的巨大变化，聚焦广大人民群众的获得感，努力营造喜迎党的十九大的舆论氛围。今年4月起，浙江之声在微媒体平台推出"报道党代会、迎接十九大"专题，综述"勇立潮头浙五年"、专稿"大时代·小日子"、蹲点系列报道"优秀党代表"、海采报道"我是党员，我奉献"、特别栏目"聆听党代会·遇见新五年"等，多个专栏互相配合，融合联动，创新传播。

值得一提的是，今年4月20日起，浙江之声以"创造新业绩，开好党代会，迎接十九大"为主线，在微信公众号、微博、新蓝网、中国蓝新闻客户端以及《浙广早新闻》节目联动推出特别策划专题报道《向人民报告》，以多平台传播构建了强大舆论声势。针对去年年底浙江各县（市、区）领导班子换届，通过对这批新任县（市、区）委书记的采访，向社

会、向百姓公开报告他们履新数月来的县域治理设想和作为，凸显"一切为了人民，让人民满意"的执政新理念。6月12日，省委书记车俊对《向人民报告》专题报道作出批示："体现了以人民为中心的思想，有高度、有深度。"据统计，《向人民报告》专题平均每篇报道的微信全网阅读量10万+次，点赞数4万+次，微博总阅读量达200万+次，点赞数80万+次，微博总转发量达到90万次。同时，省第十四次党代会期间，浙江之声微信公众号和微博刊发党代会报道超过100条，既发自采报道，又集他媒精华，实现了"扬独家之优势，汇天下之精华"的广播优势。在微信版面编排上，浙江之声新媒体部推陈出新，采用集纳式的编排手法，推出"大会开幕""大会闭幕"微信专版，让人耳目一新。

二、加强时政报道微媒编辑，更显生动、实用

不少新闻类微信、微博时政性内容推送少，主要在于传统媒体的一些时政报道确实做得严肃有余、生动不足，但浙江之声微信公众号、微博的做法并不是回避了事，而是通过微媒编辑的加强，充分挖掘时政内容与百姓生活的相关性，在形态上可视化、互动化，在标题制作上社交化，让时政报道更显生动和实用。

首先是在内容上充分挖掘与百姓生活的相关性，做实用的时政报道。比如7月3日推送的《浙江推进"最多跑一次"改革，尽早实现"一件事只跑一次"》，就紧紧抓住"一件事只跑一次"这一改革目标，提炼出了每一位在浙江的人都关注的核心信息。

其次是在形态上可视化、互动化，让受众有观赏或参与的"获得感"。比如迎接党的十九大和省党代会、见证浙江大地五年来的新变化的报道，形态上就突破了音频流的单一传统方式，不仅以"文字+图片"非广播媒体传播符号进行融合式创新传播，同时充分利用新蓝网的资源和

技术力量，推出"砥砺奋进·勇立潮头"融媒体专题，《浙江24小时》《"浙"里响起好声音》《一张蓝图绘到底》等微视频、短音频、H5、动漫MV等新媒体产品通过浙江之声微信公众号和微博的联动式传播，实现了新媒体新闻产品的创意呈现。又如5月23日，浙江之声在微信公众号推出"我为'最多跑一次'提建议"活动，直接在微信公众号底栏"微服务"版块开设"最多跑一次"互动专栏，微友可以填写征集表格或直接回复"跑一次"，提出自己的意见和建议，参与十分地便捷。

第三是标题制作上尽可能地社交化。比如5月11日《向人民报告》特别报道江山篇，标题是《空气优良率98%以上、森林覆盖率70%以上的这个地方有两个"绝招"》，抓住人们渴望优良空气和森林覆盖的心理，受众一接触这个标题就禁不住要点开来一看究竟。又比如6月25日，兰江遭遇60年一遇特大洪峰过境，浙江之声微信公众号6月26日0点抢发特快推送，就以《刚刚，浙江兰江洪峰到达！钱塘江流域暴发建国后第二大洪水，保兰溪、保兰溪、保兰溪（重要的事情说三遍）》为标题，巧妙地借用朋友圈"重要的事情说三遍"的说法，既针对了之前兰溪人微信群和朋友圈流传的"省防指决定'保杭弃兰'"谣言，又突出强调了省委副书记、代省长袁家军关于"全省要把保兰溪作为防汛的重中之重"的明确指示，较好地贴合了社交媒体的传播特点。

三、回应社交媒体热议话题，引导网络舆论

据考察，浙江之声微信公众号一般一天三次推送，每次推送在五六条，每次推送的头条较多选择微信群、朋友圈热议的话题进行集纳报道或回应，体现出较好的时效性和贴近性，引导网络舆论的作用也比较好。如7月3日17时30分推送的头条《太美了！今天一整天朋友圈都被蓝天刷屏了！紧接着就有两个好消息和一个坏消息……》，又如7月1日早7时推送

的头条《痴呆外公走失，紧抱外孙一整夜！网友：忘了一切也不会忘记爱你……》，抓住网友的感动点，再传播一波爱的能量。7月4日，著名浙商、一代国药工匠冯根生凌晨逝世，浙江之声微信公众号在中午11时前推送头条发布消息，17时45分推送的头条又利用资料音像编发了《独家原音重现：怀念！听冯根生讲财富、传承、人生……》，在怀念一代浙商代表人物的同时，再一次传播了浙商精神。

针对微信群、朋友圈的谣言流传进行辟谣报道也是浙江之声微信公众号、微博推送的重要内容。比如5月16日，针对前一天好多杭州人微信群、朋友圈疯传的谣言，浙江之声发布《朋友圈疯传"一带一路"总部落户杭州，赶紧买房？真相是……》，证实这只是今年3月份非官方国际组织国际金融论坛筹备丝路国际联盟的一则旧闻，与"一带一路"北京国际合作高峰论坛上倡导的设立后续联络机制不是同一回事。又比如6月11日推送的《近期网传的这些都是谣言，千万别信！最后一条最害人！》，历数了"肉松是用棉花做的""共享单车坐垫现'艾滋针'"等由中国互联网违法和不良信息举报中心梳理的5月份十大网络谣言。7月5日，针对微信群传得沸沸扬扬的"挖肾的四个和尚"视频，浙江之声微媒体又发出辟谣帖《"挖肾的四个和尚"刚被查，另一波挖肾的也许就潜伏在你身边》，对一大波所谓的"挖肾""挖眼"谣言进行真相报道，别做网络谣言散布的跟风者。

四、探索音频融合产品形态，彰显音媒特色

浙江之声在微媒体传播实践中，一方面尽可能地突破着单一声音传播的局限性，另一方面又不断开掘自身的音媒特色，探索多种的音频融合产品形态，形成了其微信公众号、微博既有充分的社交媒体特点，又有音媒特色的传播优势。

第六章 视听评议的写作

浙江之声微信公众号的重点报道，一般都有音频结合，如7月份仍在继续进行的《向人民报告》特别报道，都有报道音频与图文的结合，受众可以选择听或看两种阅读方式。除此之外，微信公众号推送还经常选用"方雨小厨"微信号的"夜读"音频内容，请来著名播音员、主持人以及诵读爱好者诵读经典诗文，让微友享受到了聆听的乐趣。

与此同时，浙江之声还利用微媒体平台开展了大型的诵读活动。5月18日，联合浙江省语言文字工作委员会、省教育厅、共青团浙江省委、少先队浙江省工作委员会等，浙江之声启动了浙江省第十一届青少年中华经典诗文诵读活动暨诵读比赛。活动充分利用了微信公众号等新媒体平台，面向全省中小学校学生广泛征集报名，拉开了时间跨度长达半年的中华经典诗文诵读活动。特别是今年浙江之声首度联合了全省60家市县电台共同承办，发挥了微媒体报名的便捷性，并深入全省每一个县市区开展近百场海选参与的便利性，让全省所有热爱诵读的中小学生都有了站上舞台的机会。

综上所述，今年以来，浙江之声在全力配合新蓝网——中国蓝新闻客户端内容打造的同时，努力探索广播媒体和微信公众号、微博的融合传播，在主题内容的策划上彰显了主流媒体的责任担当，在传播形式的设计上创新了融合传播的新的业态，但就整体内容推送来看，还存在着一些问题需要指出。一是部分微媒体推送的标题拟制仍有"标题党"之嫌，在考虑标题吸引力的同时，也要兼顾标题对内容概括的准确性。比如7月5日的这一篇微信公众号推送《杭州一中学男老师写了47封"情书"给学生！女同学现场感动哭》，原来是中学班主任老师给学生写的学期评语，偏偏要比喻为"情书"，还一定要暗示"男老师"和"女同学"的关系，有违中学师生伦理的要求。二是在没有重要时政和重大主题推送的时候，编排上主题性报道往往压到一次推送的底部，而将一些有"惊悚"效果的新闻编排到头条的位置，暴露出哗众取宠的编排意图。比如7月10日其微信公众号

17时30分的推送,《中国(浙江)自贸区挂牌100天交出成绩单》《克难攻坚惠民生》《杭州创建"中国制造"2025试点示范城市》三条被编排到了七条内容的最后三条,就连《荒唐司机竟然带着这些木盒子在高速公路隧道乘风凉!里面是……》(原来盒子里装的是虫子)这一社会新闻也编排到了这三条的前面。针对上述两方面问题,建议浙江之声在加强微信、微博推送主题内容策划的同时,在其他内容的编辑和编排上,也要一个标准管到底,真正发挥广播媒体和新媒体融合传播的作用。此外,浙江之声的微信和微博平台上,除了利用《浙广早新闻》的播出音频和新蓝网的新媒体产品提供之外,结合音频或短视频、H5、网络直播等多种形式的融合式产品较少,特别是在充分张扬广播时效优势方面仍显不足,有待进一步地创新突破。

《做贴近社交平台、引导网络舆论的特色微媒体——浙江之声微信公众号和微博评析》这一评议文章的撰写,有一个比较大的背景就是众多自媒体乃至主流媒体微信公众号和微博上面缺少把关、出现各种低俗内容和"标题党"现象等各种乱象,针对微媒体的乱象,一方面需要加强,另一方面也需要树立典型,引导方向。就是在这样的背景之下,作者在长期关注和观察的基础上,抓住了浙江之声微信公众号和其新浪、腾讯微博两方面微媒体上的良好表现,并及时报题撰写。

这一评议文章主要分为三部分结构,首先是主题性观点的明确表达。就标题中的概括性观点"做贴近社交平台、引导网络舆论的特色微媒体"作适当地扩展阐述,即在众多微信公众号、微博把关不力、饱受诟病的网络环境下,"浙江之声微信公众号和微博以主流媒体的责任担当,坚守阵地,坚持做既贴近微信群、朋友圈社交平台,又能够引导网络舆论的微媒体,并且在不断的探索中彰显了时效优势和音频特色"——明确了肯定性的倾向表达，同时明确了肯定的具体内容性质是"责任担当"和"坚守阵地"，他们这样做的成效是既贴近了社交平台，又引导了网络舆论。在明确主题性观点表达之后，评议文章的第一段还简要说明了持续关注的时间段，以说明这一评议的基础性工作以及相应的效用，同时为正文的案例引述做好铺垫。第二部分是评议文章的主体，是主题性观点的展开，以及各个分论点的阐述。评议文章概括了"坚持重大主题融媒策划，微媒同步发布""加强时政报道微媒编辑，更显生动、实用""回应社交媒体热议话题，引导网络舆论""探索音频融合产品形态，彰显音媒特色"四个方面的特色，从重大主题宣传内容、时政报道传播和社交媒体话题回应三个层面，观察收集并阐述了浙江之声在微信公众号、微博"两微"新媒体平台上以责任担当坚守阵地的具体表现，结合具体的实例进行描述并作出肯定评价。同时从"探索音频融合产品形态"的视角剖析了浙江之声微媒体的音媒特色，体现其引导网络舆论上的媒体特色和质量把控。第三部分则是在充分肯定其主流成绩基础上，适当指出其仍然存在的不足，包括"部分微媒体推送的标题拟制仍有'标题党'之嫌""在没有重要时政和重大主题推送的时候，……暴露出哗众取宠的编排意图""结合音频或短视频、H5、网络直播等多种形式的融合式产品较少，特别是在充分张扬广播时效优势方面仍显不足"等，也都有具体的案例支撑和佐证，指出这些不足的目的是为了更好地促进评议对象办好"两微新媒体"，发挥更大的传播力。

视听评议文章的最后一部分内容，如果是批评性主题观点的话，那么就需要改为讨论如何改进的意见和建议。下面结合2017年浙江某市级视听评议刊物刊发的《电视民生新闻应注意伦理规范，避免血腥、不雅内容》一文作进一步讲解，涉及具体的电视台频道和节目名称予以隐去。

视听评议：机制、尺度和方法

电视民生新闻应注意伦理规范，避免血腥、不雅内容

秉承"平民视角、民生内容、民本取向"理念，以百姓"身边事、麻烦事、稀奇事、关心事"为主要报道题材，电视民生新闻栏目历来是各个电视频道的收视率担当。××电视台××频道《XMKJ》和《XWJJB》两档民生新闻栏目，开办时间久，同样有着较高的关注度。但近来评议人员收看发现，这两档民生新闻栏目不同程度地存在着画面血腥、不雅，缺乏人文关怀等问题，需要予以指出。电视民生新闻不能一味地迎合部分观众的猎奇心理，应秉持人文关怀精神，加强新闻伦理规范，避免血腥、不雅等内容的展示。

评议人员看到，《XMKJ》栏目12月3日播放的新闻《男童肚里长六斤"肉球"原是巨结肠惹的祸》，报道一男童长期便秘被诊断为是巨结肠症，医生通过手术取出了男童肚子里长60厘米、直径12厘米、重6斤的巨结肠。报道画面清晰地展示了手术时的情景，巨结肠赤裸裸地没有经过任何模糊化处理，收视感觉恶心不适。《XMKJ》12月10日播出的新闻《手不慎卷进搅面机 孕妇痛失腹中胎儿》，报道一孕妇不慎把手卷进搅面机，因为治疗过程中使用药物会对胎儿造成影响，医生建议不要生产胎儿。在报道过程中，记者采访躺在病床上的孕妇，反复使用术后伤手的特写镜头，都没有打马赛克。记者让一个可能失去腹中胎儿、还躺在病床上的孕妇回忆事故发生情景，给伤者造成了心理上的二次伤害。《XWJJB》栏目12月8日播出新闻《男孩背上插进剪刀 原来是兄弟俩玩耍时出意外》，报道中反复播放受伤男孩背上插着剪刀的画面，甚至有剪刀插在背上的特写，如此血腥的画面没有使用马赛克处理，收视感觉十分不适。《XWJJB》12月8日播出新闻《小学生直播"脱衣露体"打了谁的脸》，在引用网络直播资

料时，虽然给未成年人脸部打了马赛克，但是未成年人露胸等不雅行为仍然清晰可见。这条新闻本意是批评未成年人的不雅直播行为，但实际上对不适宜的内容进行了二次传播。上述事例中，血腥、不雅、病状等都通过电视画面向观众展示了出来。而这些观众可能包括当事人的亲人和朋友，也包括广大的未成年人。媒体播放这些没有经过处理的画面，不仅没有考虑当事人的尊严和隐私，没有体现人文关怀，更没有考虑观众的感受和对社会的影响。面对这些画面，观众感受到的更多的是恶心和恐怖，激起的是直观的感官刺激而非理性思考。

评议人员认为，血腥、不雅的电视画面会带来以下负面影响：

1. 对事故当事人及其亲属造成二次伤害，缺乏人文关怀

血腥、灾难事件，对当事人本已造成身心伤害，但媒体为了满足部分观众追求猎奇和感官刺激的心理，用当事人的痛苦和不幸填充画面，直接采访当事人及其亲属，让他们回忆事故发生时的情景和感受，这会对其造成心理上的二次伤害。对于受害者及其亲属而言，他们有维护个人隐私及减轻痛苦的权利。不幸发生时的情景和血腥场面的细节，是当事人及亲属不愿面对和提及的，媒体的曝光和展示无异于在伤口上撒盐。

2. 对观众是一种"视觉暴力"，会引发心理上的不适

在没有任何提示的情况下，观众突然看到未经马赛克处理的血腥、不雅画面，最轻的会产生恶心、恐惧等不适心理，长期来看，会造成观众心理上的麻木和冷漠。这些刺激着受众眼球和神经的画面，会让受众对社会产生不稳定、不安全的印象，不利于维护社会秩序。另一方面，未成年人心智还不够成熟，观看过类似《男孩背上插进剪刀 原来是兄弟俩玩耍时出意外》《小学生直播"脱衣露体"打了谁的脸》等新闻后，极有可能对其中的暴力、不雅行为进行模仿。未成年人长期观看血腥、不雅画面，会潜移默化地对其健康成长产生负面影响。

3. 对媒体自身来说，会遭到观众的谴责，影响自身的公众形象

当观众多次在某一媒体上看到血腥、不雅画面后，心理上的不适会让观众本能地排斥该节目。在新媒体时代，受众的反馈渠道多元，受众对媒体有异议时，可以通过多种渠道进行抗议和谴责。这不仅会使收视率下降，甚至可能影响媒体自身的品牌形象。在灾难事故类新闻的报道中，记者、摄像尤其要注意自己的言行是否会给他人和社会带来伤害，注意报道新闻的过程中是否有失人文关怀。

评议人员建议，电视民生新闻栏目在报道过程中，要加强新闻伦理规范，注意以下几点：

1. 采访拍摄时要遵循最小伤害原则，彰显职业道德和人文关怀

从新闻当事人看，未成年人、怀孕妇女、报料人等都属于需要保护的对象。对于他们的保护，不能仅仅依赖后期使用马赛克处理当事人的眼睛和头部、隐去当事人姓名住址等信息。在采访拍摄的过程中，记者、摄像要慎重考虑什么该提问该记录、什么不该提问不该记录，记者要避免让当事人重新回忆、提及不幸的经历，摄像宜采用全景镜头拍摄而不适合特写镜头拍摄，尽量不要拍摄当事人痛苦不堪以及其他触目惊心的画面。记者和摄像在追求新闻真实性原则的时候，应以最小伤害原则为先，不直接或者间接给需要保护的对象带来伤害。

2. 后期剪辑时要遵循适度原则，维护受众利益

编辑在后期剪辑新闻时，要谨慎地加以选择和适度处理血腥、不雅、暴力、痛苦画面，不能简单地"有闻必录"，而要注重社会效益和最广大受众的利益。灾难事故现场的画面因其纪实性，在新闻报道中是必要的，但是要有度的把握，如果画面引起了观众心理上的明显不适，则可视为"视觉暴力"。在播放可能引起观众不适的画面前，可以通过字幕或者主持人预告提示减小视觉冲击，或者对不适宜的画面进行裁剪、模糊、舍弃处理。

3. 领导审片时要审慎把关，明确媒体定位，维护频道形象

频道领导审核节目遇到血腥、不雅、暴力、痛苦画面时，要充分考虑和衡量三个因素：第一，画面是否有助于说明报道内容；第二，公众是否有必要看到这些画面；第三，同情画面中所摄人物的必要以及同情公众的必要。除此之外，以民生新闻定位的两档栏目要有社会责任感，不能为了迎合部分观众的低级趣味和不健康的心理需求，将百姓新闻变成了市井的电视围观。

这是一篇针对某地级市电视台某频道两档民生新闻栏目不注意伦理规范，肆意在电视屏幕上展示血腥、不雅内容的批评性评议文章。同样也是三个部分的结构，第一部分提出批评观点，第二部分在描述两档电视民生新闻栏目不注意伦理规范的各种表现之后，重点分析了可能造成的三个方面负面社会影响。针对问题的现象和危害，评议人员提出了电视民生新闻栏目在报道过程中加强新闻伦理规范需要注意的三个方面，即"采访拍摄时要遵循最小伤害原则，彰显职业道德和人文关怀""后期剪辑时要遵循适度原则，维护受众利益""领导审片时要审慎把关，明确媒体定位，维护频道形象"，三个方面的建议，从新闻伦理的规范要求出发，以善意、理性的声音提出，对于评议对象具有较好的提醒作用，可以说较好地从建设性的视角为该电视频道的形象维护起到了监督和促进的作用。

◆第三节 建设性思维的贯注

着眼于解决问题，或促成事物向好的方向发展，建设性思维以发展为

导向，要求人们在采取行动之前，明确目标，以积极的态度面对问题，克服消极思想的影响，采取积极行动。建设性思维是一种"生成性思维"，亦即马克思所指出的，要摒弃"现成性思维"，不应静态地把人规定为"什么"，而应动态地探寻人"怎么样"与"如何"。建设性思维是一种思维倾向，也是一种思维方式，它通过积极的认知方式来影响人的态度和情感，促使人们积极行动，直到问题解决。建设性思维同时也与破坏性思维相对应，美国马萨诸塞大学的心理学家西摩·爱泼斯坦曾设计一套量表，与破坏性思维相对照，以测量一个人对自己情绪、挑战性情境的控制水平，以及对挫折失败的习惯性反应。在西摩·爱泼斯坦看来，建设性思维是积极看待事物的一种思维能力。

2005年5月，根据中共中央办公厅《关于进一步加强和改进舆论监督工作的意见》和中宣部《加强和改进舆论监督工作的实施办法》，国家广电总局出台了《关于切实加强和改进广播电视舆论监督工作的要求》，明确提出"必须坚持建设性监督"，即揭露问题要富于建设性，要站在党和人民的立场上，从改进工作、解决问题、扶正祛邪、激浊扬清、维护稳定、服务大局出发，密切配合党和政府的中心工作，向积极的方面引导，力求好的结果。同样，作为对广播电视节目和互联网视听传播内容的监督，更需要贯彻和执行建设性监督的理念，关注建设性思维，引导广播电视和互联网视听传播健康发展。

视听评议活动建设性思维的贯注，首先体现在建设性的出发点。无论是提出肯定或批评，其出发点都是积极的和善意的。评议活动的目的是为了促使评议对象做得更好，而不是仅仅通过曝光其短一味地批评，而是要通过评议活动肯定其长处，指出其不足，促使其正视问题，及时整改。其次体现在建设性的思维取向。在整体的评议活动过程中，特别是视听评议文本的撰写过程中，必须全程关注建设性思维，以诚恳的态度，查找各环节的漏洞，分析各方面的原因，指出问题的表现以及所造成的社会危害，针对问题和原因给出建设性的意见。最后，体现在建设性的意见，特别是促进评议对象改进的建议。视听评议不仅要对问题进行批评，还要提出解决问题的办法，不仅要描述现象，还要总结规律，不仅要做好事后的监督，还要做好事前的警示，不仅要指出不能怎么做，还要提出应该怎么做的建议，要提出富有前瞻性的、有助于评议对象改进的参考性意见。

下面结合2017年浙江省的视听评议《彰显媒体责任　助力公益宣传——对电视媒体进一步做好公益广告宣传的几点建议》一文就建设性思维的关注作进一步讲解。

彰显媒体责任　助力公益宣传
——对电视媒体进一步做好公益广告宣传的几点建议

近年来，我省电视媒体制作播出了一大批有思想、有温度、有品质的公益广告，产生了良好的社会效应。但是，相对于目前形势对公益广告宣传的要求，其在量、质、效等方面都还有一定的提升空间。

一、坚守责任　把正位置

公益广告具有社会的公益性、主题的现实性和表现的号召性。电视媒体担负着公益广告的制作、传播，实际上是一种社会责任的担当。公益广告并非电视传播的附属产品，而是电视节目范畴的主体内容之一。因此，应像常规节目一样重视公益广告的播出。

总体而言，我省多数电视媒体注重公益广告的制作播出，但也有部分媒体对公益广告重视不足。根据监看，在播出量和时段安排上，个别频道播出公益广告没有相对固定的时段。特别是在黄金时段，商业广告和公益广告的播出频次与总时长比例悬殊,个别频道的公益广告甚至在整个黄金时段仅有游走字幕而无视频。一些频道将公益广告集中在非黄金时段,特别是深夜至凌晨时段轮番滚动播出,这一时段的低收视率使效果大打折扣。

建议各级电视媒体对当前公益广告播出情况进行一次自查与分析,找出短板。首先,在思想上强化公益广告是电视节目主体之一的认识,对公益广告应有和日常节目同样明确的规划,根据不同时期的形势和任务,分阶段策划和创作有自己特色和一定分量的公益广告。同时,在播出时段安排方面,要在保证总量的前提下,切实落实黄金时段播出条数和时长的要求。在编排上,可播出与节目内容相关的公益广告,但不能在公益广告中变相植入商业广告内容。

二、拓宽视野　创新题材

公益广告的内容应包含政治、经济、社会、文化及生态文明建设等方方面面,大到社会治理、民族精神、传统美德,小到社会生活中的各个方面,都是公益广告应涉及的创作题材。然而,当前公益广告呈现更多的仍是传统的"老三样""八大件",90%以上主要停留在一般的社会文明层面,如遵守交规、爱护环境、讲求诚信、尊老爱幼等,而对于治国理政等宏大题材,如配合宣传党和国家及省委、省政府重大决策和方针政策等的公益广告却并不多,宣传社会主义核心价值观的内容不够全面。题材的局限性,使公益广告难以体现更大的价值。

当下,我国政治、经济、文化等都处于大发展大变革时期,我省经济社会发展走在全国前列,公益广告题材选择应更为丰富,建议各级电视媒体开阔眼界,在立意和题材上有所突破。一是围绕省第十四次党代会和党的十九大及党的生日等时政类题材,策划一些如央视《我是谁》等政治题材的公益广告;二是围绕党的建设如"八项规定"、"两学一做"、反腐倡廉等策划一些宣传教育类广告；三是围绕我省经济社会发展重大成就，策划一些鼓舞士气的展示性广告；四是针对社会关注度高的热点问题，策划一些正确引导社会舆论的导向性广告；五是根据社会创业创新等潮流，策划一些如"撸起袖子加油干"的励志性广告；六是围绕重大节庆、纪念日，策划一些弘扬民族精神、爱国主义的广告。

三、创意策划　　打造精品

由于公益广告的特点为篇幅小、时间短、传播快，因而对创意的要求更高。但我省部分电视媒体创作的公益广告创意不足。一是原创比例偏低，更多的是以播发中宣部、中央文明办等发布的文字、视频广告为主；二是表现手法陈旧，未突破一般宣传的思维模式，以标语式、口号式、图解式、说教式为主；三是制作较为粗糙，有的是单调的镜头或语言拼凑而成，缺乏润物细无声的艺术性。另外，部分频道以主持人的口头语言或字幕文字替代视频传播。

公益广告也需要供给侧改革，建议各级电视媒体加强公益广告创意团队建设，设立固定创作团体，并适当加大资金等投入。同时，应将主持人参与拍摄演绎和客串公益广告、担任公益代言人等方式加以推广。有条件的频道应策划制作一些公益宣传专题短片，或将公益广告延伸为公益节目。在具体创意上，应注重多从社会生活中选取素材，根据形势把握重点，进行艺术加工，以能走进观众心灵的渗透式、启发式、感染式、感动式手法进行创作，找准公众的关注点、看点和泪点，挖掘感人细节，讲好情感故事，使公益广告的传播效果和社会效应最大化。另外，公益广告应更注重媒体融合，将单一的电视屏传播转向新的融合端延伸，如各频道、节目的微博、微信公众号等也应推送公益广告。

视听评议：机制、尺度和方法

《彰显媒体责任 助力公益宣传——对电视媒体进一步做好公益广告宣传的几点建议》这一评议文章虽然没有直接地列举各级电视媒体的具体表现，对一些电视媒体不重视公益广告创作、不重视公益广告播出的现象描述也较为概括，但围绕"做好公益广告宣传，彰显媒体责任"的主题，着重于建设性思维的贯注，从"坚守责任 把正位置""拓宽视野 创新题材""创意策划 打造精品"三个方面，对各级电视媒体"如何"做好公益广告宣传提出了具体的建议。每一个方面，都针对问题表现提出了十分具有针对性的建议，比如评议文章的第二部分，针对一些电视媒体在公益广告制作上表现出来的题材面狭窄的问题，从六个方面提出拓展题材思路的意见，可谓循循善诱，启发引导，这种着眼于引导、参谋为主的视听评议，注重于问题的破解，注重于问题破解思路的启发，能够为一线广播电视以及互联网视听媒介工作人员所欢迎，从而推动工作的开展和评议目标的达成。

参考文献

［1］广播电视部《视听评议》编辑部.视听评议［R］.1986试刊（5）.

［2］刘建明.媒介批评通论［M］.北京：中国人民大学出版社，2001.

［3］袁军.新闻媒介通论［M］.北京：北京广播学院出版社，2000.

［4］刘祖禹，胡文龙.新闻阅评学［M］.北京：中国人民大学出版社，2010.

［5］李林.视听评议的意义和方法［J］.中国广播电视学刊，2000（3）.

［6］金光华，章丹.视听评议工作的实践创新［J］.视听纵横，2010（4）.

［7］欧颖峰，林黎明.新闻业务评议内容及机制创新研究——以广播电视媒体视听评议为例［J］.武夷学院学报，2014（1）.

［8］郑宇.视听评议工作应注意处理好的几对关系［J］.视听纵横，2018（4）.

［9］秦姗.华为指出目前网络流量中视频应用达到70%［J］.凤凰科技网2015年4月21日.

［10］新华网.2020年音视频数据流量将占新增流量的79%［OL］.新

华网2016年5月10日.

［11］田进.在2018年全国广播电视宣传管理工作会议上的讲话（2018年1月24日）［OL］.广电独家微信公众号，2018年01月25日.

［12］董天策，胡丹.中国内地媒介批评论著十年扫描［J］.山西大学学报（哲学社会科学版），2011年（2）.

［13］姚珺.普通批评者的力量——"大众式批评"时代解析［J］.青年记者，2013（23）.

［14］刘晓伟.理论自信与媒介批评的中国化建设［J］.青年记者，2013（10Z）.

［15］欧阳宏生，姜海.媒介批评与广播电视宣传管理［J］.中国广播电视学刊，2014（3）.

［16］李弋.数字技术推动下电视批评的生态演变［J］.西南民族大学学报：（人文社会科学版），2013（5）.

［17］欧颖峰.新闻业务评议内容及机制创新研究——以广播电视媒体视听评议为例［J］.武夷学院学报，2014（2）.

［18］刘晓程.论"新闻阅评"之不同于"媒介批评"——兼谈媒介批评的内涵与本质［J］.今传媒，2005（4）.

［19］熊燕舞.新闻阅评是特殊的媒介批评［J］.今传媒，2007（12）.

［20］郭光华.建设中的中国式媒介批评制度——以湖南省新闻阅评工作为例［J］.今传媒，2008（6）.

［21］牛静.新闻传播伦理与法规理论及案例评析［M］.上海：复旦大学出版社，2017.

［22］《中华人民共和国保守国家秘密法》（修订版全文）［OL］.中华人民共和国中央人民政府网，http：//www.gov.cn/flfg/2010-

04/30/content_1596420.htm.

［23］王利明主编.民法［M］.北京：中国人民大学出版社，2008.

［24］刘建明.媒介批评的无标准论与标准的多元性［J］，新闻与传播研究，2012（10［下半月］）．

［25］闻仲.审读、阅评与媒介批评——兼与刘晓程先生商榷［J］.今传媒，2006（9）.

［26］熊燕舞.试论新闻阅评的标准与例证［J］.今传媒，2007（8）.

［27］董天策.中国内地媒介批评论著十年扫描［J］.山西大学学报（哲学社会科学版），2011（3）.

［28］林勇毅，吴生华.广播电视：应对全媒体发展与监管的策略探析［J］.视听纵横，2010（6）.

［29］郑保卫.当前中国媒介批评的几个问题［J］.现代传播，2010（4）.

［30］张选国.对新闻舆论导向监督评议的几点思考［J］.北京观察，2001（2）.

［31］李萍，张秀成.全国收听收看工作情况调查——以2010年度数据为例［J］.当代电视，2012（2）.

［32］包东喜，徐楚桥.新闻阅评制度的学理初探［J］.江汉论坛，2009（12）.

［33］田久玲.新闻舆论宏观管理的参谋和助手——北京市新闻阅评工作十年综述［J］.新闻与写作，2002（2）.

［34］夏耘.从监视监听看媒介批评理论地位——以上海广播电视台为例［J］.中国广播，2011（7）.

［35］苏进跃.湖南："五大特色"深化新闻阅评［J］.今传媒，2006（12）.

[36] 何晋文，曾致. 新闻监评的理论来源和现实意义［J］. 中国广播电视学刊，2018（9）.

[37] 郑洁. 优化广播电视收听收看监管平台的思考［J］. 视听界（广播电视技术），2013（2）.

[38] 刘祖禹. 新闻宏观管理和新闻阅评工作［J］. 新闻与写作，2005（10）.

[39] 安徽广电局. 加强广播电视节目视听评议工作［N］. 中国有线电视，2013（1）.

[40] 蒋祖煊，郭天保. 把握正确导向　提高引导水平——1997年湖南省新闻阅评工作回顾与思考［J］. 新闻战线，2001（1）.

后 记

　　相对于十分成熟的媒介批评学,及已有较多经验积累的新闻阅评学,视听评议研究还只是某一具有专业性质的专门评议研究项目。作为针对广播电视媒体播出内容和互联网等信息网络传播视听节目等开展的专门评议活动,视听评议并不能以新闻阅评的概念直接替代,而只能说视听评议与新闻阅评两项工作具有一定的交叉和重叠。而作为针对音视频传播内容专门的评议工作,又确实与文字文本的阅评有着较大的区别。对于媒介批评学来说,视听评议是"媒介批评"之一种,而且是专门针对广播电视和互联网视听传播特定媒体的批评活动。

　　应浙江省广播电视节目评议中心(原浙江省新闻出版广播影视审读评议中心)的约请,对视听评议工作的开展以及文本的写作,本书虽然已经尽可能地进行了系统化阐述,但仍然显得较为浅显。相对于视听评议工作的需要,对视听评议工作的专门研究也仍然显得不足,较多地停留于经验总结的层面。有待于更多的专业人士加入专门研究的团队,予以不断地深化。因此,作为作者,对本书的出版,更加期望能够起到抛砖引玉的作用。十分感谢浙江省广播电视节目评议中心,感谢中心评议专家同行部分视听评议作品案例的提供,感谢浙江传媒学院、浙江省媒体传播优化协同创新中心的支持,感谢中国广播影视出版社的支持,希望本书的出版对于专业从事视听评议工作的同志能够起到一定的帮助作用,也希望能够有机会吸取各地丰富的成熟经验,不断地修订完善。

吴生华

于浙江传媒学院

2019年3月25日